U0541718

黎东方
作品

细说明朝

黎东方 著

商务印书馆
The Commercial Press
2019 年·北京

本书简体中文版权由传记文学出版社股份有限公司，经北京麦士达版权代理有限公司，授予商务印书馆及其子公司北京涵芬楼文化传播有限公司独家出版发行，非经书面同意，不得以任何形式任意重制转载。本书限于中国大陆发行。

涵芬楼文化 出品

目　录

自序　　　　　　　　　　　　　　　　　001

一　明朝值得细说　　　　　　　　　　001
二　从朱元璋当和尚说起　　　　　　　003
三　加入了反元复宋的队伍　　　　　　005
四　战无不胜　　　　　　　　　　　　008
五　刘福通　　　　　　　　　　　　　011
六　韩林儿　　　　　　　　　　　　　013
七　徐寿辉　　　　　　　　　　　　　015
八　陈友谅　　　　　　　　　　　　　018
九　张士诚　　　　　　　　　　　　　020
一〇　方国珍　　　　　　　　　　　　022
一一　陈友定　　　　　　　　　　　　024
一二　何真、也儿吉尼　　　　　　　　026
一三　元朝内斗　　　　　　　　　　　028
一四　北伐　　　　　　　　　　　　　033
一五　西征　　　　　　　　　　　　　036
一六　深入沙漠　　　　　　　　　　　038
一七　北元概略　　　　　　　　　　　041
一八　明玉珍、明昇　　　　　　　　　043

一九	梁王巴匝剌瓦尔密	045
二〇	开国规模——甲、里、县、府	047
二一	州、省	049
二二	布政使司、分守道；按察使司、分巡道	051
二三	巡抚、总督	053
二四	都指挥使	055
二五	军民分籍、卫所	057
二六	五军都督府、兵部	059
二七	六部	061
二八	都察院、十三道	067
二九	六科	069
三〇	五寺	071
三一	三公、三孤；詹事府、翰林院	073
三二	内阁	075
三三	诸司、外三监、内十二监	078
三四	李善长	080
三五	刘基	083
三六	宋濂	085
三七	胡惟庸	087
三八	蓝玉	093
三九	冯胜、朱文正、朱亮祖	098
四〇	徐达	100
四一	常遇春	102
四二	李文忠	104
四三	汤和、邓愈	107

四四	沐英	110
四五	勋臣后裔	112
四六	朱元璋的儿子	115
四七	建文帝	117
四八	方孝孺	122
四九	成祖功罪	124
五〇	迁都北京	126
五一	永乐文臣	128
五二	永乐武臣	134
五三	贵州设省	138
五四	交阯	140
五五	成祖北征	146
五六	北元世系	151
五七	北元内情	164
五八	郑和	166
五九	仁宣二宗	175
六〇	英宗	182
六一	也先	184
六二	土木之变	186
六三	景帝、于谦	188
六四	夺门之变	192
六五	京军三大营、团营	196
六六	孛来、毛里孩	198
六七	孛罗忽、满都鲁	201
六八	宪宗	203

六九	李贤、彭时、商辂	207
七〇	韩雍	210
七一	项忠	212
七二	王越	214
七三	余子俊	216
七四	马文升	218
七五	纸糊阁老	220
七六	泥塑尚书	222
七七	孝宗	224
七八	弘治贤相	226
七九	弘治能臣	229
八〇	白沙先生	235
八一	武宗	237
八二	阳明先生	242
八三	世宗	248
八四	兵的演变	254
八五	达延汗	260
八六	俺答	263
八七	乞庆哈、撦力克、卜失兔	266
八八	图们可汗	268
八九	林丹·呼图克图	270
九〇	倭寇	272
九一	穆宗	285
九二	张居正	287
九三	神宗	300

九四	三大案	306
九五	光熹二宗	310
九六	补叙朝鲜战役	319
九七	内乱重重	322
九八	思宗	324
九九	尾声	344

自　序

由于读者对《细说清朝》的支持，我才敢接受《新生报》诸公的好意，续写了《细说明朝》。

借着发行单行本的机会，我把它校对了一次，改动得很少。

有些朋友要求我补开参考书目录，甚至加进"脚注"与索引。这都是应该做的事。不过，我还想仿照《中国上古史八论》的体裁，把明清两朝的历史好好地论一下。到了那时候，参考书目与脚注我一定要放进去。

我恳切希望各方同好之士，对我不吝指教。

一　明朝值得细说

说了清朝，才说明朝，是把中国的历史倒过来叙。这一种叙法也有道理。因为我们对于近的比较亲切，对于远的比较陌生。先把比较亲切的加以分析、了解，然后再去分析、了解那比较陌生的，于是陌生的也就渐渐地变成亲切的了。

清朝之所以能在入关以后立足得住，在于沿袭了明朝制度之长，而革除其短。单凭这一点，明朝便已十分值得我们加以研究。

况且，明朝在其他方面的成就，也的确不容忽视。它推倒了元朝的部族统治，而且光复了那已经失掉四百多年的燕云十六州。东北到库页岛，西南到乌斯藏，均划进了版图。称臣的藩邦之多，史无前例，包括远在非洲的木骨都束（索马利兰）。经常入贡的，有朝鲜、大小琉球、安南、真腊（柬埔寨）、暹罗、八百媳妇、缅甸。此外，马六甲（马来亚）、三佛齐（苏门答腊）、爪哇、渤泥（婆罗洲、文莱）、苏禄等等，无不仰慕中国的声威。

明朝也富于传奇性的人物。太祖朱元璋便是其中的一个。郑和、于谦、张居正、戚继光、郑成功，都是千古不朽的豪杰。王守仁呢，是圣贤。论文学，明朝的诗与古文及不了唐宋，却留下了唐宋所不及的小品文与小说。论艺术，明朝有独特的建筑，如北京故宫，以及自创的工艺，如永乐漆器、宣德炉、景泰蓝等等。论科学，明朝能虚心吸收西洋的知识，并且产生了李时珍、宋应星、方以智。

可惜，君权极大，而够得上行使此极大权力的皇帝，仅有太祖、成祖。仁宣二帝有三杨辅佐，景帝与孝宗亦差强人意，其余的非昏即愚，大权旁落于奸臣、宦官之手。

庙谥	年号	年数	姓名	对前一皇帝之关系
太祖高皇帝	洪武	三一	朱元璋	
（恭闵）惠皇帝	建文	四	朱允炆	孙
成祖文皇帝	永乐	二二	朱棣	叔
仁宗昭皇帝	洪熙	一	朱高炽	子
宣宗章皇帝	宣德	一〇	朱瞻基	子
英宗睿皇帝	正统	一四	朱祁镇	子
（恭仁康定）景皇帝	景泰	八	朱祁钰	弟
英宗睿皇帝	天顺	八	朱祁镇	兄
宪宗纯皇帝	成化	二三	朱见深	子
孝宗敬皇帝	弘治	一八	朱祐樘	子
武宗毅皇帝	正德	一六	朱厚照	子
世宗肃皇帝	嘉靖	四五	朱厚熜	堂弟
穆宗庄皇帝	隆庆	六	朱载垕	子
神宗显皇帝	万历	四八	朱翊钧	子
光宗贞皇帝	泰昌	（一月）	朱常洛	子
熹宗悊皇帝	天启	七	朱由校	子
毅宗烈皇帝	崇祯	一七	朱由检	弟
安宗简皇帝	弘光	一	朱由崧	堂弟
绍宗襄皇帝	隆武	一	朱聿键	族祖
（永历）帝	永历	一五	朱由榔	族孙

二　从朱元璋当和尚说起

创造明朝的，是朱元璋。朱元璋最初"反元"，毫无自创朝代的雄心，只是迫于环境而不得不投身于一个"反元复宋"的武装团体而已。

他是贫农家庭的"安分守己"的子弟。在他十七岁的一年，元顺帝至正四年（公元1344年），旱灾、蝗虫与瘟疫，先后降临到他的家乡，濠州钟离县（安徽凤阳）。父亲朱世珍、母亲陈氏、大哥朱兴隆在几天以内相继去世。家里的现款极少，买不起三口棺材，更买不起坟地。幸亏有邻居刘家心好，准他和二哥朱兴盛，把父母大哥三人的尸首，用旧衣服裹了，埋在刘家坟地的一个角落。

大哥二哥均已结了婚。大哥留下了一个寡妇、两个孤儿；二哥自己又有一个妻、一个儿子，需要吃。三哥朱兴祖呢，虽则出赘别家，不再是二哥的负担，但也没有力量帮二哥的忙。

他自己当时的名字，叫作朱兴宗，读过几个月书，略微认得一些字，也做过几年活（农田工作），不文不武；年纪轻，力气小，找工作不容易。一家八口，全仗二哥撑持，二哥实际上也是失业在家。朱家的几亩田地，荒了；附近家家的田地都是荒了的。谁还需要佃户？更有谁需要长工？

他帮助二哥苦撑。向亲戚朋友借贷，借贷得没有几时，那些能有一点儿财力施借的人，渐渐地都离开了太平乡，离开了钟离县，离开了濠州，远走高飞，去别处"逃荒"了。于是他和二哥便只得剥树皮、掘草根，挨一天算一天。

就这样，从（阴历）四月挨到九月。九月里，他进了皇觉寺，受戒，当和尚。

寺里有粥。寺的主持人（住持）高彬法师，在十年八年以前受过朱家的一笔施舍，也收过他，朱兴宗，当了一个"记名徒弟"。他于毫无办法之中，想出这个"旧事重提"的办法，进了寺，正式受戒。在他以为，这应该是"一劳永逸"的归宿了。

他不曾料到，寺里的米只够煮一个多月的粥。寺里的和尚也正如其他的"较有办法"的饥民一样，纷纷逃荒，各奔前程。最后，只剩下他一人。他也只得托了钵子，追步师父与师兄们的后尘。

从此朱兴宗（元璋）做了一个"游方"的小和尚。在实际上，他只是身披袈裟的小叫花子。

他当游方和尚，当了差不多四年，在至正八年回到家乡的皇觉寺。这四年，他走过不少地方：向南，到合肥；转而向西，进河南，到固始、光州（潢川）、息州（息县）、罗山、信阳；又转而向北，到汝州（临汝），陈州（太康）；最后，转而向东，到鹿邑、亳州（亳县）、颍州（阜阳）——回钟离皇觉寺。

三　加入了反元复宋的队伍

朱元璋兜了这么一个大圈子，总算不曾饿死，而且增加了不少见识，交了不少朋友，也参加了一个秘密的革命团体。

这个革命团体的真正名称是什么，今已难考。在外表上，它只是半公开的一种宗教，有时候被称为"明教"，有时候被称为"白莲教"，有时候被称为"弥勒教"。它的主要的口号是："弥勒佛下凡转世，做人间的'明王'。"它的主要的戒律与活动，是烧香、点灯、吃素、做礼拜。

"明教"的本身，最初叫作"摩尼教"，是公元3世纪一个波斯人摩尼（Mani），为了想综合波斯拜火教、印度佛教与犹太罗马的基督教而创立的新宗教。摩尼主张：点灯点到天亮，帮光明战胜黑暗；吃素，不吃荤，而所谓荤并非牛肉羊肉，而是大葱；做礼拜，在每一个"密日"（礼拜天）的夜间，秘密聚会一次。这"摩尼教"在唐朝时候传入中国与回鹘。到了宋朝，它的教徒曾经在徽宗年间造反。

白莲教倒是中国人自己所创的一个佛教支派，与崇拜"阿弥陀佛"的净土宗不无渊源，却演变为民间的秘密结社，每每在"民不聊生"的乱世，揭竿而起。

弥勒教的历史最为神秘。弥勒佛，在今天很多的庙宇里可以见到，俗称笑佛。它的面貌与身材，一团和气，不像是准备降生凡间，自愿担起行政重任的人物。弥勒教的弥勒佛可能是梵文佛经中的"Maitreya"，巴利文佛经中的"Metteya"，释迦牟尼成佛以后的次一佛陀，亦即最后降生人间的一个佛陀。

这三种来源不同的宗教，到了元朝末年，都被"反元复宋"的志士借用了，作为他们的革命活动的凭借。

朱元璋所"游方"的若干县，正是反元复宋的志士们的"策源地"。

七个年头以前（元顺帝至元三年，1337年），陈州（太康）人胡闰儿在信阳起义。他精通武艺，善使一条长棒，绰号"棒胡"。官方的历史，说他"烧香惑众，妄造妖言，作乱"。他攻破了鹿邑县，焚烧了陈州城，屯兵在杏冈镇，对元军作战了一年又两个月，于至元四年失败，被押解到大都（北京），斩首。

与"棒胡"差不多是同时候起义的，在四川合州大足县，有自称"南朝赵王"的韩法师。这一位"韩法师"，是否其后在（河北）永年县被刘福通立为"明王"的宋"徽宗八世孙"韩山童，待考。韩山童当"明王"当了没有几天，就被捕了。

刘福通逃到颍州（阜阳）起兵，是在至正十一年（1351年）五月。那时候，朱元璋已经回到了皇觉寺有三年之久。这三年，钟离（凤阳）没有灾荒。他和几个和尚耕种庙产，勉强可以度日。

消息传来，刘福通攻破颍州城，占领了固始县的朱皋镇，又连破罗山、真阳（正阳）、确山，冲过舞阳、叶县，回师攻破汝宁（汝南）、息州、光州（潢川），兵力发展到十万人。

八月间，"芝麻李"在徐州响应。芝麻李姓李，行二，名字现已失传。他是萧县的大善人，曾经以家中仅有的芝麻一仓，赈济饥民，赢得了这"芝麻李"三字的绰号。和他密谋举事的，仅有彭大、赵君用等七人，连他在内，八人而已。这八位壮士，于一夜之间占领了徐州城，招兵买马，打下所有的徐州属县。兵力也发展到十万左右。

次年，至正十二年二月间，郭子兴在濠州响应。郭子兴是定远县的一个财主，也是"明教"的分子。他纠合了几千名"少年"，袭取濠州，自称"节制元帅"。

刘福通、芝麻李与郭子兴的三支军队，都用红布包头，也都"烧香"，因此，老百姓称他们为"香军"。

朱元璋有朋友在香军。这位朋友派人送了一封信给他，叫他前往参加，朱元璋赶紧把信烧了，却已经被皇觉寺别的和尚知道。这时候元军被派来"剿灭"香军的，不敢和香军多接触，却敢在四乡骚扰，乱抓嫌疑分子报功。他们未必已经知道朱元璋"通匪"，然而朱元璋自己心中有数。

他想去参加香军，又不敢去。他找人商量，这人说："与其等元军来捉，不如索性造反"。他仍旧有点儿迟疑，就在伽蓝神的面前祷告，投珓三次。第一次问："可不可以逃走？"答案是一阳一阴："不利"。第二次问："可不可以留在寺里？"答案也是一阳一阴："不利"。第三次问："可不可以投效香军？"答案是，两珓皆阴："大吉"。

若干年以后，朱元璋以皇帝的身份，写下一首不太坏的韵文（《皇陵碑》），追叙这一次的经过："住（皇觉寺）方三载，而又雄者跳梁，初起汝颍，次及凤阳之南厢，未几陷城，深高城隍，拒守不去，号令彰彰。友人寄书，云及趋降。既忧且惧，无可筹详。傍有觉者，将欲声扬。当此之际，逼迫而无已，试与知者相商。乃告之曰，果束手以待非？亦奋臂而相戕。知者为我画计，且祷阴以默相。如其言往，卜去守之何详。神乃阴阴乎有警，其气郁郁乎洋洋。卜逃卜守则不吉，将就凶而不妨。"

他走到濠州城城门口，取出藏在怀中的红布，把头一扎，向守门的香军岗卫要求见郭元帅，被岗卫当作奸细，绑起。郭子兴见这和尚相貌不凡，叫人松了他的绑，委他充当一名"十夫长"。从此，他成了反元复宋的战士。这一天，是元顺帝至正十二年（1352年）闰三月初一，他的年龄，是二十五岁。（《明史·太祖本纪》说他二十四岁，错了一年。）

三　加入了反元复宋的队伍

四　战无不胜

朱元璋作战很勇敢，不久便被升为郭子兴的"亲兵"。几个月以后，又被招赘为郭子兴的养女马氏之婿。

九月间，元朝的丞相脱脱，统领大军，打下徐州。芝麻李阵亡，彭大与赵君用带了若干残部，来到濠州，被欢迎进城。进了城以后，渐渐地喧宾夺主。彭大尚属忠厚，赵君用却对郭子兴欺侮备至。郭子兴的部下孙德崖等人，也渐渐地不听号令，与赵君用勾结。

朱元璋在至正十三年（1353年）的春天向郭子兴建议，另创新军。郭子兴接受，派他回钟离县，招兵。他招得了七百人，郭子兴升他为"镇抚"。不久，他又去到定远的驴牌寨，收编了当地的"民兵"三千；用这三千民兵，袭击横涧山的元军，大胜，收降了两万。（当时所谓元军，除了统帅常常是蒙古人以外，官兵都是汉人。）

有了这许多兵，朱元璋一举而攻下滁州（滁县）。替郭子兴创立新的地盘。郭子兴搬了过来，不再留在濠州受赵君用的气，而且，仿照赵的办法称王。赵已经自称为"永义王"。现在，郭自称为"滁阳王"。

至正十五年正月，郭子兴派人打下长江边的和州，交给朱元璋以"总管"的名义去守。

从此，朱元璋独当一面，等于是有了自己的地盘。事实上，郭子兴的兵一共四万，倒有三万左右是朱元璋经手收编或招降来的。

二月间，刘福通在（江苏）砀山县夹河镇找到了韩山童的孤儿韩林儿，迎到（安徽）亳州，立为皇帝，国号"大宋"，年号"龙凤"，以杜遵道、盛文郁二人为左右丞相，自己与罗文素为"平章政事"。

刘福通的政府发表郭子兴为"都元帅"，张天佑与朱元璋为左右副元帅。（张天佑是郭子兴的妻弟。）

元朝政府一面调遣重兵对付刘福通，一面也派了"太子"秃坚、副枢密使绊住马、民兵元帅陈野先，带了号称十万的兵，攻打和州。从正月打到三月，打不下来，只得撤兵而去。

留在濠州，而不与郭子兴合作的孙德崖，这时候缺少粮食，带了部队来和州，请朱元璋帮忙。郭子兴在滁州得到消息，也带部队来到和州，与孙德崖火并，捉住了孙德崖。孙德崖的军队也扣留了朱元璋。结果是，"互换俘虏"了事。郭子兴白忙一顿，既惊且气，得病而死。死后，"都元帅"的位置由儿子郭天叙继承。

六月间，朱元璋获得巢湖水师的支援，击败裕溪口的元军水师，渡江，在牛渚登岸，拿下采石矶与"太平路"（明朝改为太平府，后来为当涂县）。元军水师，在蛮子海牙的统率之下，会同阿鲁灰所带领的陆军，与陈野先的民兵，大举反攻，被朱元璋击败。陈野先投降。陈野先在降了以后，暗中仍与元军勾结，在九月间杀了郭天叙与张天佑。朱元璋替郭张二人报仇，诱斩陈野先。八月间，朱元璋打下溧水、溧阳、句容、芜湖。

次年，龙凤二年（至正十六年，1356年），三月，朱元璋打下集庆路（南京）。守城的元将福寿战死，廉茂才投降。朱元璋进城，对老百姓秋毫无犯，宣布改集庆路为"应天府"，自称"天兴建康翼统军大元帅"，派人向刘福通报捷。刘福通发表他为"江南等处行中书省平章政事"。所谓"行中书省"，便是"中书省"的"行署"。这时候，朱元璋的年龄才有二十九岁。

镇江、金坛、丹阳，他也在攻取集庆路以后，派徐达去一一收入范围。三个月以后，派邓愈等攻占溧阳之南的广德与金坛之东的常州、常州之南的长兴。

四　战无不胜

龙凤三年（至正十七年），四月，他自己出马，攻破广德的西南宁国，收降守城的猛将朱亮祖。宁国之北的宣城，顺手入于掌握。七月，派胡大海等人攻入绩溪与休宁、徽州。九月，派缪大亨，从所谓青军（民兵）张明鉴的手中夺得扬州。

龙凤四年（至正十八年），二月，派李文忠囊括宁国之西的皖南各县，包括青阳、石埭、太平、旌德。三月，派李文忠会同邓愈、胡大海，由徽州进入浙江，攻占建德路，改建德路为严州府（因为是东汉严子陵的故乡）；把建德路之东的浦江，顺便拿下。

今日安徽省的最南端婺州与江西的景德镇最为邻近。朱元璋认为非把这婺州也占了，不足以应付雄踞长江中部的陈友谅。他又亲自出马，带了十万精兵，在龙凤四年十二月来攻，活捉了元将帖木烈思与石抹厚孙。

龙凤五年（至正十九年），九月，派常遇春取得衢州；十一月，派胡大海取得处州（丽水）。

朱元璋在取得处州以后，工作告一段落。他自从在至正十二年闰三月初一向郭子兴投效以来，前后才不过七年光景而已，然而攻无不克，战无不胜，在衰朽的大元帝国疆土上刳下了一片不太小的江山。比起刘福通来，大不相同。

五　刘福通

刘福通是革命的领袖，大宋新政府的发号施令者。刘福通力量大，风驰电掣，几乎把元朝真个推倒。龙凤二年（至正十六年，1356年）六月，刘福通大胜元将答失八都鲁于河南长葛；龙凤四年（至正十八年）五月攻进汴梁（开封），分遣毛贵打平山东全省，由山东北进，于龙凤四年三月直逼大都（北京）附近的柳林（通县西南）。毛贵虽则终于失败，但是刘福通的另一部将关先生由河南而山西，由山西而绥远、察哈尔，在龙凤四年十月，毁掉元朝的内蒙古中心都邑上都（多伦），其后又东扫辽阳，竟然进入了高丽的王都。（不幸，关先生死在高丽。）此外，有李武、崔德二人，也在元朝的陕西、甘肃、宁夏如入无人之境。刘福通的错误，也许正在于此。力量分散了，一事无成。怎么比得上朱元璋的稳扎稳打呢？结果，元军于龙凤五年（至正十九年）八月抢回汴梁，刘福通又只得带了"小明王"韩林儿退守安丰（安徽寿县），一筹莫展。

自从在龙凤五年八月，丢掉了汴梁（开封）而退守安丰（寿县）以后，刘福通继续竭忠尽智，替恢复了的宋朝撑持，撑持到龙凤九年（至正二十三年）二月，才不幸因张士诚反复无常，而遭了突袭，以身殉国。

在这三个半年头的期间，天下事尚有可为。起先，山东的根据地犹在。毛贵虽则于龙凤四年三月，进攻大都而战败于柳林（败在一个甘心事元的汉人，刘哈喇布哈之手），仍能全师而退，退守山东，并且经营屯田，使军粮不致匮乏。不幸，毛贵在龙凤五年四月，被那专门坏事的赵君用所害。赵君用原是在徐州跟随芝麻李与彭大起义的一人，不曾帮得了芝麻李，偕同彭大，率部逃到濠州；在濠州喧宾夺主，欺负郭子兴，排挤彭大；彭大死后，他又吃掉彭大的儿子彭早住的兵，经盱眙、泗州、淮安，而辗转到山东，投奔毛贵，终于露出狼心狗肺，把毛贵杀死，令人不禁为赵家子孙之如此不长进而慨叹。在整个的反元复宋的大运动之中，有名有姓的赵家人，除了徐寿辉的部下赵普胜以外，仅仅数得出这赵君用一个，而他的表现，糟到如此！谁能怪其后朱元璋之只肯"反元"，而不肯"复宋"呢？

毛贵的一个义气朋友续继祖，这时候在辽阳，听到消息，不惜放弃地盘，兼程赶来山东，替毛贵报仇，找赵君用拼。结果，拼死了这该死的赵君用（龙凤五年七月）。

毛贵的另一个义气朋友田丰，于种种逆势之下，苦守东平。和田丰协力合作的，是王士诚。王士诚曾经于龙凤四年三月占领晋宁（山西临汾），于龙凤五年七月被孛罗帖木儿击败于台州（五台），便辗转来到东平，帮田丰守城。

田王二人守到龙凤七年八月，抵不住察罕帖木儿大兵压境，投降。于是，山东全境只剩下一个益都，尚忠于宋。益都的守将姓陈，历史书上不曾记载他的名字，只记载了敌人给他的绰号："猱头"。六个月以后，龙凤八年二月，田丰、王士诚反正，刺杀察罕帖木儿，引兵东退益都，和陈猱头合在一起。察罕帖木儿的养子、汉人王保保（被元顺帝赐名为"扩廓帖木儿"）极会打仗，把益都继续围攻了几个月，在龙凤八年九月破城，杀了田丰、王士诚，把陈猱头押解大都。

刘福通曾经在七月间自己带兵到山东来，想解益都之围，不幸在中途被（王保保的部下）关保邀击，败退而回。

次年，龙凤九年二月间，张士诚派了一个叫作吕珍的来围安丰，围了很久。朱元璋亲自带兵来救，到达之时，刘福通已经因粮尽而出战阵亡。但是，安丰城还没有被吕珍攻破。

六　韩林儿

朱元璋在安丰城郊击溃吕珍，进入城内，把韩林儿接了出来。这一天，是龙凤九年（至正二十三年，1363年）三月初一。朱元璋把韩林儿护送到滁州，自己回应天府（南京）。

他本该把韩林儿一直护送到应天府，对韩林儿北面称臣的。为什么他不如此？可能是受了刘基的影响。刘基，号叫伯温，是浙江青田人，书念得很多，在元朝考中进士，当过县丞（副县长）与江浙儒学提举（堪比于现在教育厅的督学），以"元帅府都事"的官衔，帮过元将石抹宜孙，守住处州（丽水），只落得一个"总管府判"，不肯就职，弃官而去。朱元璋在龙凤五年打下了处州与金华，派人用重金礼聘的方式，把他请来应天府，和宋濂等人招待在一座特地为他们这样的人建筑的"礼贤馆"之中。到了正月初一，朱元璋率领百官，向韩林儿的"万岁牌位"下拜之时，刘基一人偏不肯拜。他秘密向朱元璋说："韩林儿只是一个牧牛的小子，天命所归，不在他而在你。"朱元璋说："依你，怎么办？"刘基说："先打陈友谅，次打张士诚，然后北伐中原，统一天下。"

朱元璋在龙凤四年年底，打下婺州（婺源）之时，设了一个"中书分省"（宋朝江南等处行中书省的分署），还在衙门前插了两面杏黄色大旗，旗上写的是："山河奄有中华地，日月重开大宋天。"在衙门的两旁，另有对联一副："九天日月开黄道，宋国江山复宝图。"

可恨，所有此类的其他史料，差不多被后来官方人物毁灭干净。明朝的做官的，不敢提起朱元璋有过一段"北面事人"的历史，甚至对于朱元璋之被韩林儿于到达滁州以后，在龙凤九年三月十四日册封为"吴国公"一事，他们也大造其谣，说是：早在元朝至正十六年（龙凤二年）七月，朱元璋便已被自己的"诸将""群推"为吴国公了。

至于，在韩林儿被迎到滁州以后的第二年（龙凤十年）正月初一，朱元璋晋位"吴王"，究竟是"自称"，抑是"受封"，倒没有什么关系。韩林儿已经是被他所"挟"的天子了。《明史·太祖本纪》说，群臣向他"劝进"，请他当皇帝，他不肯；群臣再三劝进，他才勉强"称王"。

称王称满了两年，到了龙凤十二年（至正二十六年）十二月，朱元璋派廖永忠去滁州，接大宋皇帝韩林儿来应天府。船走到瓜步山（六合县东南），翻了船，韩林儿死在水中。（这廖永忠，原是巢湖的一个水寇。）刘福通所恢复的宋朝，韩林儿一死，也就结束。朱元璋把次一年称为"吴元年"，不再用"龙凤"纪元。

七　徐寿辉

刘福通的失败原因之一，是不曾取得湖北香军的合作。

湖北香军也是弥勒教的分子所发动的，名义上的领袖是徐寿辉，实际上的策划者是邹普胜。邹普胜是麻城人，徐寿辉是罗田人。他们在至正十一年八月间起事于蕲水，十月间攻占县城。邹普胜捧起徐寿辉当皇帝而自为太师，国号"天完"，年号"治平"。

刘福通在（安徽）颍州起事，比他们早三个月，这时候已经纵横于河南的固始、光州（潢川）、罗山、真阳（正阳）、确山、汝宁（汝南）、上蔡、息县，一大片的地域；却还不曾找到韩山童的孤子韩林儿，因此，尚无皇帝。

刘福通是一个固守原则的人，在不曾找到他的亡友之子韩林儿以前，绝不自为皇帝，也绝不拥护别人当帝帝，更不愿抛弃"恢复宋朝"的主义，另创新朝。（韩林儿在他看来确是原本姓赵，宋徽宗的后裔。）他看不起邹普胜与徐寿辉这一批人。

邹普胜也够无聊。他看中徐寿辉这个布贩子，只是为了徐寿辉身材高大。（《明史·列传》第十一说，捧徐的是一个传布妖言的和尚彭莹玉。事实上，彭莹玉早已逃到淮西去了，无影无踪。）

邹普胜的另一无聊之处，是把国号定为不伦不类的"天完"二字。也许，他以为在"大元"两个字上面各加一个帽子，便可以把元朝盖住了呢。

无聊诚然无聊，这天完帝国的好汉们打仗却也能干。主要的猛将有三位：水寇出身的赵普胜，渔夫出身的倪文俊与陈友谅。其次，是几个似乎都是"普"字辈的异姓兄弟：丁普郎、项普略、欧普祥、陈普文、鲁普恭等等。在至正十二年的一个年头中间，天完帝国的军队所向无敌，把已经腐朽的大元帝国的中部领土捣得稀烂，除了拿下了黄州（黄冈）、汉阳与武昌以外，领土北至南阳、邓州，西至中兴（江陵）、归州（秭归），南至湖南的宝庆、道州和江西的袁州（宜春）、建昌（南城），东至江州（九江）、饶州（鄱阳）、信州（上饶）、徽州（歙县）。甚至浙江的杭州、湖州，江苏的常州、江阴，福建的邵武、福安、宁德，也都被天完军队攻破，加以长期或短期的占领。声势之浩大，比起当时的刘福通来，真是有过之而无不及。（朱元璋吗？尚在郭子兴的麾下充当亲兵十夫长之流，到了次年才升为统率几百人的"镇抚"。）

天完军队有一个长处：纪律优良，不奸不杀。他们而且到处传教，宣扬天下大乱，弥勒佛下凡转世的大道理，欢迎任何人参加，手续简单，只须登记姓名。

由于领土扩充得太快，战线拉得太长，天完帝国在至正十三年盛极而衰，战无不败，守无不失，到了年底，连号称国都的蕲水也丢了。皇帝徐寿辉逃到黄梅的山中，不敢出来。

隔了整整一年，到至正十五年正月，才有倪文俊卷土重来，再建天完帝国。他在正月间攻下沔阳，三月间攻下襄阳，五月间攻下中兴（江陵），七月间攻下武昌、汉阳、蕲水。次年，至正十六年二月间，他把徐寿辉迎到汉阳，改以汉阳为国都；三月间攻下常德，八月间攻下衡州（衡阳），十二月间回师攻下岳州，但失掉了衡州。

两个月以后，他向西，攻下峡州（宜昌）。又过了七个月，他向东，率领大军顺长江而下，似乎是志在攻取江州（九江）、安庆等地。路经黄州，他被陈友谅留住，遭了陈友谅的暗算；他的部队，也统统被陈友谅并了过去。

传说，倪文俊曾经在汉阳想杀徐寿辉未成，而逃到黄州来的。如此的传说，很像是陈友谅造的谣。这叫作"欲加之罪，何患无辞？"真正想杀徐寿辉，取而代之的，不是他，而是陈友谅自己。陈友谅终于在至正二十年（1360年）闰五月，杀徐寿辉于采石矶，自为皇帝，改国号为"汉"，改年号为"大义"。

陈友谅是怎么来到了采石矶的呢？原来，他在至正十七年九月杀了老朋友而兼同乡的倪文俊以后，便带了自己的队伍与倪文俊留下的大军，向东进发，先后攻下江州、小孤山、安庆、龙兴（南昌）、抚州（临江）、建昌（南城）、赣州、信州（上饶）、池州。

到了池州，便与朱元璋的地盘接壤。朱元璋派徐达和他比武。徐达在至正十九年四月击破赵普胜的栅江营，一口气把池州抢了；又在这一年八月"登陆"于无为州，击破"胡总管"的浮山砦，也跟着就把潜山县抢了。

所谓"胡总管"，有姓无名，是赵普胜的一个裨将。这丢掉潜山的账，于是也被陈友谅记在赵普胜的名下。朱元璋借此机会，施行反间计，离间陈赵二人。陈友谅上当，便杀了赵普胜，自毁长城。

过了几个月，远在汉阳的徐寿辉，异想天开，带了若干随从跑到江州找陈友谅，说是想迁都龙兴（南昌）。陈友谅把徐寿辉的随从完全杀光，把徐寿辉本人关起，视同俘虏。后来，他挟了徐寿辉带领水军东下，夺了朱元璋的太平府（当涂），推进到采石矶，便在采石矶结果了徐寿辉的性命。

七　徐寿辉

八　陈友谅

刘福通、徐寿辉、陈友谅，都是失败的人，因此在明清两朝的官方历史上均被称为"寇"，被称为"贼"。然而这三人之间大有分别：刘福通是英雄，是君子；徐寿辉是浑浑噩噩的匹夫；陈友谅呢，是害友弑君、无德无能而妄自尊大的典型小人。

他在害了倪文俊、弑了徐寿辉以后，直袭朱元璋所住的应天（南京）。两军相遇于汉西门之西、江东门门外的龙江关，朱军大胜，陈军大败，丢下了巨舰一百艘、战舸数百艘。

朱元璋乘胜恢复了太平府，攻下了信州（上饶），在这一年（至正二十年，1360年）的下半年，接受欧普祥之降，不战而得袁州（宜春）。次年又招降了南城的守将王溥，攻下了江州（九江）、蕲州（蕲春）、黄州、兴国、黄梅、广济。龙兴（南昌）的守将胡廷瑞望风纳款。朱元璋把龙兴改称南昌，派邓愈镇守（其后加派朱文正、赵德胜、薛显，由朱文正以大都督的名义负责主持）。江西的其他地方，如余干、吉安、瑞州（高安）、临江（清江）、乐平、饶州（鄱阳）、抚州（临川），也都入于朱元璋的掌握。年底，朱军回师东下，很轻易地拿下安庆。

至正二十三年二月，陈友谅的太尉张定边夺回饶州（鄱阳）；三月，朱元璋进军安丰（寿县），救刘福通与韩林儿；四月，陈友谅带了家眷与六十万雄兵，"空国而来"，不乘虚直捣应天（南京），偏要围攻南昌，做"攻坚"的蠢事。

他攻了八十五天，毫无结果。朱元璋在七月间率领二十万援军到达湖口。陈友谅撤开南昌，进入鄱阳湖迎敌。丁亥日（七月二十），两军相遇于余干西北的康郎山（岛）附近；次日，戊子，展开了中国历史上少有的水战。陈友谅的船既大且多，大到上下分三层，底下有几十个橹；多到一个接连一个，首尾相连。朱元璋的船既小且小，但是比较快。在戊子（七月二十一）这一天，朱军分成二十队，同时攻击，每队皆是先用火器，次用弓弩，最后短刀肉搏。结果，抢到了陈军一艘巨舰，烧毁了陈军二十几艘战舸。在交锋之中，朱元璋的座舰一度搁浅，陷入重围，有一个牙将韩成，见危受命，穿上朱元璋的衣服，戴上朱元璋的帽子，投水自杀。陈军以为朱元璋已死，就松了劲。（这一位韩成，是我的内表兄陆军中将韩君文源的祖先。）

己丑日（七月二十二），朱军大举火攻，烧死了陈军一大半，包括陈友谅的弟弟陈友仁、陈友贵。庚寅日（七月二十三），休息一天。辛卯日（七月二十四），再战，战到中午，陈军大败。当夜，朱军潜移都昌西北的左蠡，封锁鄱阳湖。相持到癸亥日（八月二十七）陈友谅突围，中箭阵亡，余众溃不成军，逃走的仅有五万人左右。张定边把陈友谅的儿子陈理带回武昌，扶立为帝，改元德寿。朱元璋进兵武昌，从九月围到次年二月，陈理出降。

九　张士诚

和陈友谅比较起来，张士诚略高一等：他既未害友，亦未弑君。他之从未存"复宋"之心，与"反元"之后而又降元，降了元之后再度反元，也并不足怪：因为，他不曾参加过弥勒教或香军，无所谓叛教或变节。并且，他对老百姓尚属宽厚，待读书人也很客气。

然而，他不是英雄，不是君子，也不是良民。他的出身是一个兼卖私盐的官盐贩子，一生，直到称王失败而死，唯利是图。

他为了卖私盐而受到小官吏的欺侮，一怒而在至正十三年（1353年）五月杀人造反。他没想到元朝政府这纸老虎，一戳便穿，不费什么力气，就占领了家乡泰州与邻近的兴化、高邮。于是，他自以为得到老天保佑，便在高邮称孤道寡，国号"大周"，年号"天祐"。

次年十一月，元朝中央的右丞相脱脱，亲自率领大军来打，围住了高邮城。张士诚带了十七个好汉突围而走，当小土匪，实践了"败则为寇"四个字。

他无声无臭地度过了至正十五年一个年头。到了至正十六年正月，有一个江阴的土匪朱英，引他过江，偷占常熟。两个月以后，他又偷占了十分富庶的平江（苏州），吃用不尽。元朝的右丞相脱脱这时候已被奸臣害死。

其后，张士诚扩展领土，向南，到湖州、杭州、绍兴、诸全（诸暨）；向西，到长兴、宜兴、常州；向北，到通州（南通）、高邮、淮安、徐州、宿州、濠州、泗州，并且围了安丰（寿县），杀了刘福通。

朱元璋虽则从他的手中夺了常州、长兴、诸全、濠州，却不得不于消灭陈友谅以前，对他容忍，只是略为和他争一争前方的据点罢了。他却也并无警觉，坐视朱元璋之日益富强。朱元璋屡屡攻他的绍兴，他也屡屡攻朱元璋的诸全，如此而已。

他在至正十七年八月降元，元朝赏他一个"太尉"虚衔，他按年缴粮，由方国珍用船"海运"到大都。六个年头以后，他求封为王，元朝不肯，他就自封起来，对元朝翻半边脸。这一次，他的国号是"吴"，不是"周"；年号仍用元朝的"至正"二字。

朱元璋恰好在张士诚自称吴王以前的两个月，打垮了陈友谅；以后，朱元璋不慌不忙，从容布置，一直等到至正二十五年（1365年）十月，才向张士诚下手。第一步，夺了江阴，割断他的长江以北的领土。第二步，从至正二十六年八月开始，攻湖州，取杭州，吞他的太湖以南。第三步，从至正二十六年十二月开始，围攻那成为孤城的平江（苏州），围到次年九月，张士诚被俘，解到应天。朱元璋叫他降，他不降，自缢而死。他这一辈子，总算结束得还"有种"。

一〇　方国珍

在打平了陈友谅与张士诚以后，朱元璋本可长驱北伐，扫荡元朝。南方所剩下的方国珍、陈友定、何真、也儿吉尼，虽则分别占据着浙江的庆元（宁波）、台州、温州，与福建、广东、广西的若干地点，皆非朱元璋的敌手，似乎不足为患。然而朱元璋是一个谨慎小心的人，一面叫徐达向北推进，做大举北伐以前的"试攻"，一面调兵遣将，先解决这南方的四雄。

方国珍是黄岩人，起家海盗，素无大志，对元朝时叛时服，终于混得了"浙江行省左丞相"一品大官，然而既不对元朝死心塌地效忠，也不敢称帝称王，像陈友谅、张士诚那样。对于朱元璋，他也常常表示恭顺，心里自然全没有那回事。此人的大毛病，是"不诚"。他倚仗自己船多，胜则掠地，败则入海，不曾料到朱元璋会用水军来收拾他。

至正二十七年（1367年）九月，朱元璋在攻破平江（苏州），俘虏张士诚的前七天，下令对方国珍用兵。不到一个月，台州（临海）及其属县均被朱元璋的"浙江行省参政"朱亮祖完全拿下。次月，温州也入于朱亮祖之手。而且，庆元（宁波）的父老在方国珍的"院判"徐善的带领之下，向朱元璋的征南将军汤和，开城迎降。（徐善不是元朝中央的枢密院的官，而是在浙江的行枢密院的官。行枢密院的官有知院、同知、佥院、同佥、院判，其中院判地位较下。）方国珍本人，先期逃亡入海，扎营在海岛（可能是舟山群岛之中的某一岛）。

朱元璋早就准备了方国珍的这一着，便命令水寇出身的廖永忠以"征南副将军"的名义，率领水军，到海上去搜捕他，在盘屿打了一仗，收降了他的不少部队。汤和派人送一封信给他,"谕以朝廷威德,及天命所在"。

方国珍得到了汤和的信,知道机会难得,叫帐下的一位文士詹鼎,写了一张很委婉的降表,派亲生儿子方关,送给汤和转呈。表里有这么几句动人的话:"孝子之于亲,小杖则受,大杖则走。臣之情事,适与此类。即欲面缚,待罪阙下,复恐婴斧钺之诛,使天下后世不知臣得罪之深,将谓主上不能容臣,岂不累天地大德哉!"

这一张表,别人看了,会骂他"无耻"。朱元璋看了,却十分满意,便复他一道"上谕",说:"汝违吾谕,不即敛手归命,次且(趑趄)海上,负恩实多。今者穷蹙无聊,情词哀恳,吾当以汝此诚为诚,不以前过为过。汝勿自疑。"

结果,方国珍鼓起勇气来应天(南京),不仅没有被杀,而且有官做,以"广西行省左丞"的名义,留在应天领俸禄,不做事,又活了好几年,才寿终正寝。儿子方关,被任为"虎贲卫千户所镇抚";另一个儿子(长子)方礼,被任为"广洋卫指挥佥事"。

一一　陈友定

陈友定，一名有定，和陈友谅不是弟兄，陈友谅是湖北沔阳人，他是福建福清人，寄籍在汀州路清流县。

他是农家子弟，在一个姓罗的家里当佣工，娶了罗家的女儿。丈人爷给他钱，让他做买卖。他赔了本，投身到"明溪寨"里当一名忠于元朝的所谓"义兵"，对本地的"妖贼"（弥勒教的分子）作战有功，被任为明溪乡的巡检（警官）。其后，升官，做了清流县的县尹（县长）。《明史》是这样说的。《新元史》不说他当了县尹，而说他当了"县尉"（尉是专管军事的官）。这一年，是至正十七年（1357年）。

次年，他升为汀州路总管（知府）。这也是根据《明史》。倘若依照《新元史》，我们便应该说他是在"延平"当总管了。至正二十一年，陈友谅派了一个邓克明来打福建，破了汀州（长汀）与延平（南平），围攻建宁（建瓯）。陈友定击败邓克明，收复这三处地方。元朝政府升他为"福建行省参知政事"。

其后，他吞并了福清路宣慰使陈端孙的地盘，平定了兴化与泉州两路蒙古将帅的内讧，又消灭了据有漳州的福建行省"左丞"罗良，便被元朝政府顺水推舟，升为"福建行省平章政事"，当了全福建的长官了。（左丞，不是左丞相，而是参知政事下面的官。元朝的行省可以设右左二丞相，也可以不设，平章政事总是设的，平章政事之下，有参知政事；参知政事之下，有右丞与左丞。）

至正二十三年，陈友谅对朱元璋作战，阵亡。至正二十五年，陈友定派人进攻朱元璋的处州（浙江丽水），失败。朱元璋叫胡深还击，打下了浦城与建阳。胡深中伏被俘，陈友定将胡深放在一个铜制的驴子上，用火烤死。

至正二十七年十月，朱元璋大举讨伐陈友定，陆路由胡廷瑞率领，从江西进入杉关，拿下邵武、建阳。水路由汤和率领，出温州台州海口，进入福州海口，占领南台，受守将陈同之降；在福州的蒙古人曲出，不战而走，柏帖木儿战死。

次年，明朝洪武元年（1368年）正月，莆田等十三县都降了汤和，胡廷瑞也攻下了建宁（建瓯）。这时候，陈友定已在延平（南平）准备坚守。汤和派了人去说降，被陈友定杀了，用血掺在酒中，与部将同饮。汤和由福州西进，把延平围了十天，破城。陈友定自杀未死，被捉，押到应天（南京）。朱元璋问他："元朝已经亡了，你替谁守？你又为什么杀了我的胡将军（深）与我的使者？"他说："完了，不必多谈。除了叫我死而外，你更能把我怎样？"于是，朱元璋就将他处斩。福建的其他地方，不久都入于朱军的掌握。

一二　何真、也儿吉尼

朱元璋在至正二十七年（1367年）十月，命令他的湖广行省平章政事杨璟，打广西。次年，洪武元年，二月，命令他的中书省平章政事廖永忠，打广东。

这时候，元朝在广东的负责人，是广东行省左丞何真；在广西的负责人，是广西行省平章政事也儿吉尼。

何真是广东东莞人，在河源县充任过九品小官（税务副使），转任为漆水盐场的"管勾"（也是九品），弃官而去，回家乡招乡勇，私办团练。当地有人"造反"，他跑到元军的"帅府"去报告，反而被扣留；他从帅府逃出，自动去打"造反"的人，仍旧得不到元朝官吏的谅解。其后惠阳城被元军的一个叛将黄常占了，他又自动去打黄常，"收复"惠阳城。于是，元朝政府任命他为惠阳路的"同知"，官居四品。再其后，有一个"海盗"首领赵宗愚（可能是"赵宗禹"），打进广州，元军毫无办法，也靠了他，才把广州"收复"。元朝政府升他为"江西分省右丞"（二品）。不久，江西分省改为"广东行省"，便转任他为广东行省的左丞，官阶仍是二品。

元朝在广东的文武官吏，除他以外，没有一个是能干的。他因此就成为事实上的全广东最有力量的人。他采取保境安民的政策，总算是乱世的一个好官。

廖永忠的水军，于洪武元年（1368年）二月间到达潮阳，何真立刻上表投降。不久，廖永忠开抵惠阳，他亲自从广州走到惠阳来迎接，并且去应天（南京）朝见朱元璋。朱元璋很喜欢，比他为东汉的窦融，给他官做。他先后做了江西与山东的参知政事,山西、浙江与湖广的布政使;在洪武二十年退休,受封为"东莞伯"。

也儿吉尼是蒙古人,在元朝中央当过御史,转为广西道肃政廉访使,为人正直,是一个忠臣。至正二十三年广西设行省,他被任命为行省的平章政事。至正二十八年(洪武元年),四月间,杨璟的兵到达靖州(湖南靖江),也儿吉尼在靖州城内死守,守了两个月,城破,被俘,押解到应天(南京)。朱元璋叫他降,他不肯降,被杀。在元朝末年,忠心效死的蒙古人,像也儿吉尼这样的不多。因此,徐达、常遇春才能够在北伐的战役中,长驱直入,占领大都。

一三　元朝内斗

朱元璋在大举北伐以前，早就于至正十九年（1359年）派遣一个"千户"王时，到浙江搭上方国珍的运粮船，由海路混进大都，窥探元朝政府的虚实。

那时候，丞相脱脱已遭贬黜而死。朝中最重要的人是察罕帖木儿。此人的祖先是西夏人（唐兀氏），住在北庭（新疆孚远），从祖父以来移居河南沈丘已有三代。他有一个号，叫作"廷瑞"，并且姓了李。当地的人称他为李察罕。他应过"进士举"，虽则没有中，可见汉化已深。他在至正十一年有感于刘福通香军之杀官烧城，"骚扰地方"，而元朝的官军毫无镇压能力，就招集了沈丘的子弟几百人，自保乡里。不久，他会合了罗山人李思齐的"义兵"，从香军的手中夺得罗山县城。元朝政府发表他为汝宁府（汝南）的达鲁花赤。（元朝在每一个路或府，与每一个县，均设达鲁花赤，由蒙古人或色目人或其他的"非汉人"充任，位于汉人总管与县尹之上。）此后，他东征西讨，到了至正十八年之时，已经官拜"陕西行省右丞兼陕西行（御史）台侍御史兼河南行枢密院同知"，受诏"守御关陕晋冀，镇抚汉沔荆襄，便宜行阃外事"。这一年年底，他被升为陕西省平章政事。次年五月，他"收复"汴梁（开封），使得刘福通不得不退守安丰（寿县），元朝升他为"河南行省平章政事，兼知河南行枢密院事，陕西行台御史中丞，仍便宜行事"。他兼了豫陕两省的文武行政，同时握有监察全权。至正二十一年，他拿下了全部山东，只有益都和莒州尚在香军手中。元朝更进一步，升他为（中央的）中书平章政事（位置仅次于丞相），兼"知河南山东行枢密院事，陕西行台御史中丞"，地盘由两省而扩充为三省（比现在的这三个省大）。

这一年八月间，朱元璋为了怕他转师南下，派了一个小官汪河，前往山东，和他"通好"。通好的内容如何，明朝的官方历史学家不敢明说。（实际上可能是向元朝称臣。）

次年六月，察罕帖木儿被田丰、王士诚刺死。他的事业，由养子王保保（扩廓帖木儿）继承。王保保在五个月后打下益都，杀了田丰、王士诚，也打下了莒州。王保保派人到应天（南京），与朱元璋重温旧好，朱元璋再派汪河前往，却被王保保扣留，拘在河南陕州。一拘，便是三年，到了至正二十五年才放回来。

王保保的为人，不如察罕帖木儿：野心大，地盘思想重。和王保保势均力敌的，有一位孛罗帖木儿与一位李思齐。孛罗帖木儿与王保保抢山西，抢中央的政权；李思齐呢，和王保保闹意气。结果，内战连年，给朱元璋造下北伐中原的机会。

孛罗帖木儿，是道地的蒙古人。他的高祖父的祖父孛罗带，是成吉思汗的卫兵。孛罗带的儿子太答儿，是蒙哥可汗（元宪宗）的一个都元帅。太答儿的儿子纽璘，打下成都，也受委为都元帅。纽璘的儿子也速答儿，打下重庆，历事元世祖、成宗、武宗，官至云南行省左丞相平章政事。也速答儿的儿子南加台，做了四川行省平章政事。南加台的儿子答失八都鲁，是元顺帝的大将，曾经打下香军所占的襄阳与太康，官至河南行省左丞相，兼知枢密院事，加"开府仪同三司，太尉"，四川行省左丞相，死于至正十七年十二月。答失八都鲁的儿子，便是孛罗帖木儿。

元顺帝在至正十八年正月，派孛罗帖木儿为河南行省平章政事，统率答失八都鲁的部队。在其后两年半的期间，他打下了卫辉（汲县）、濮州、曹州，击败关先生于云中，击败杨诚于蔚州及飞狐，击败王士诚于台州（五台），驻军大同。

一三　元朝内斗

这时候，王保保驻军在冀宁（太原）。元朝政府叫王保保与孛罗帖木儿两人各守防地，以石岭关为界。孛罗帖木儿一心要把冀宁划入自己的范围内，在至正二十年九月出兵逾过石岭关，对王保保作战，然而打不下冀宁。打到至正二十三年正月，他夺得了王保保的真定（河北正定）。

这时候，元朝内部酝酿着宫闱政变。皇太子爱猷识理达腊，为第二皇后高丽人奇氏所生。奇氏信佛崇孔，见到元顺帝荒淫昏聩，颇想假借王保保的力量，逼迫元顺帝让位。她有一个亲信，宦官朴不花；也有一个羽党，右丞相搠思监。反对她的人也很多，以御史大夫老的沙为首。她却有办法叫老的沙失宠于元顺帝，加以放逐。老的沙逃奔到孛罗帖木儿的军营。皇太子派人去要，孛罗帖木儿不给。

至正二十四年三月，右丞相搠思监用元顺帝的诏书，削去孛罗帖木儿的兵权。孛罗帖木儿抗命，而且杀了钦差。四月，孛罗帖木儿带兵进京，见到元顺帝，恢复了兵权与官职（太保，中书平章政事，兼知枢密院事），满意而去：回大同。五月，右丞相搠思监又怂恿了元顺帝，命令王保保进攻孛罗帖木儿的大同。孛罗帖木儿再度带兵来京，皇太子统率若干军队出城抵御，大败，逃到太原，投奔王保保。元顺帝把搠思监与朴不花押解给孛罗帖木儿，杀掉。孛罗帖木儿进入大都，受拜为中书左丞相，整个政府入于他的掌握。他开除了一些宦官，禁止番僧胡作非为，努力节省中央开支，停止了若干不必要的修缮营造，也把第二皇后禁闭了一百多天。他派遣一位伊苏，带兵南下，打王保保，不料这伊苏却与王保保讲和，连在一起。

至正二十五年七月，王保保的兵逼近大都，元顺帝埋伏了几个勇士在宫内延春阁，把孛罗帖木儿打死。八月，第一皇后翁吉剌惕氏去世。九月，王保保带了太子回大都，被拜为太傅、左丞相。事前事后，第二皇后奇氏与太子均叫王保保逼迫元顺帝让位，退居为太上皇，王保保不肯。王保保在大都住了两个多月，不耐烦，请求元顺帝派他打朱元璋。

元顺帝封他为"河南王",授权给他"总制关陕晋冀山东诸路并迤南一应军马,凡机务钱粮黜陟予夺,悉听便宜行事"。年底,第二皇后奇氏被升为第一皇后。

王保保去了怀庆(河南沁阳);次年二月,渡河南进。他征调在陕西的李思齐、张思道、孔兴、脱列卜这四个将领的兵。这四人均不奉命。王保保于是不再南进,而转师西向,派关保进入潼关,打这四人。一共打了一百多仗,不分胜负。

到了至正二十七年七月,他加派貊高去打。貊高的兵,多半是孛罗帖木儿的旧部,开到中途,便在卫辉(汲县)叛变,奉貊高为"总兵",向元顺帝上表,告王保保的状。这时候,元顺帝已经于第一皇后奇氏的影响之下,命令皇太子主持一个新立的"大抚军院","悉总天下军马",把王保保的防区限制在潼关以东。貊高叛变以后,元顺帝索性罢免王保保本兼各职,令他以"河南王"的资格,退居河南(洛阳)。王保保很气,便擅自把军队撤回黄河以北。

关保在陕西,也对王保保叛变,不再打李思齐等人。元顺帝命令貊高与李思齐合力,讨伐王保保;又把王保保的根据地划给关保驻防。李思齐倒未敢走出潼关,找王保保打;貊高、关保二人,与王保保交锋,均被王保保击败,杀死。王保保回到太原,不肯出来抵御朱元璋的北伐军。

这一年,至正二十七年,十月甲子日,朱元璋命令徐达、常遇春二人统率二十五万大军,北伐。先打山东,后打河南,然后打河北,指向大都。

王保保原有一个弟弟,脱因帖木儿,带领若干精兵留在山东。为了对貊高作战,这脱因帖木儿被调走,山东只剩下江苏兴化人王宣和他的儿子王信。这王宣与王信父子是经不起徐达、常遇春一打的。

徐达、常遇春由山东转到河南,在汴梁(开封)的梁王阿鲁温不战而降。这位阿鲁温,是察罕帖木儿的父亲,年已老迈。元顺帝到了最后关头,才下诏取消"大抚军院",恢复王保保的官职与爵位,求王保保救援大都。

王保保不曾来得及整师而出,大都已经入于徐达、常遇春之手。

一四　北伐

元朝的宫闱、朝廷、将帅，如此内斗不已，就朱元璋看来，真是天造的机会。恰好在这时候，他早已打平了陈友谅与张士诚两个劲敌，剩下的仅有区区不足道的方国珍、陈友定、何真、也儿吉尼之流。所以，他一面分兵南讨，一面在"吴元年"（至正二十七年）十月甲子日，任命徐达为征北大将军、常遇春为征北副将军，率领二十五万主力北伐。

两天以后，丙寅日，他发布一篇宋濂所起草的檄文："自宋祚倾移，元主中国，此岂人力，实自天授。（这是说，蒙古人没有什么了不起，当年宋朝该亡罢了。）自是以后，元之臣子不遵祖训，废坏纲常，有如大德（元成宗）废长立幼，泰定（泰定帝）以臣弑君，天历（元文宗）以弟鸩兄；至于弟收兄妻，子烝父妾，上下相习，恬不为怪。夫人君者，斯民之主。朝廷者，天下之本。礼义者，御世之防。其所为如彼，岂可为训于天下？（这是说，元朝君臣违背中国的伦理传统，失去统治资格。）及其后嗣，荒淫失道（指元顺帝），加以宰相擅权（指脱脱），宪台报怨（指御史大夫朵儿直班、宣政院使哈麻、御史袁赛因不花），有司毒虐，于是人心离叛，天下兵起。使我中国之民，死者肝脑涂地，生者骨肉不保，虽因人事所致，实天厌其德而弃之也。

"当此之时，天运循环，亿兆之中当降生圣人，立纲陈纪，救济斯民（这是'弥勒佛转世'的预言的改版）。今一纪于兹，未闻有济世安民者（韩林儿、徐寿辉、陈友谅、张士诚，皆不足以成事），徒使尔等（齐鲁河洛燕苏秦晋之人）战战兢兢，处于朝秦暮楚之地，诚可矜悯。

"方今河洛关陕，虽有数雄，阻兵据险，互相吞噬，皆非人民之主也

（指王保保、李思齐等人）。

"予本淮右布衣（平民），因天下乱，为众所推，率师渡江，居金陵形胜之地，得长江天堑之险。今十有三年，西抵巴蜀，东连沧海，南控闽越，湖湘汉沔，两淮徐邳，皆入版图，奄及南方，尽为我有，民稍安，食稍足，兵稍精。（'稍'字用得好，于谦虚中显出力量。）日视我中原之民，久无所主，深用疚心。

"予恭承天命（大胆假设），罔敢自安，方欲遣兵北伐，拯生民于涂炭，复汉官之威仪（比起刘福通之'复宋'，进了一步）。虑人民未知，反为我雠，挈家北走，陷溺尤深，故先谕告：兵至，民人勿避！予号令严肃，无秋毫之犯，尔民其体之！（只要你们人民做消极的欢迎，不希望你们做积极的参加。推翻元朝的事，有我朱元璋派兵去打，就够了。）"

事实上，朱元璋交给徐达统率的二十五万精兵，先声夺人，无可抗拒，元朝本身又已分崩离析，士无斗志，连蒙古人也很少效忠元朝到底的了，何况"色目"？

肯在山东抵抗徐达的元朝将领，仅有三个汉人——王宣、王信和俞胜，以及一个蒙古人——普颜不花。王宣与王信是父子，替元朝守沂州（临沂）及胶东一带，本已投降，降后想叛，王宣被杀，王信逃走。俞胜守乐安（惠民），也是降了又叛，战败逃走，其后被捉。普颜不花守益都，不堪徐达一击，城破，被杀。

肯在河南抵抗徐达的元朝将领，仅有王保保的弟弟脱因帖木儿一人。这人就名字而论，和他哥哥（"扩廓帖木儿"）一样，像蒙古人，其实也是汉人（至少是在父系血统上，母亲是否属于纯西夏血统，待考。他们的母亲，是察罕帖木儿的妹妹。）脱因帖木儿领了五万兵在洛阳东边的塔儿湾打了一仗，打败，逃往陕州；在陕州也守不住，逃去山西他哥哥那里。

徐达遵照朱元璋的指示，于肃清山东之后，不向北续进，转师西向，肃清河南；也不向西续进，随即集合在山东河南的大军，会师运河与卫河的交叉点：临清，以雷霆万钧之力，冲破河北，由长芦（沧县）、青州（青县）、直沽（天津城北），直捣通州。在直沽通州之间的河西务，遇到元朝的俺普达朵儿只进巴，打了一仗；在通州城郊，遇到元朝的"知枢密院事"卜颜帖木儿，也打了一仗。这两仗打完了，元顺帝听到消息，率领老婆（第一皇后奇氏）、儿子（太子爱猷识理达腊等人）、孙子（买的里八剌等人）与妃子、太监、宫女，在至正二十八年（洪武元年）七月丙寅日（二十八日）的夜里，偷偷地开了大都的健德门，向着居庸关的方向逃去，逃往"上都"（在明朝叫作开平，在今天是内蒙古的多伦）。

隔了三天，八月初二日庚午，徐达由齐化门进入大都，只杀了不肯降的元官六名，对老百姓秋毫无犯。

元朝的历史，到此结束。明朝，已经在这一年正月元旦，朱元璋在应天（南京）称帝之时开始。

一五　西征

朱元璋吩咐徐达，改大都为北平府，留三万人成立六个"卫"，拱卫这个北平府，交给孙兴祖与华云龙二人指挥，徐达本人统率大军西征。

西征的最大对象，是王保保。其次，是李思齐。又其次，是张思道及其弟张良臣、孔兴，脱列伯。

王保保这时候在太原，已于大都易手之前，被元顺帝赦免一切罪名，开复重要官爵（河南王，太傅，中书左丞相）。

徐达由今天的平汉铁路路线南下，进入山西，在洪武元年十月取了泽州（晋城）、潞州（长治）。王保保却也正在找徐达打，由太原北去，向着大都的目标走。徐达接到消息，决定不回师救大都，而贯彻原来的计划：打太原。

王保保在十二月间走到了保安州（涿鹿），听说太原丢了，慌忙选了几万骑兵回来，在太原城下扎营，当天夜间被明军偷袭，大败，溜去大同。其后，由大同移军（甘肃）定西，在洪武二年冬天围攻明军韩温部于兰州；围了几个月，徐达带了主力来到。洪武三年四月，两军在定西之北的沈儿峪对垒，一日数战。结果，王保保又吃了一个极大的败仗，被俘了八万四千五百多将校士兵，自己仅能与妻儿几个人逃走，在宁夏住了一些时，最后去到和林（库伦西南），保元顺帝的继承者、太子爱猷识理达腊的驾。

李思齐本在潼关，被明军冯宗异部吓走，退守凤翔。洪武二年三月，又从凤翔溜走，退守甘肃西南部的临洮。一个月以后，冯宗异追到临洮，李思齐投降，被送到应天（南京）。朱元璋赏他一个毋庸到任的官：江西行省左丞。

张思道本在鹿台，保卫奉元（西安）。明军一到，他溜去甘肃，扎在庆阳。其后，留下弟弟张良臣守庆阳，自己去宁夏投奔老仇人王保保，被王保保禁闭。张良臣在洪武二年五月降明，降了又叛，在八月间战败，被杀。

孔兴与脱列伯本来也是扎在鹿台的，其后于洪武二年八月攻明军某部于大同，李文忠来救，脱列伯战败被俘，押到应天，朱元璋赐他一套衣冠。孔兴溜走，被自己的部下杀了。于是在洪武三年四月沈儿峪之战以后，山西、陕西、甘肃、宁夏、绥远，都成了大明的领土。

一六　深入沙漠

当徐达在沈儿峪和王保保对垒的时候，正是李文忠以另一支精兵深入沙漠，希望捕捉元顺帝的时候。

李文忠是朱元璋的外甥，年轻胆壮，战功颇多。北伐期间，他以偏将军的名义，隶属副将军常遇春的麾下。常遇春在洪武二年（1369年）六月打下开平（元朝的上都），却不曾捉住元顺帝。次月，常遇春在回师的中途，暴卒于柳河川，常的部队便完全归李文忠指挥。

朱元璋在洪武三年正月，升李文忠为"左副将军"，再度出居庸关。李文忠在五月间到达开平，由开平转向东北，走了三百多里，打元朝的应昌路。事先，他听说元顺帝躲在应昌；其后，他在快到应昌之时，又听说元顺帝已死，元顺帝的太子爱猷识理达腊继位称帝，仍在应昌。

五月甲辰日（另一说是癸卯日），李文忠打进应昌，活捉了爱猷识理达腊的皇后、妃子、宫女、皇子买的里八剌等，与朝廷的大官、卫兵，还缴获了十五颗宋元两朝的玉玺与金印。爱猷识理达腊本人不曾被捉住，他向着和林（库伦西南）的方向逃走。李文忠带了骑兵追，追到北庆州（林西县西北），追他不上。李文忠回师，经过兴州（滦平县西南）与红罗山，收降蒙古军民五万多人。

洪武五年正月，朱元璋决心大举，派徐达、李文忠、冯胜（冯宗异）各领五万骑兵，分三路出塞，搜捕爱猷识理达腊。徐达出雁门关，三月间连败王保保于野马川及库伦之南的土剌河（土拉河），推进到"岭北"，与王保保对垒，死了一万多人，功败垂成。这是徐达生平所吃的唯一败仗。

李文忠出居庸关，在六月间到达土剌河。元将哈剌章退守阿鲁浑河（鄂尔浑河）北岸，李文忠据河死战，侥幸战胜，但伤亡极多。哈剌章再退，退到骋海（一作"称海"），李文忠追到骋海。元军的援兵越来越多，李文忠只得班师。在敌人境内班师，是不容易的事，李文忠除了抵御追兵与伏兵以外，又一度迷路，一度缺水，艰苦备尝。

冯胜由兰州出发，经过凉州（武威）、甘州（张掖）、肃州（酒泉），受元将上都驴之降；推进到亦集乃路（额济纳，即居延设治局），受元将卜颜帖木儿之降；又推进到别驾山，吓得元将朵儿只班望风而逃。冯胜全师而退，俘获了十几万牛羊马匹骆驼。他的麾下傅友德，分兵西进，取了瓜沙州（敦煌）。

次年，洪武六年，王保保反攻，来到了长城边，狠狠地在抚宁与瑞州（绥中）烧杀一顿，被徐达击败于长城以南的怀柔。

洪武七年，李文忠又去热河，打下高州（平泉西北）的大石崖与毡帽山，杀了元朝的宗王朵朵失里、鲁王桑哥八剌（或他的儿子），俘虏了不少人畜。

洪武八年，王保保在和林（库伦西南）病死。三年以后，爱猷识理达腊病死，被元朝的大臣们谥为"昭宗"。元顺帝之被称为顺帝，是朱元璋送他的谥法。元朝自己的谥法，是"惠宗"。

继承爱猷识理达腊的，是弟弟脱古思帖木儿。

朱元璋在洪武十三年，派沐英经由宁夏，翻过贺兰山，穿过沙漠，到了和林，活捉北元的丞相之一、国公脱火赤，以及枢密院知院爱足。

洪武二十年，朱元璋又派冯胜，去辽东，对付那驻扎金山（开原西北）、拥有二十万兵的元朝开国元勋木华黎的苗裔纳哈出。冯胜带去的兵，也有二十万。麾下的猛将也不少，包括傅友德与蓝玉。结果，不必交锋，便受了纳哈出之降，送纳哈出到应天（南京）。朱元璋封纳哈出为海西侯。（其后，纳哈出随傅友德征云南，病死在中途。）

洪武二十一年，爱猷识理达腊的弟弟、北元的第三个君主脱古思帖木儿南下，住在捕鱼儿海（热河经棚县西北的达尔泊，不是贝加尔湖）。蓝玉带十万精兵，以迅雷不及掩耳的方式去突袭，杀了几千人，俘虏了七万多，但不曾捉得了脱古思帖木儿。

脱古思帖木儿朝着和林的方向奔逃，在土剌河附近遭遇到叛臣也速迭儿拦截，只剩下十六人；再逃，被也速迭儿赶上，勒死。

此后，北元内乱，朱元璋也不再对北元用兵。要到了明成祖的时候，明元两朝之间才重新有战事。

《明史·鞑靼传》说，在脱古思帖木儿以后，"部帅纷拏，五传至坤帖木儿"。事实是，"三传"至坤帖木儿。《明史》的撰述人，以为蒙古人其后不久便放弃了"元朝"的国号，而自称"鞑靼"，这也是错误的。蒙古人诚然不再用汉文与汉人的官名，然而对于"大元"的传统，却未忘怀。

一七　北元概略

《明史·鞑靼传》，是一本流水账，账上所记的是某年某处有鞑靼人入寇。撰述人对于所谓鞑靼的国内政情，甚至其君主传袭世系，一概茫然无知。

我们必须参考柯绍忞《新元史》里面的"宗室世系表"，才能够约略知道"北元"的世系。但是柯绍忞把年代弄错了很多，也把君主们的名字故意写得与《明史》所记载的不同，给研究的人增加困难。

因此，我们又必须参考张穆的《蒙古游牧记》及其所引的小彻辰萨囊台吉的《蒙古源流》，才勉强可以摸清楚这"北元"世系的一个大概——也只不过是一个大概而已。

"北元"这个名词，是高丽人所创造的，比"鞑靼"两个字公平得多。直到崇祯八年为止，"北元"始终与明朝对峙着，其情形犹如金与"南宋"，虽则地域迥异。明朝有过十六个皇帝；北元有过二十八个君主。

就大体来说，北元与明朝势均力敌，谁也奈何不了谁。明成祖"亲征"了好几次，有一次到达克鲁伦河与鄂嫩河之间，成吉思汗的发祥地，几乎活捉了北元的第九个君主本雅失里，其余几次也吓得敌人望风而逃，然而他没有办法留下汉人在沙漠南北定居，没有办法收为"郡县"。

在北元的一方面，第十三个君主脱脱不花的权臣也先，有力量活捉得明朝的英宗，却没有力量"收复"大都，终于不得不把英宗送还，和明朝言归于好。

再其后，北元在明宪宗至明世宗之时，崛起了一位盖世英雄：第二十个君主达延汗（大元汗）。他统一漠南漠北，分封诸子，直至20世纪，蒙古多数盟旗的王公都是他的苗裔。然而他也只能适可而止，望长城而却步。他在位很久。

第二十二个君主卜赤无甚作为。另一房的孙儿第二十三个君主俺答，以河套为根据地，对明朝骚扰了几十年，直至受封为"顺义王"（明穆宗隆庆五年），才肯罢休。

第二十四个君主卜赤的儿子打来孙；打来孙的儿子第二十五个君主土蛮；土蛮的曾孙第二十七个君主林丹汗虎墩兔，都很厉害。他们使得国运已衰的明朝，有些招架不住。明朝的君臣恨他们，称他们为"西虏"。（"东虏"是建州的努尔哈齐与皇太极父子。）

有人说，倘若明朝的实力不曾被"西虏"长期消耗，也许不至于亡给建州，也不至于在亡给建州以前，应付不了李自成、张献忠等若干农民军。

详细的经过，等到以后再分别叙述。

一八　明玉珍、明昇

明玉珍是湖北随州人，农夫出身，"身长八尺余"，眼中瞳人成双（目重瞳子）。他在家乡纠合了一千多人，在"青山"上筑寨自保，被徐寿辉威逼入伙。其后，奉徐寿辉之命，西取归州（归），到夔州（奉节）一带抢粮。至正十七年（1357年）十二月，他听说元军在重庆的很少，便溯江而上，取了重庆；次年，攻下成都、嘉定，取得整个四川（包括今天的贵州遵义）。徐寿辉任命他为"陇蜀行省右丞"。

至正二十年，徐寿辉为陈友谅所弑，明玉珍派人守住夔关，和陈友谅断绝往来，同时在重庆城南替徐寿辉立庙。一年以后，他自称"陇蜀王"；两年以后，他自称皇帝，国号"大夏"，年号"天统"，以重庆为都城。三年以后，他的兵攻下云南路（昆明），守不住，退回；五年以后，他的兵攻下兴元（陕西南郑，"汉中"）。六年以后，至正二十六年，天统五年，他去世，享寿三十六岁。

他待老百姓极好，对读书人极有礼貌，税抽得轻，学校办得多。他不太喜欢扩充领土，更无意于统一天下。他和朱元璋颇有往来。朱元璋比他为刘备，自居为孙权，说王保保想当曹操，却缺少谋臣如荀攸荀彧，猛将如张辽张郃，否则朱元璋自己和他（明玉珍）均不能高枕无忧。"予与足下实唇齿邦，愿以孙刘相吞噬为鉴。"

明玉珍死后，儿子明昇嗣位，年纪才有十岁，大权先后操于佞臣张文炳及武夫吴友仁之手。

朱元璋在洪武元年取得大都，洪武三年击溃王保保于甘肃定西的沈儿峪，便不再以孙权自居，也不再视"大夏"为唇齿之邦，而决心对明玉珍的阿斗下手了。洪武四年正月，他命令汤和由湖北进兵，攻瞿塘峡，以重庆为目标；傅友德由陕西甘肃进兵，以成都为目标；冯宗异（胜）留守陕西，修缮城池；邓愈坐镇襄阳，督运粮饷。大军出发以前他秘密吩咐傅友德效法邓艾，由阶州与文县的阴平道，突袭川北。

傅友德在三月间完成任务，打下江油、绵州（绵阳），六月间打下汉州（广汉）。

汤和的工作很艰巨，不仅要"仰攻"，而且要冲断大夏军队所布设的"铁丝飞桥"，从三月打到六月，才打下了夔州，推进到重庆。明昇的左右，主张退守成都；他的母亲皇太后彭氏，以为迟早要降，不如就在重庆降了，免得老百姓多吃苦。于是，母子二人及全朝文武一齐投降，汤和把他们押送应天（南京）。朱元璋封明昇为归义侯，其后流放他到高丽去居住。

成都及其他城市的守将，也一一投降。只有吴友仁在保宁（阆中）守了若干天，城破以后被送到应天，斩首。

一九　梁王巴匝剌瓦尔密

朱元璋在洪武四年受明昇之降，拿下四川与今天属于贵州省的遵义一带。

次年，洪武五年（1372年），他派遣一位"翰林院待制"王祎，到云南昆明去，传谕给元世祖的苗裔、"梁王"巴匝剌瓦尔密，叫他献出云南，免得用兵。

梁王巴匝剌瓦尔密迟疑不决，虽则对王祎招待得很好。最后，在洪武六年年底，于来自和林的"北元"钦差脱脱的责难之下，终于把王祎杀了，表示对元朝忠心到底。

朱元璋又两次派了代表去：在洪武七年派元朝威顺王的儿子、（已经降明的）伯伯，在洪武八年派湖广行省参政吴云。伯伯到了昆明，向梁王投降；吴云走到中途，被同行的一个"铁知院"杀了。铁知院本是梁王的臣子，曾经奉梁王之命前往和林，被徐达俘虏，押送应天，朱元璋叫他陪同吴云去昆明，说服梁王。

又过了六年，到洪武十四年（1381年）九月，朱元璋才下命令，对梁王用兵。兵分两路，一路是奇兵，由永宁（四川叙永）南下，攻乌撒（贵州西北部，包括云南的镇雄）；另一路是正兵，由遵义南下，经由今天的贵阳、安顺（在当时叫作普定），以曲靖为目标。

奇兵的指挥者，是郭英，归正兵的总司令、"征南将军"傅友德节制。傅友德的左右，另有猛将蓝玉和沐英二人。这两人的名义，都是"征南副将军"。

傅友德在十二月间，进抵曲靖，与梁王的大将达里麻对垒。双方的兵力似乎均在十万人左右。交战的结果，达里麻大败，被俘了两万多。梁王在昆明听到消息，出城，到普宁州的忽纳砦，烧了龙袍，跳进滇池自杀。傅友德取得昆明。

那时候，郭英尚在乌撒的赤水河边，与梁王的另一大将实卜相持不下。傅友德回师而北，对实卜夹攻，实卜吃不消，丢下三千多尸首逃走。

云南，以及贵州的所有其他地区，其后也逐渐成为明的领土。大理的土司段世，在洪武十五年闰二月被沐英活捉。云贵许多苗胞部落，都归附了大明皇帝。"八百媳妇"、"金齿"等等，也是如此。

朱元璋在洪武十五年正月设置"贵州都指挥使司"，在洪武十六年二月设置"云南等处承宣布政使司"。贵州都指挥使司到了明成祖永乐十一年，被升为"贵州等承宣布政使司"，也成了一个"完全的省"。

二〇　开国规模——甲、里、县、府

朱元璋在贵州设"都指挥使司",在云南设"承宣布政使司",似乎是"例行公事",实际上不但不是例行公事,而且充分显现了他本人和他的左右的政治能力与责任感。

辛亥以前的中国历史,没有真正的革命,只有朝代的更换。有些新朝代比旧的好,有些新朝代与旧的如出一辙,或甚至更坏。明朝比元朝好。好在什么地方?好在把元朝的官制、军政、财政、教育、经济,改进了很多。

就官制而论,在地方政府与中央政府两方面都有更张。县以下的机构,在元朝有所谓"社",以五十家为单位,设一个社长。在明朝,是以十家为单位,称为甲,设一个甲首。十个甲,成为一里,设一个里长。里长任期一年。城内的里,称为坊;近郊的里,称为厢。坊长和厢长的职权,与里长相同:一方面帮助执行中央与省府州县的政令,一方面领导本里的公益事业,兼为无形的仲裁法庭法官,解纷息讼。比起元朝之只有"劝农"的社,进步多了。

县的一级,明朝和元朝比起来,值得注意的是人员减少:减去了县尹之上的"达鲁花赤",与县尹之下的"尉"。县尹改称"知县",由从六品降为正七品。知县以下,设县丞、主簿、典史各一人。元朝的县,设典史二人。元朝的中级县与下级县,不设县丞。明朝的中下级县则不仅不设县丞,有时候连主簿也省了(倘若户口不及二十个"里"),事务统由典史兼办。

县之上,有府有州。元朝的府,分为总管府(路)与"散府"(府)

二种，总管府的汉人长官称为"总管"，散府的汉人长官称为知府。总管与知府之上，均有蒙古人或色目人充任"达鲁花赤"。明朝把达鲁花赤裁了，"路"也一律称为"府"。元朝的总管是正三品，知府是正四品，明朝的知府一概是正四品。元朝总管府的属官，有同知、治中、判官、推官、经历、"知事"、照磨、译史（翻译官）、儒家教授、学正、学录、蒙古教授、医学教授、阴阳教授、司狱、丞、平准行用库大使、副使，织染局局使、副使，杂造局大使、副使，府仓大使、副使，惠民药局提领，税务提领、大使、副使，（管理户籍的）录事司录事、司候、判官、典史。户口少于二千家的总管府，与一般的"散府"，官员较少。明朝把知府衙门的官员，减少到寥寥可数：同知、通判、推官、经历、照磨、检校、司狱。推官以下，每职均只一人。经历与照磨，约略相似于今天的文书主任与收发，检校很像今天的校对与监印。

二一　州、省

有一些元朝的"散府"，到了明朝，被降为"州"。元朝的州，分为上中下三等。上等州设达鲁花赤、州尹、同知、判官、知事、提控案牍。中下等州不设知事，而设"吏目"。下等州不设提控案牍。明朝的州分为两等：一等的叫作直隶州（直属于省的州），原则上与"府"相等，但官员于知州以下仅设同知、判官、吏目。知州的官阶是"从五品"，比知府低一级半。元朝的州尹，是"从四品"。

明朝的二等州，叫作"属州"（属于府的州），在原则上与县相等。

府以上的机构，住元朝叫作"行中书省"、"行枢密院"、"行御史台"，简称为"行省"、"行院"、"行台"。这三样机构的管辖区域并不一致。行省约略等于明朝的省，而数目较少。行院视军事的需要，因时因地而设。行台的设置，除了江南与陕西两处以外，其他无规律可言。元朝而且有所谓"中书分省"、"枢密分院"（不曾有过"御史分台"），其临时性与"代表中央"的色彩，较之行省与行院更为浓厚。行省、行院、行台，也本是中央机构在地方上的办事处，并非地方政府。中央的丞相、平章政事、参知政事、知院等等，可以兼行省的丞相、参知政事、知院等等。中央也可以在行省另设丞相以下的雷同于中央的官，而并不派遣中央官兼任。很显然的一种后果，便是行省行院变成尾大不掉。虽则丞相在行省很少设置，而平章政事、参知政事等等，或此或彼，或多或少，是常设的。行院呢，也常有所谓知院、同知、副枢、佥院等等。行台呢，也有所谓御史大夫、御史中丞、侍御史、治书御史等等。全国又分成二十二"道"，每道设提刑按察使及其属官。在元世祖至元二十八年以后，提刑按察使改称为"肃政廉访使"。

明朝在洪武九年以前，沿袭元朝的行省制度，不曾有多大改革；到了洪武九年，便一举而创立十二个"承宣布政使司"，以代替元朝的行省。（其中的一个，叫作"北平承宣布政使司"，在明成祖永乐元年〔1403年〕改称为"北京"〔直辖区〕；明英宗正统年间，把"北京"改称为"京师"，所谓北京与京师，均兼指北京城及其直辖区，老百姓为了避免混淆，称北京城为京城或京师，称它的直辖区为"北直隶"。原来的南京所直辖的"直隶"，被老百姓称为"南直隶"。）

洪武九年的十二个承宣布政使司，是浙江、江西、福建、北平、广西、四川、山东、广东、河南、陕西、湖广、山西。

洪武十五年，增设云南；永乐元年，减去北平；永乐十一年，增设贵州。于是，明朝的省定了型：直至清兵入关为止，明朝有两个直辖区（京师与南京），也就是两个直隶、十三个省。

二二　布政使司、分守道；按察使司、分巡道

明朝的"承宣布政使"，不是中央官，而是最高的地方官。每一个承宣布政使的辖区，称为"承宣布政使司"，简称为"布政司"，而不称为"行省"。在正式的文件中，为了避免"行省"两个字，地名下面加上"等处"。例如，江西"行省"，被称为"江西等处布政使司"。所有的布政使，不分左右，官阶概为"从二品"，不像元朝之有时以中央的正一品丞相与从一品平章政事，派到行省来，或另派"专任"的行省丞相与从一品行省平章政事。

元朝尚右，明朝尚左。元朝在行省的编制上有所谓"右左丞相"，与"右左平章政事"等等，并不填满。明朝的每一个布政司，在编制上有左右两个布政使，与从三品的左右两个"参政"（参知政事），以及无定额的从四品左右参议——事实上也不填满。

元朝的行省衙门，等于是小规模的中书省（行政院）。明朝的布政司衙门，除了参政、参议而外，属官仅有经历、都事、照磨、检校、理问、副理问、提控案牍、司狱、库大使、库副使、仓大使、仓副使，与四个局（杂造、军器、宝泉、织染）的大使、副使，共只二十个人而已。（官下面的胥吏，未计在内。）

每一个布政使司，有"督册道"若干人、"督粮道"一人、"分守道"三人至八人。"督册道"无定额，有设有不设。督粮道很重要，差不多是今日的粮食处长，不过在任务上是专管征收田赋，不管增产。分守道，无甚实权，是府省之间的一种催办公事的人。大省如"湖广"（包括今日的湖北湖南二省），设有分守道八人，驻在武昌、郧阳、澧州等处，称为

"武昌道"、"下荆南道"、"上荆南道"等等。小省如山东，仅设分守道三人，称为济南道、东兖道、海右道，都驻在省城。

这些道员，均由布政司的参政参议兼任。

布政使所主管的是民政。司法也管，但主管司法的是提刑按察使。因此之故，布政使的属官之中有所谓"司狱"；提刑按察使的属官之中，也有"司狱"。把司法和民政完全划分，在中国的历史上，是国民政府奠都南京以后才开始推行的事。明清两朝及其以前的中国人，没有这个司法与民政划分的观念。知县与知府均"兼管司法"。布政使因此也多少有点儿司法权力。但是，提刑按察使在司法范围内是一省的最高负责人（差不多等于今天的高级法院院长），而且兼有一部分的监察权力。

明朝有十三个提刑按察使，与承宣布政使平行，而官阶略低：正三品。提刑按察使的衙门及其辖区，称为"提刑按察使司"，简称"按察司"。司里有若干正四品的副使与正五品的佥事，兼任本省的"分巡道"。分巡道的衙门称为"按察分司"。有时候"分巡道"本人，也被老百姓称为"分司"。全国共有四十一个"分巡道"，但是各布政使下面的"分守道"却有六十个之多。

二三　巡抚、总督

明朝在洪武年间没有巡抚与总督。

最初的一个巡抚，发表于永乐二年（1404年）。明成祖委派了一个职司监察的七品官"给事中"雷填，"巡抚广西"。所谓巡抚，在当时只是中央官的一种临时工作，而并非固定的官职，更没有如同清朝一样，变成了事实上的省级最高长官。明宣宗宣德年间以后，巡抚才渐渐地多起来。到了明朝末年，差不多每省均有，但是辖区有大有小，并不与布政使的辖区相吻合，而且在职务上也是偏重军事，常常在官衔上加了"提督军务"，或"赞理军务"的字样。

最初的一个总督，似乎是明景帝景泰元年（1450年）所发表的"总督湖广贵州军务"王来。王来那时候已经以"都察院副都御史"的资格，"巡抚河南等处"。总督是他的一个临时兼衔，为了便于调发节制湖广与贵州的兵讨伐造反的苗民。

第二个最早的总督，是景泰二年"总督漕运，兼提督军务，巡抚淮扬庐凤四府、徐和滁三州"的王竑。王竑正如王来一样，集巡抚与总督二衔于一身。他们两人的本职，也均是"都察院副都御史"。所不同的，漕运是一种经常的政务。因此，漕运总督便成了固定的官职，直至清朝末年。其他各地的总督，以后越来越多，大都是为了军事上需要有一个官，来节制两省或两省以上的兵员与粮饷。崇祯年间的内忧外患纷至沓来，总督因此也特别多。

明朝的巡抚与总督，均没有什么特别的官阶。他们的官阶大小，以各人的本职为定。倘若某人是"副都御史"，那么，他仍是正三品，不因兼了巡抚或总督而升高一级或半级。

到了清朝，顺治十年以后，巡抚与总督不再是出巡的或出征的中央官，而是"加"上中央官衔的"外官"了。总督所"加"的官衔，在康熙三十一年被明文规定：兵部左侍郎或右侍郎，兼都察院右副都御史。倘若本人已当了任何一部尚书，则一律称为兵部尚书。巡抚所"加"的官衔，在雍正元年也获得规定：各部侍郎出身的，加衔为"兵部右侍郎、都察院右副都御史"；不是侍郎出身而当到内阁学士的，只加"右副都御史"，不加"兵部右侍郎"。再其次，只当过四品京堂、按察使，或左佥都御史的，只能加一个"右佥都御史"。

这些规定，其后有过不少次的修改。但是，官阶相当固定。直至宣统之时，清朝的总督是"从一品"，巡抚是"从二品"。总督在咸丰以前，兼管军民两政，是巡抚事实上的上司；咸丰以后，巡抚的权力被提高，与总督形成"分省而治"，总督只能在所驻的一省握有全权，倘若这一省已裁去巡抚。

二四　都指挥使

洪武年间，各省既无巡抚，亦无总督，最高的军事负责人是"都指挥使"。都指挥使的衙门及其辖区，均称为"都指挥使司"。这都指挥使司与承宣布政使司、提刑按察使司，并称为"三司"，分别主管一省的军政、民政与监察。

都指挥使的辖区，与布政使的辖区并不吻合。例如，在洪武八年，十三个都指挥使司之中，有一个辽东都指挥使司，而当时并无"辽东省"。洪武十四年，增设贵州与云南都指挥使司与一个所谓"中都（开封）留守司"。洪武二十年，再添一个"大宁（热河平泉）都指挥使司"。加起来，一共是十七个。

在这十七个都指挥使司之中，浙江、辽东、山东，属于左军都督府；云南、贵州、四川、陕西、广西，属于右军都督府；中都、河南，属于中军都督府；湖广、福建、江西、广东，属于前军都督府；北平、山西、大宁，属于后军都督府。

此外，又有三个"行"都指挥使司，地位略低，一在福建，管建宁、延平、邵武、汀州、将乐；一在山西，管大同、蔚州、朔州；一在陕西，管今日甘肃的武威、张掖、酒泉，以及青海的西宁一带。

明成祖迁都北京，把北京都指挥使司取消，部队改为"亲军"。明成祖也把大宁都指挥使司移到保定，在事实上把热河东边的领土放弃。

明宣宗添设了一个"万全都指挥使司"，管辖后来的察哈尔南部与绥远的兴和等地。

明世宗添设了一个"兴都留守司"，以承天卫（今日湖北的安陆）为中心。此外，又有两个新的"行"都指挥使司，一在四川，管今日的西昌一带；一在湖广，管今日的湖北省的西部与西北部。

都指挥使，勉强可比对日抗战期间的"军管区司令"与"保安司令"。在他的下面，有若干"卫"及若干直属的"所"。每一个卫，通常有五千六百名世袭的兵与军官。卫下面有五个千户所。每一个千户所，包含十个百户所。每一个百户所，包含两个"总旗"。每一个总旗，包含五个"小旗"。

"都指挥使"的地位，不是世袭的。但是，只有属于"指挥使"一级的世袭的"世官"，或考中武科举的人，才有资格被任命为"都指挥使"。世官共有九等：指挥使、指挥同知、指挥佥事、卫镇抚、正千户、副千户、百户、试百户、所镇抚。这些世官，依照明朝的"军民分籍"的制度，是一种没有封地而有禄田、没有人民而有部队的贵族。

二五　军民分籍、卫所

军民分籍，是把老百姓分为两种。一种是"军"：每家世世代代要有一个人当兵或军官。另一种是"民"：世世代代均免除兵役（除非是志愿投军的）。政府的户籍，因此也有两套，一套是军户，一套是民户。

这是朱元璋所首创的奇特制度：综合了汉的屯田、唐的府兵与宋的尺籍。他很以此种军民分籍自豪。他说："朕养兵百万，不费国家一钱。"

他早就在占有和州之时，试行军士屯田；拿下了集庆（南京）及其外围以后，更是十分注意于此。他的军队，从不缺乏粮饷，因此才能做到对人民秋毫无犯，到哪里均受欢迎。

洪武元年，天下事已经大定，他考虑到如何于胜利以后，安顿庞大数量的军官与兵士。裁减、编遣、复员，都不是好办法。裁谁？不裁谁？编谁？遣谁？复员，复到哪里去？复到农村，农村吃不消；"退伍军人"无田、无牛、无农具、无种子，也复不进农村！

于是，朱元璋想出了这个军民分籍的办法，不仅安顿了兵士，酬庸了军官，而且替他自己与他的子孙保存了庞大的军事力量，也就是替大明帝国维持了长治久安的国防军。

兵士，每人赏官田五十亩。条件是：当兵到老（六十岁）；老了或死了以后，由儿子孙子一代一代地继承下去；每代只需有长子一人服役，次子以下作为"余丁"，也就是补缺的兵。这五十亩田，也要纳税（称作粮），每亩二斗四升，不运到中央政府或地方政府，而集中储藏起来，作为军粮军饷。

军官，每人封一个"世官"：最高的是指挥使，管一个卫；其次有"千户"、"百户",管千户所与百户所;最小的是所镇抚,有资格管一个总旗或小旗。千户有正有副,百户之下有所谓"试百户"。指挥使与正千户之间,有所谓指挥同知、指挥佥事、卫镇抚。一共有九等。

大军官有功劳的,封为指挥使不够,便封公、封侯、封伯、封子、封男。这五等封爵,不属于"卫所体系"以内。

卫所的军官与兵士,分别居住于指定的地区以内,遍于全国。全国的卫所,在洪武十三年的时候,共有四百九十三个卫,卫之下各有若干千户所、百户所。独立的千户所有三百五十九个。此外,属于羁縻性质的边胞的卫所,也有四百多个。"世官"的总数,在洪武二十三年,有一万六千五百名左右。"世兵"的总数,有一百二十万名左右。全国的总人口,依照洪武二十六年的统计,是六千零五十四万五千八百一十二人。

二六　五军都督府、兵部

某一个指挥使，被升任为都指挥使或更大的官，仍旧保存他的指挥使世职，虽则"都指挥使"等等的头衔及权力，是不能传给儿子或自己终身做下去的（原则上是五年一任）。

"都指挥使"是所谓"流官"（流转的官）。流官共分八等：在都指挥使之上，有左右都督、都督同知、都督佥事；在都指挥使之下，有都指挥同知、都指挥佥事、正留守、副留守。

那时候（洪武年间），明朝还没有所谓"总兵"，也没有专任的"提督"。"提督"二字，其后见于若干人的官衔之中，当作动词用，而不当作名词用。

在中央，军政与军令两项大权，分别由兵部与大都督府执掌。大都督府在洪武十三年，于丞相胡惟庸造反的案子以后，与丞相府同时被取消。代之而起的，是所谓"五军都督府"。五军，是前后左右中五军。每军设左右都督各一人，正一品；都督同知、都督佥事若干人，同知是从一品，佥事是正二品。都驻在京师。各军都督府之下，有各省的若干都指挥使司。都指挥使的官阶，是正二品。下边的都指挥同知，从二品；都指挥佥事，正三品。（卫的指挥使，是世官，但也有官阶：正三品。指挥使以下的各级世官，也均有依次递减的官阶。）

除了隶属于五军都督府的各卫所以外，另有直属于皇帝的"亲军"。亲军在洪武年间，共有十二个卫，其中以"锦衣卫"为最重要。明成祖把亲军扩充到二十二个卫，称为"上二十二卫"。

兵部在丞相一职未被废除以前，属于以丞相为主管的中书省。其后，与别的五个部（吏户礼刑工）直属于皇帝。

兵部设正二品的尚书一人，"掌天下武卫官军选授简练之政令"；设左右侍郎各一人，正三品，作为尚书的辅佐。这三人的官阶，均及不上五个军的都督府的左右都督（正一品）。

发兵、调兵，必须"纳符请宝"。符是金牌，只有两块，一块藏在中书省（其后改藏在兵部），一块藏在大都督府（其后改藏在中军都督府）。皇帝下诏发兵，由中书省（兵部）与大都督府（中军都督府及有关的某军都督府）会同奏覆，会同缴进这两块金牌，"请宝"。请宝，是请求发给"走马符牌"。然后，分遣使者，佩上这"走马符牌"，到各个卫所去调兵。走马符牌，是铁的，一共有四十块，二十块铸有金字，二十块铸有银字，平时都藏在宫城里的内府。

战事完毕以后，司令官缴印，军官与卫兵各回原有的卫所。

永乐七年以后，不再用走马符牌，而改用编了号码的"调军勘合"。

二七　六部

在明朝，洪武十三年（1380年）以前，兵部只不过是中书省的一个"部"，上边还有中书省的左右丞相、平章政事、参知政事等等的官。洪武十三年，左右丞相被取消，平章参政等等也被取消，中书省的名义也被取消，兵部便和其他五个部，直接在皇帝的管辖之下。

其他五个部，是吏部、户部、礼部、刑部、工部。加上（位列第四的）兵部，统称"六部"。

六部渊源于秦汉，成形于魏晋，壮大于唐，叠床架屋于宋，大权上移于元。最先，在秦始皇的时候，有"少府"衙门的四个"尚书"（高等书记），在"殿中""发书"。其后，汉武帝派一个宦官（太监）充任所谓"中书谒者令"，作为这四个尚书的小长官，也无非仍旧是叫他们五人办办文书、跑跑腿而已。文书越办越多，腿越跑越远，中书谒者令和尚书们，也就日形重要，重要到武帝在晚年不得不叫自己最亲信的臣子霍光，以崇高的"大司马大将军"名义，来"录尚书事"。（霍光的异母兄霍去病，是武帝卫皇后的姨侄。）从此，直至东汉之末，谁兼了这"录尚书事"的差事，谁便是事实上的宰相，而所谓丞相或司徒，倘若在官衔上缺少这四个字尾巴的话，便成了徒拥空名。

不屑挂上这个尾巴的，仅有董卓一人。曹操在建安元年，迎汉献帝于洛阳，迁都许昌以后，也未能免俗。他是"镇东将军，领司隶校尉，录尚书事"。其后，当了"司空，行车骑将军"，又在建安十三年改任丞相，可能仍旧挂上这"录尚书事"的尾巴（但是史书上缺乏明文）。

东汉从光武帝的时候起，便设了"尚书令"。这是一个"事务官"，比不上"录尚书事",但是在地位上高过了原来的"中书谒者令"与汉成帝所改称的"中谒者令",也不再像起自武帝迄于元帝之时由宦官来充任。尚书令下面,有一个仆射、六个尚书、三十六个侍郎、十八个令史,简直是一个庞大的行政机关的主官了。

武帝的四个尚书,分掌四个曹(科):常侍曹(处理关于京中大官的文书)、二千石曹(处理关于地方大官的文书)、民曹(处理关于小官与老百姓的文书)和客曹(处理关于外国人的事)。

光武帝以后的六个尚书,分掌六个曹:把常侍曹改为"吏部曹",主管选举与祠祀;叫二千石曹主管辞讼;叫民曹主管公共工程;客曹仍旧;增设"三公曹",主管考绩;增设"中都官曹",主管"水火盗贼"。

曹丕篡汉以后,增加一个仆射,减六曹为五曹:吏部曹、左民曹(公共工程)、客曹、五兵曹、度支曹。司马炎篡魏以后,把左民曹与五兵曹取消,改设三公、驾部、屯田三个曹,于是又有了六个曹。

魏晋两朝的尚书令及其属员,由附庸蔚为大国、自成一省。"省"字的原意是"厢房",皇宫大殿两旁的厢房。

与尚书省比起来,其他三个省要小得多。这三个小省,是中书省、门下省、秘书省。中书省的来源,不是汉武帝的"中书谒者令",而是由于曹操当魏王之时用了两个人当"秘书郎"。这两个人,刘放、孙资,在曹丕当了皇帝以后被升官为所谓"中书监"与"中书令",以便留在身边,"办办文书",但毋庸"跑跑腿"。"跑跑腿"的工作,交给门下省的侍中、给事中、黄门侍郎、散骑常侍、通直散骑常侍等等。至于秘书省,所做的却不是文书方面的事,而是保管宫内所秘藏的书籍!

南北朝时代的南朝与北朝的中央官制,就尚书省及其他三省而论和魏晋在大体上出入很少。

隋唐也是如此。唐把尚书省的六曹扩大为六部,称为吏部、户部、礼部、兵部、刑部、工部。又在左右仆射之下,新设左右丞各一人,每一丞管辖三个部；左右丞的下面，又有左右司郎中各一人、左右司员外郎各一人。尚书令的一职，因为唐太宗在未为皇帝之时，于唐高祖之朝担任过，所以唐高宗在龙朔二年把它废了。虽则唐玄宗恢复了它，却直至唐朝结束为止，始终是阙而不补。

唐朝的六部，比以前的六曹，充实得多。每部除了一个尚书、两个侍郎以外，有若干名郎中、员外郎、主事、令史、书令史、"掌故"与或设或不设的"亭长"、计史。郎中之中，有四名各主管一个司。六部一共有二十四个司：

吏部——吏部司、司封司、司勋司、考功司。

户部——户部司、度支司、金部司、仓部司。

礼部——礼部司、祠部司、膳部司、主客司。

兵部——兵部司、职方司、驾部司、库部司。

刑部——刑部司、都官司、比部司、司门司。

工部——工部司、屯田司、虞部司、水部司。

宋朝开国于晚唐藩镇及五代纷扰以后，而太祖赵匡胤、太宗赵光义及他们的辅佐赵普之流，又无甚学识，以致规模庞杂、名实颠倒，于六部以外有了不少的骈枝机关，事实上使得六部有如虚设。最高的官，文的叫作"平章政事"，武的叫作枢密使。"平章政事"四个字，渊源于唐朝的"尚书仆射同中书门下平章事"。在唐朝，这是"真宰相"，集尚书、中书、门下三个省的大权于一身。在宋朝，"同平章事"的不一定是尚书省的尚书令或仆射，中等官如开封尹，也可以挂上这个尾巴而变成了"真宰相"，然而并无实权。枢密使和其下的副使、参知枢密院事，也都可以挂上这个尾巴，也照样毫无实权。

单就六部而论，宋朝的尚书侍郎管不了各人本部的事。管事的常是加了"判某部事"四个字头衔的或大或小的部外的官。实际上，这些"判某部事"也判不了多少事。因为，各部的职权早已被其他的机关分割了去。例如，吏部的考选官吏与黜陟官吏之权，旁落于"审官院"，也上移于中书省（政事堂）及枢密院。户部的收支之权，旁落于所谓"三司使"（盐铁使、度支使、户部使）。兵部，由于有了枢密院，成为赘瘤。其他三部，礼部刑部工部，也没有一个是完整的。

雄峙于宋朝之北的辽朝、金朝，在政治组织上比宋朝简单。金朝尤其好，做到了"职有定位，员有常数"。金主亮把沿袭自唐辽的三省，废掉中书门下二省，只留下一个尚书省，也把左右仆射的名称改为左右丞相，在丞相下面设专任的"平章政事"（不再用"同中书门下平章事"一个长尾巴作为所谓真宰相的标记），在平章政事下面设左丞右丞，作为事实上的"执政"，再下面设六部尚书侍郎各一人。六部各干各事，没有骈枝机关加以牵制。

元世祖改称尚书省为中书省，以"中书令"为只有太子才能兼领的"加官"，改左右丞相为右左丞相，左右丞为右左丞（不尚左而尚右）。其余，丞上面的平章政事，丞下面的参知政事（简称"参政"）一律仍旧。

但是，他把六部的尚书侍郎增加了。至元二十三年，规定每部有两个尚书、两个侍郎。至元二十八年，又规定每部尚书由二人增加为三人。这样，每一部的里面均形成多头政治，大大地减低了办事的效率。元朝六部的附属机关也特别多。部内部外的冗官冗吏，数不胜数。比起金朝来，元朝在种种方面都差得远。

朱元璋在"吴元年"（洪武元年的前一年）以"吴王"的资格建立吴国的中央政府，在大体上沿袭元朝的规模，有相当庞大的中书省。中书省虽不设中书令，却有左右相国（尚左）、平章政事、左右丞、参知政事、左右司郎中、员外郎、都事、检校、照磨、管勾、参议、参军、断事官、考功郎等等。洪武元年称帝，改国号为大明，改左右相国为左右丞相，在中书省设立吏户礼兵刑工六部，每部设尚书侍郎各一人，属官若干人。

朱元璋在洪武六年，感觉六部的工作很繁，在每部添设尚书侍郎各一。两年以后，又在户部的五个科，刑工两部每部的四个科，各设尚书一人、侍郎一人。于是，户部有了七个尚书、七个侍郎；刑工两部也各有六个尚书、六个侍郎。加上其他三部的尚书侍郎，中书省一共有了二十七个尚书、二十七个侍郎，未免太多。

洪武十三年，朱元璋因左丞相胡惟庸谋反，一怒而永久废除丞相制度。他取消中书省，裁掉省内的所有官员，只留下十名"中书舍人"（中书舍人是洪武七年设置的，原称"直省舍人"）。六部被保留，也不得不保留。朱元璋借此机会，把六部的机构简化，把六部的地位提高。

每一部，从此只设一个尚书、两个侍郎，称为左右侍郎。原有的各科尚书，一律降为郎中。各部尚书的官阶，由正三品升为正二品；侍郎也由正四品升为正三品。原则上，六个尚书均直接秉承皇帝，办理各人本部的职务。于是，朱元璋成为中国历史上空前的最有权力的君主。

在六个部之中，吏部最重要。它主管全国文官的升迁调转，甚至有力量保荐其他各部的尚书。

就人员而论，户部最大。一开始，它就有五个科。洪武十三年，五个科改为四个"属部"。洪武二十三年，四个属部分为十二个属部。洪武二十九年，属部改称为"清吏司"。明成祖在永乐十八年，减掉一个司，增加三个司。明宣宗在宣德十年再减掉一个司。于是，直至明朝末年为止，户部共有十三个清吏司，每一个司主管中央对某省的收支，以及某省对中央的报销。军队的俸禄粮饷，也归这些司主管。各省的承宣布政使，虽则是任免属于吏部，在业务上则与户部的关系最密切，等于是户部的属员。

礼部，自古以来，都是冷衙门，然而它主管国家的吉凶大典，主管教育与考试，主管招待外宾、宴劳功臣文士，也不能算不重要。

二七　六部

兵部，在上节已经有了交代。

刑部，主管"天下刑名"，也有十三个清吏司，"如户部之制"，"各掌其分省及兼领所分京府直隶之刑名"。它们和各省的提刑按察使有经常的接触。主要的业务是覆勘、录囚、决囚。

工部，主管公共工程，包括宫殿、陵寝、城郭、祠庙、仓库、车船、钱币、兵器、颜料、窑器等等，兼管水利。工部业务虽繁，地位却是六部之中最末的一个。

二八　都察院、十三道

明朝在洪武十三年（1380年）以前，沿袭元朝的监察制度，设御史台，有左右御史大夫各一人，官阶是从一品。御史大夫之下，有御史中丞、侍御史、治书侍御史、殿中侍御史、"察院"监察御史等等。

察院是宋朝的遗留。宋朝把监察权分由三个机构执掌，有所谓台院，负责人称为"权御史中丞"；有所谓殿院与察院，分别由侍御史负责，名义是"殿中御史里行"与"监察御史里行"。三院的总负责人在名义上是御史大夫。比起秦汉隋唐之以御史大夫（或司空）真正总管监察，自然是差远了。

朱元璋在洪武十三年所实施的大改革，兼及于军政、民政、监察。在军政上，取消大都督府，设五个"军都督府"；在民政上，取消中书省，以六部直属皇帝：这两项均是"化整为零"、"分而治之"的手法。在监察上，取消了从一品的御史大夫，改以正二品的左右御史中丞为负责人：这是用降低负责人身份的手法来加强他个人的统治。跟着，他也废除了御史台与监院的名称，连带地也取消了御史中丞及其属官。

两年以后，他感觉到仍有设一个监察衙门的必要，于是便成立"都察院"，放八个"都御史"在里面，官阶一律是正七品，下面设"监察御史"若干人，分巡全国各省，称为"十二道"监察御史，每道在大体上包括当时的一省，有监察御史三人至五人，但并不驻在各道，而驻在京师，有事带印出巡，事毕回京缴印。

次年，洪武十六年，朱元璋把八个都御史之中的两个，称为左都御史与右都御史，官阶升为正三品；把其他六个，以两个为左右副都御史，正四品；四个为左右佥都御史，正五品。

这八人的官阶，在洪武十七年又升一阶（二级）。左右都御史升为正二品，左右副都御史升为正三品，左右佥都御史升为正四品。下面的十二道监察御史，也一律确定为正七品（原本全是正七品）。

朱元璋死后，建文帝一度改左右都御史二人为一人，称为都御史，其后又改称为御史大夫，把都察院三个字也改称为御史府。明成祖即位以后，恢复洪武十七年的制度。到了永乐十九年，减掉北京一道，增设贵州云南交阯三道，共为十四个道。明宣宗在宣德十年废去交阯一道。于是，直至明朝末年为止，监察御史分为十三道，人数各道多少不一，一共有一百一十一人。

明清两朝的监察官，除了都察院的十三道以外，又有直属皇帝的"六科给事中"。因此，"科道"两字常常在公文之中同列并举。

二九　六科

明朝开始只设了"给事中"。到了洪武二十四年，才设"都给事中"六人，分吏户礼兵刑工六科，每科一人；下设"左右给事中"，每科各一人；再下设"给事中"，各科多少不等，共为四十人。"都给事中"正八品，"左右给事中"从八品，"给事中"正九品。建文帝把"都给事中"升为正七品，"给事中"升为从七品，省去"左右给事中"，增加"拾遗"、"补阙"。明成祖恢复左右给事中，取消拾遗、补阙，都给事中仍为正七品，左右给事中与（普通的）给事中一律为从七品。

这"六科"之官，品级虽低，权力却大。他们侍从皇帝。每天每科有一人值日，站在殿里"珥笔记旨"。皇帝交给各衙门办理的事件，由六科每五天"注销"一次。倘若有拖延不办或是办得慢的，六科便向皇帝报告。每逢百官"自陈"，六科也会同六部，纠举其中的不实之处。"自陈"，是京内四品以上的官，每逢巳年亥年，自己把功过写出来，自说该留该去，请皇帝决定。

所有京内京外的官，因有功而被"引见"候选的，一概由吏部尚书及有关一科的都给事中，陪着去见皇帝。

六科衙门的最大权力，是对于皇帝的制敕能够"封还执奏"。换句话说，它可以不赞成皇帝的意旨，而提出反对的理由。这原是唐朝所留下来的优良传统，倘若运用得当，的确足以减少君主专制的弊病。在唐朝，有执掌"出纳帝命"的门下省，为此而设。门下省的长官侍中，号称"左相"，而中书省的中书令号称"右相"。左右相之上的"真宰相"，通常是尚书省的左仆射或别的官，加上一个"同中书门下三品平章事"的衔头

（会同中书门下两省三品以上的官，平核文件与事务）。

明朝不设门下省，便把这门下省的主要任务交给了"六科"。当年在唐朝，门下省原本也有四个给事中，官阶是正五品，地位仅次于侍中及门下侍郎。

明朝六科的各级给事中，虽则官阶只是正七品与从七品，却可以弹劾任何一个大官。都给事中有权出席"廷议"、"廷推"、"廷鞫"。"廷议"是皇帝御前的大会议。"廷推"是在皇帝面前公推朝廷大官的候选人，请皇帝选定。"廷鞫"是在皇帝面前公审有罪的大官。

明朝在各省有提刑按察使与分巡道，在中央又有都察院及其十三道监察御史，加上这六科的都给事中、左右给事中与给事中，监察的制度可谓十分严密。而且，遇必要时，皇帝又特派这几种机构以外的大官，到地方上去查办不法的官吏。（例如，明英宗派南京兵部侍郎徐琦与工部侍郎郑辰"考察南畿"。南畿是南直隶。）

三〇　五寺

五寺不是五个寺庙，而是五个衙门。哪五寺呢？大理寺、太常寺、光禄寺、太仆寺、鸿胪寺。

在这五寺之中，大理寺最重要。它是清末民初"大理院"，亦即我们今日"最高法院"的前身，但在实际上甚不相同，也不相同于唐宋两代的大理寺。唐宋两代的大理寺管"覆判"，而并不自行提犯问案。清末民初的大理院与我们今日的最高法院，所管的是最后一次上诉，也并不提讯原告被告，只是审阅案卷，加以裁决而已。

明朝的大理寺，与刑部及都察院合称为"三法司"（三个执法的衙门）。刑部在理论上是全国最高的上诉机关，同时也管辖京师与直隶的中级上诉及重要的刑事案件。（那时候，上诉的被告连同原告，均好比是已经判了罪的囚徒一样，必须对簿公堂，而且有受"刑求"的可能。）然而刑部与都察院对于所审理的一切案件，皆不能独做判决，必须把案卷和"囚徒"移送到大理寺去"详谳"。大理寺有权"照驳"、"参驳"，并且可以调别的衙门的官来换审（"番异"），甚至在交给"九卿会讯"（"圆审"）以后，仍可"追驳"。就这一方面而论，大理寺确能制衡刑部与都察院。它对于五军都督府内的断事官（军法官），也有同样的制衡权。

大理寺的首长，称为大理寺卿，官阶是正三品。他是所谓"九卿"之一，也的确是秦汉的九卿之中"廷尉"的后继者。

其余四个寺的卿（太常寺卿、太仆寺卿、光禄寺卿、鸿胪寺卿），官阶分别为正三品、从三品、正四品，都没有大理寺重要。太常寺卿管祭祀，太仆寺卿管马，光禄寺卿管宴享，鸿胪寺卿管外宾。其中太常寺卿与光禄寺卿，均须在礼部的指挥之下办理本身应办的事。太仆寺卿在事实上等于是兵部的属官。鸿胪寺卿堪比于今天的外交部礼宾司司长。

五个寺的卿以外，有管理玉玺的使用的尚宝司的长官，也称作卿，官阶是正五品。加起来一共只有六卿，并没有"九卿"。宗人府的左右宗正，地位崇高，官阶是正一品，列于太师、太傅、太保之上（这"三公"也都是正一品，但非专任，而是加衔）。秦汉时代的宗正，是九卿之一，位列第四。其他的八个卿，是奉常（太常）、郎中令（光禄勋）、卫尉、太仆、廷尉、典客（大鸿胪）、治粟内史（大司农）、少府。

在明朝，卫尉被京卫指挥使与五城兵马指挥等官所代替。治粟内史与少府的职权也移到了户部等衙门。

三一　三公、三孤；詹事府、翰林院

　　三公，是太师、太傅、太保，官阶正一品。三孤，是少师、少傅、少保，官阶从一品。其次，太子太师、太子太傅、太子太保，官阶为从一品。此外又有：正二品的太子少师、太子少傅、太子少保，与正三品的太子宾客。这些都是"加官"，虚衔。

　　真正负责辅导太子的，是詹事府。府里有正三品詹事一人、正四品少詹事二人、正六品府丞二人。

　　府下面的单位，是两坊（左春坊与右春坊）、一局（司经局）、一厅（主簿厅）。左右春坊各有正五品大学士一人、正五品庶子一人、从五品谕德一人、正六品中允二人、从六品赞善二人、司直郎二人、从八品清纪郎一人、从九品司谏二人。司经局有从五品太子洗马一人、正九品校书二人、从九品正字二人。主簿厅有从七品主簿一人、正九品录事二人、通事舍人二人。

　　院，除了都察院以外，有太医院与翰林院。太医院有正五品的"院使"一人、正六品的"院判"二人、正八品的御医四人、从九品的"吏目"若干人。附属的机构有"生药库"与"惠民药局"，各设"大使"一人、"副使"一人。

　　比太医院重要得多的，是翰林院。然而翰林院的首长，翰林学士，也不过是官居正五品而已。下边的侍读学士二人、侍讲学士二人，是从五品；侍读二人与侍讲二人是正六品；世袭的五经博士九人，是正八品。此外，有典籍、侍书、待诏，均是八品以下的官。号称为修史之官的"修撰"，只是"从六品"；"编修"是正七品；"检讨"是"从七品"。"修撰"，照例是中了"状元",才够资格充任的。

正如其后清朝的一样,明朝的秀才每三年有机会参加一次"乡试"(在本省省会的考试),被录取的成为举人。举人也是每三年有机会参加一次"会试"(在京师的礼部衙门),被录取的俗称为"进士",其实只是进士的候选人而已,要再参加一次"殿试",考中了才是真正的进士。进士分为三榜,第一榜称为一甲,只取三名,第一名俗称状元,第二名俗称榜眼,第三名俗称探花,这三人的正式功名,是"赐进士及第",而状元进翰林院当修撰,榜眼、探花进翰林院当编修,毋庸再考。第二榜称为二甲,功名是"赐进士出身"。第三榜称为三甲,功名是"赐同进士出身"。这二甲三甲的进士,必须再经过一次考选,幸运地被送进翰林院当学生,称为"翰林院庶吉士",三年毕业叫作"散馆",留院任职或分发到都察院或六科当御史或给事中。那些未被选送为庶吉士的二、三甲之人,仍旧只是进士而已,不能称为翰林。

三二　内阁

明清两朝的内阁，是翰林院的延长。

朱元璋在洪武十三年（1380年）正月废除丞相制度，直接处理六部及其他大小衙门所递上来的公文，忙了九个月，终于吃不消。于是，从各省找来了六个老儒生（王本、杜佑、龚敩、杜敩、赵民望、吴源），创设所谓"四辅"：春官、夏官、秋官、冬官。王、杜、龚三人当了春官，杜、赵、吴三人当了夏官，秋官、冬官也由他们兼代。职务是与皇帝坐而论道，"协赞政事，均调四时"。这六人都是毫无政治经验的老学究，不曾能够帮得了朱元璋多少忙。不久，朱元璋腻了，换了几个人，依然不行，这四辅制度便在洪武十五年七月宣告结束。

但是，朱元璋仍旧需要几个有学问的人在身边，以便遇到问题好商量商量，于是便在洪武十五年十一月以翰林院检讨吴伯宗为武英殿大学士、翰林学士宋讷为文渊阁大学士、翰林院典籍吴沉为东阁大学士，官阶一律为正五品。（检讨是从七品，翰林学士是正五品，典籍是从八品。）吴伯宗是明朝开国以来最早一个状元（在洪武四年考中的，当时还不曾有状元实授修撰的成例，而且修撰一职是在洪武十四年才设的），由从七品的检讨一跃而为正五品的武英殿大学士，可谓殊荣。宋讷在元顺帝时便已中了进士，被朱元璋任为从八品的国子监助教，是到了洪武十五年才刚刚被破格升为正五品的翰林学士，不久，调任为文渊阁大学士，官阶虽则一样，却也加了一个"大"字。吴沉的父亲在元朝当国子监博士，本人对经学尚有研究，在朱元璋的翰林院中先充从五品的"待制"（这官职于洪武十四年被取消），其后一降为正七品的编修，再降为从八品的典籍，却突然又被破格升为正五品的东阁大学士。

除了吴伯宗、宋讷、吴沉三个人以外，朱元璋也叫正二品的礼部尚书邵职，兼上一个正五品的华盖殿大学士的头衔。这一年不多久以后，他又任命年逾八十的崇德人鲍恂，年逾七十的吉安人余诠、高邮人张长年，做文华殿大学士。这三人是被征召而来的宿儒，都不肯做官，朱元璋只得放他们回家；到了次年，才有一个从上海来的全思诚，肯就文华殿大学士之任，但也只是当了一年左右，便告老回家了。

严格说来，这些洪武十五年、十六年的几位大学士，并未形成内阁。他们没有属员、没有专责，只是皇帝的顾问而已。当时帮助朱元璋看看公文、签注签注意见的，是翰林院与詹事府左右春坊的若干官吏。

明朝内阁制度的形成，是在明仁宗的时候。

朱元璋死后，建文帝把各殿各阁的"大学士"，改为"学士"，增加一个正心殿学士。正心殿的原名是谨身殿。

明成祖即位，把自己所信任的解缙等七个人，放在文渊阁，不称作文渊阁大学士，而分别以各人原职，"入直文渊阁"。直，是"值班"。这就好比是清朝的皇帝叫某些人在军机处"行走"。解缙与黄淮在"洪武三十五年"（即建文四年，1402年）八月，分别以翰林院侍读与编修的资格，奉到入直之旨。次月，侍讲胡广、修撰杨荣、编修杨士奇、检讨金幼孜与胡俨，也奉到入直之旨。十一月，解缙升为侍读学士，黄淮、胡广升为侍读，杨荣、杨士奇、金幼孜、胡俨，都升为侍讲。到了永乐二年四月，解缙又再升为文渊阁学士兼詹事府右春坊大学士，黄淮升为左庶子，胡广升为右庶子，胡俨升为左谕德，杨荣升为右谕德，杨士奇升为左中允，金幼孜不曾升。九月间，胡俨调任国子监祭酒，退出文渊阁，没有补上别人。从此，直到永乐之末，文渊阁的人数有减无增。

解缙在永乐五年（1407年）十一月失宠，外放为广西布政司的参议，黄淮升为右春坊大学士，同时候胡广也升为翰林学士兼左春坊大学士。

黄淮在永乐十二年闰九月失宠下狱（到了明仁宗即位才恢复自由，出任通政使兼武英殿大学士）。胡广的运气好，在永乐十四年四月升为文渊阁大学士。

他是自从朱元璋去世以来，第一个文渊阁大学士。他死于永乐十六年五月。到了永乐十八年闰正月，杨荣、金幼孜二人也成了文渊阁大学士仍兼翰林学士。于是，文渊阁同时有两个大学士兼翰林学士，阁内此时只有三人。杨、金而外，另一人是杨士奇。杨士奇已在永乐十五年二月升翰林学士，其后在永乐十九年正月升左春坊大学士。

明仁宗在永乐二十二年八月即位，除了把黄淮释放出狱，任为通政使兼武英殿大学士外，又调整了杨荣、金幼孜、杨士奇三人的官职。他任命杨荣为太常卿兼文渊阁大学士、金幼孜为户部右侍郎兼文渊阁大学士、杨士奇为礼部左侍郎兼华盖殿大学士。次月，改杨荣为谨身殿大学士，加太子少傅衔；改金幼孜为武英殿大学士，加太子少保衔；杨士奇仍为华盖殿大学士，加少保衔（不是太子少保）。于是连同黄淮，四位大学士均有了实缺与崇高的加官，不再是皇帝的顾问，而是事实上的宰相，有"点检题奏、票拟批答"之权了。明景帝以后，内阁的诰敕房与制敕房俱设"中书舍人"（秘书），使得六部"奉命维谨"。

三三　诸司、外三监、内十二监

诸司，指不属于各部院的司。除了前面已经提到过的尚宝司与五城兵马司以外，我们应该说一说通政司与行人司。通政司的职务，是转递各衙门与一般人民写给皇帝的公文。它管"收"，正如"六科"是管"发"。"收"与"发"原本是唐朝门下省的工作。通政司的权，不如六科的大，但是通政司的官，比六科的官官阶高。通政使是正三品，左右通政是正四品，左右参议是正五品；而六科的都给事中，才不过是正七品而已。至于"行人司"，却是一个说小也小、说大也大的衙门。主官称为司正，官阶仅为正七品，下边的左右"司副"是从七品，四十个额定的"行人"是正八品。然而区区行人，从洪武二十七年起，非"进士"不能充任。行人的职务，是替皇帝跑腿，到地方上颁诏谕，到外国或藩邦做使臣，等等。

外三监，是钦天监、国子监、上林苑监。说得简单一些，钦天监很像今天的气象局，但是兼管属于迷信性质的"星象"。国子监很像国家办的大学，有祭酒（校长）一人、司业（教务长）一人、监丞（训导长）一人、博士（教授）五人、助教（副教授）十五人、学正（讲师）十人、学录（助教）七人、典簿（注册组主任）一人、典籍（图书馆主任）一人、典馔（伙食管理员）二人。另一点不同的，是学生一律公费待遇，有吃有住。

学生的年纪有很大的，而且也有已经考中举人的，但是，倘若犯了规，一样地要受体罚。上林苑监，管皇帝的御花园、畜牧场与菜圃，事情虽小，官阶却与翰林学士相等：正五品。

内十二监，是宫内宦官的衙门。我们把所有的宦官称为"太监"，是错的。只有这内十二监的掌印及其重要助手才是真正的"太监"，官阶为正四品。太监之下有从四品的左右少监、正五品的左右监丞等等。那十二监呢？司礼监、内官监、御用监、司设监、御马监、神宫监、尚膳监、尚宝监、印绶监、直殿监、尚衣监、都知监。在这十二监之中，司礼监最重要，监内除了掌印太监之外有"提督太监"，主管宫内一切宦官的礼仪刑名；有秉笔太监，其后到了明朝末年竟然替皇帝批公事。

十二监之外，有惜薪、钟鼓、宝钞、混堂（浴室）等四个司，兵仗、银作、浣衣、巾帽、针工、内织染、酒醋面、司苑等八个局。加起来，统称为"内官二十四衙门"。

宫女们也有衙门。五个局：尚宫局、尚仪局、尚食局、尚寝局、尚功局。每个局分为四个司，规模也不小。

三四 李善长

明朝的种种制度，大部分是李善长所拟定的。此人是朱元璋的萧何，而学识能力超过萧何，可惜在晚年有点儿糊涂，工于谋人而拙于谋己，死于非命。

他是安徽定远人，书念得不少，于至正十三年（1353年）和朱元璋初次见面。那时候，朱元璋的年纪是二十六岁，他的年纪是四十岁。朱元璋尚在郭子兴下面当一名"镇抚"，地位不高，却已先后收编了濠州家乡的壮丁七百、定远驴牌寨的民兵三千、横涧山的元军二万。李善长似乎不曾在元朝有过什么"功名"（秀才举人之类），也不曾当过大小官吏，只是穷乡僻壤、一个偷生于乱世的读书人而已。

《明史·李善长传》，说他"迎谒"朱元璋于朱南攻滁州之时；《太祖本纪》却说朱"道遇"定远人李善长。无论是李迎谒朱，或是朱道遇李，总之，两人一见面便很投机，开始了几十年的合作。朱元璋留他当书记，带着他攻下滁州。从此，叫他参与机密、主持粮饷、协调人事。

郭子兴在濠州被赵君用喧宾夺主，迁驻滁州，对这位替他打了滁州的朱元璋，有尾大不掉之感，于是一面减削朱元璋的兵权，一面想釜底抽薪，暗中叫李善长到自己身边去。李善长为人颇讲道义，对郭子兴婉辞谢绝，情愿追随朱元璋到底。

朱元璋把滁州让给郭子兴，攻下和州，另创局面。有一次，朱元璋出城打鸡笼山山寨，叫李善长留守，元军乘虚来袭，李善长懂得利用埋伏，将元军击败。可见他虽则是一个文人，也未尝不能领兵打仗。

在和州劝朱元璋渡江取集庆（南京）的，是他。劝朱元璋以"不嗜杀人"的方法统一天下的，也是他。当朱军攻下采石矶与太平路（当涂）之时，李善长已经事先把严申军纪的布告准备好，立刻贴在大街上。其后，徐达攻占镇江，老百姓竟然不知道镇江换了手，也是得力于军纪的严肃。

再其后，朱元璋亲自到安丰（寿县）救刘福通，亲自去江西打陈友谅，去湖北打陈友谅的儿子陈理，都是由李善长坐镇后方。李善长的官职也一步一步地由镇抚的书记，升为朱大元帅的都事，朱平章的参议、参政，大都督府的司马，吴国的右相国。朱元璋在吴元年九月改尚右为尚左，李善长也由右相国而改为左相国，同时受封为"宣国公"。朱元璋在洪武元年元旦称帝，李善长便做了大明天子的左丞相，加官"太子少师，银青荣禄大夫，上柱国，录军国重事"。

和李善长同时当丞相的，是徐达。徐达军功最高，却屈居李善长之右，当"右丞相"，而且实际上不管"中书省"的事。真正替朱元璋"当家"的，只是李善长一人。洪武三年十一月，朱元璋大封功臣，改封他为韩国公，食邑四千八百户，加官由太子少师升为（皇帝的）太师，爵位也升为"特进光禄大夫，左柱国"。

他大权独揽，未免结怨于同僚。最和他合不来的，是刘基（伯温）。刘基的官职是"御史中丞兼太史令"。李善长有一个属僚，中书省的都事李彬，犯了贪污罪，当斩。李善长向刘基说人情，刘基派人骑马到开封，向正在出巡的朱元璋奏请施刑，获准，便把李彬斩了。

李善长在洪武四年正月告老引退。到了三月间，刘基也告老引退。中书省的政务，改由新从"左丞"升为"右丞相"的汪广洋负责。如果不是《明史》记载有误，中书省此时有了两个右丞相（徐达与汪广洋），而左丞相的位置并未补人。我想，可能是徐达升了左丞相，照旧只管带兵练兵。

汪广洋当右丞相，当到洪武六年正月，失宠，贬去广东，做行省的参政。继任的人，是胡惟庸。胡惟庸是定远人，与李善长同乡，投奔朱元璋于和州，受到朱元璋的赏识与李善长的支援，由元帅府的"奏差"，历升宁国县的主簿、知县，吉安（府）的通判，湖广行省的佥事，中央的太常寺少卿、太常寺卿，中书省的参知政事、左丞。

胡惟庸当右丞相，当到洪武十年九月，升左丞相；汪广洋复任右丞相之职。

奇怪的是，闲了很久、年事已高的李善长，又在这一年的五月，东山再起，受任与李文忠"总中书省、大都督府、御史台，同议军国大事"。原因是他的儿子李祺做了驸马（娶了临安公主），他的侄儿李佑也娶了胡惟庸的侄女。

胡惟庸与御史大夫陈宁，在洪武十三年正月，因谋反罪被杀，颇有株连，但是李善长与李佑并未被波及。中书省被取消，李善长的"总中书省、大都督府、御史台，同议军国大事"崇高职衔，可能也连带地被取消。但是，由于御史大夫陈宁已死，御史台一时主持无人，朱元璋还命令李善长代理了几个月，到这一年五月间御史台被取消为止。

李善长最后倒霉，是在洪武二十三年，他的一个亲戚丁斌因别的罪名被捕，供出来当年胡惟庸谋反，李佑和李佑的父亲李存义（李善长的弟弟）参加，并且曾经向李善长游说。李善长虽则始终拒绝了游说，却并未向皇帝朱元璋报告。朱元璋很生气，便把李善长赐死。这时候李善长的年纪已有七十七岁。他的妻女弟侄家口七十余人，同时被杀。事实上，丁斌的供词未必不是严刑拷打之下的诬攀。

三五　刘基

帮助朱元璋取天下的，武人多而文人少。文人除了李善长以外，数得上的只有刘基、宋濂。

刘基（伯温）的大名，到今天仍是差不多家喻户晓的。这大概是由于大家相信他是"烧饼歌"的著者。乩坛上，也常有他降临题诗。

就历史谈历史，刘基确是一位懂得"风角"的读书人。他在元朝有"进士"的功名，当过高安县丞、江浙儒学副提举与一个元帅府的"都事"，帮过石抹宜孙守浙江处州，应付方国珍。其后朱元璋请了他来应天（南京），接到"礼贤馆"住。他递上十八条条陈，颇得朱元璋重视。朱元璋尊称他为"先生"，不敢委屈他做官，到了吴元年才发表他担任"太史令"。他编好一部《戊申大统历》，不久，受拜为"御史中丞兼太史令"。

他不赞成继续奉韩林儿为帝；主张打陈友谅，而且在鄱阳湖决战之时建议移军湖口，扼陈军的归路，"以金木相犯日决胜"；反对朱元璋用他来代替李善长做丞相，说更换丞相好比更换房屋的柱子，要用大木头来换，不可用小木头扎起来作为代替。他自谦为小木头的原因，是自知疾恶太甚，又耐不了繁杂，因此他其后反对朱元璋用他自己的朋友杨宪，说杨宪不能"持心如水，以义理为权衡"；反对用汪广洋，说汪广洋气量褊浅，更甚于杨宪；反对用胡惟庸，说胡惟庸好比是一匹劣马，必定把车子拉垮。

朱元璋不完全听他的话。杨宪、汪广洋、胡惟庸，这三人朱元璋都重用了。

杨宪在洪武二年九月受任为中书省右丞（当时中书省已没有参知政

事，左右丞于丞相之下各领三个部），到了洪武三年七月刚升为左丞，便犯了案子被杀。

汪广洋在洪武三年七月继任左丞，四年正月升任右丞相，六年正月贬为广东参政，其后不知何时内调为御史大夫；十年九月再任右丞相，十二年十二月因明知刘基为胡惟庸毒死而不上告，被朱元璋流放海南，走到太平（当涂），又被朱元璋派人追令自杀。

胡惟庸毒死刘基，是在洪武八年。刘基原已于受封为"诚意伯"之后，在洪武四年三月告老还乡，在青田的山中饮酒下棋。若干时日以后，胡惟庸告他因为"谈洋"地方的风水有王气，和当地的老百姓争墓地，朱元璋生了气，取消他的诚意伯俸禄。他来到京师（南京）谢罪，留居京师以明心迹，生了病；胡惟庸在洪武八年元旦带了医生来看他。他喝了这医生的药，觉得肚里总是有一块拳头大的东西；再度回乡，挨到四五月间去世。

三六　宋濂

宋濂之死，也与胡惟庸有关，不是被胡惟庸毒死，而是被胡惟庸牵累。

宋濂与刘基是大同乡，原籍金华，移居浦江。他和刘基不同，在于不曾当过元朝的官，一度被任命为翰林院编修而不肯就，隐在龙门山著书立说。到了龙凤五年（至正十九年，1359年），他才和刘基一齐应朱元璋的征召，于三月间到达应天（南京）。保荐他们的，是李善长。和他们同去的，另有章溢、叶琛两个人。（其后章溢官至御史中丞，叶琛在江西洪都〔南昌〕当知府，死于叛将祝宗、康泰之手。）

宋濂比刘基年长一岁，来到应天之时，已有整整的五十虚岁。那时候，刘基是四十九岁，朱元璋是三十二岁。朱元璋对他，正如对于刘基一样，尊称为"先生"而不敢呼名叫姓，也不敢用官职委屈他。他对朱元璋讲《春秋左氏传》(《左氏春秋》)，同时做了太子朱标与其他皇子的老师。

到了洪武二年，他才受任为编撰《元史》的总裁官。《元史》编完了以后，朱元璋任命他为翰林院学士（正五品）。实际上，他如果始终不做朱元璋的官，倒要好些；一做了官，便在次年八月因懒得次次上朝而被降级为编修（正七品）；在洪武四年调升为国子监司业（正六品），又因奉命考据祭祀孔子的典礼而未能按时交卷，被贬为浙江安远县知县（正七品）；挨了一年光景，但不久便内调为礼部主事，于洪武五年改为詹事府赞善（从六品），总算升了半级，而且做了太子的正式老师之一。教书是他的本行，因此教得很好，赢回朱元璋的欢心，在洪武六年升他为翰林院侍讲学士（从五品），"知制诰，同修国史，兼赞善大夫"。这个从五品官，他当了四年，告老还乡。

他的《元史》不能算好，实际上这《元史》是"成于众手"的官书，他也不过是挂名总裁而已。他的文章，写得还可以。洪武元年朱元璋的《谕中原檄》，是他写的。除了不得不写的若干诏诰以外，他很喜欢替人家作墓碑墓志铭，也喜欢作送行的序与文集诗集的序。此外，题跋、小传、小游记与某某建筑的记，也写得不少。他的文章趋向于淡雅，可说是桐城派的前驱，而没有桐城派的做作。

他在浦江忙于文字酬应，却不曾料到因孙儿宋慎与胡惟庸有往还而受到株连。宋慎被杀，他流放到四川茂州，在洪武十四年死在中途的夔州（奉节）。

三七　胡惟庸

胡惟庸被杀，是在洪武十三年正月，杀得一点儿也不冤枉。

此人既非功臣，而且谋反有据。他在至正十五年投奔朱元璋，混到至正二十七年，由"元帅府奏差"而宁国县主簿，而县令，而吉安府通判，而湖广行省佥事，而内调为太常寺少卿、太常寺卿，确是会混。传说，他之获得内调，全靠送了李善长二百两金子。

洪武三年正月，他升任中书省参知政事；次年正月，于李善长告老之时再升为中书省左丞。虽则汪广洋同时被拜为右丞相，但汪广洋为人懦弱怕事，又喜欢喝酒，凡事都让着他，而且汪广洋在六年正月被贬往广东，于是他便成了事实上的宰相，直到六年七月升为正式的右丞相之时。十年九月，他又由右丞相升为左丞相，汪广洋这时候回任右丞相，地位反而不如他。

从十年九月到十三年正月，他足足当了两年又四个月的左丞相，大权独揽，不仅目无同僚，而且常常遇事不奏而行，对各衙门递上来的奏章，必先自看一次，不利于己的便搁了起来，不让皇帝知道。

皇帝朱元璋觉得他比谁都好。他不像李善长那么老朽，刘基那么古怪，宋濂那么迂腐，杨宪那么量小，汪广洋那么荒唐；相反，他善体人意，又很谨慎小心：既"曲"且"谨"。

他爬到了一人之下、万人之上，又深得这"一人"的宠信，为所欲为，作威作福，并且可以大大地捞下去，聚满了各方送来的"金帛、名马、玩好"，还能有什么不满足？然而，他竟然不满足，硬想取朱元璋而代之。为什么？

最大的原因,是"心里不太平"。俗语说:爬得高,跌得重。他深知朱元璋最恨贪污,倘若有一天他的贪污的事被朱元璋知道,如何收场?况且,毒死刘基的事虽则是天知地知他自己知,也难免没有一天,天网恢恢。(依现存史料而论,刘基之被胡惟庸毒死,不像是朱元璋授意。)

依照朱元璋自己所颁布的《昭示奸党录》,胡惟庸第一次劝李善长入伙造反,是在洪武十年九月。事实上,胡惟庸结党谋叛,可能更早于此。

最先被胡惟庸结为死党的,是吉安侯陆仲亨与平凉侯费聚。这两人打仗的本事很不坏,但是在洪武三年先后挨了朱元璋的处分。陆仲亨骑了公家驿站的马,被罚往雁门捕盗;费聚在苏州贪酒好色,被罚往西北边界招降蒙古人,又不曾招降得多少,回来再度挨骂一次。其后,洪武六年某月,胡惟庸请他们二人在家中喝酒,喝到半醉,叫左右的人走开,单独对他们两人说:"我们干的违法的事很多,一旦发觉了怎么办?"这两人害怕起来。于是,胡惟庸叫他们帮他准备造反,在外边"收集军马"。

在陆仲亨、费聚以后入伙的,是都督毛骧(可能便是潘柽章《国史考异》所提起的李善长供词之中的"毛响糖")。毛骧介绍给胡惟庸一个在宫中当卫士的刘遇贤,与一个在京师当亡命的魏文进。

再其后,被胡惟庸收为心腹的,是明州卫指挥林贤。林贤奉旨出海防倭,在洪武九年接来了日本的贡使圭廷用。胡惟庸叫林贤在圭廷用回航日本之时,故意把贡船错认作寇船,"打了分用"。于是,林贤有了把柄落在胡惟庸之手。胡惟庸一面又对朱元璋假作正经,说林贤错打贡船,理应处罚。朱元璋将林贤流放到日本去,正中胡惟庸之计:使得林贤有机会与日本朝野发生接触。三年以后,洪武十二年,胡惟庸派了一个李旺,到日本假传圣旨,召回林贤。林贤已经向"日本国王"借得了四百名精兵,作为日本新贡使如瑶藏主的随从,计划在入觐朱元璋之时,出其不意,将朱元璋杀害。

不料,这四百名日本精兵到达京师(南京)之时(洪武十三年),胡惟庸业已事败被杀，朱元璋将他们一齐逮捕，发往云南，作为中国的戍卒。

胡惟庸的另一布置，是暗派元朝的旧臣封绩，带了向北元皇帝称臣的表，经亦集乃（额济纳）到和林，请北元皇帝大举南伐，使得朱元璋的大军被调去应战，他好在京师肘腋之地下手。封绩果然走到了和林，然而北元并无力量大举。

胡惟庸本想静候林贤的活动成熟，或是北元大举南伐，然而一则是儿子被马车压死，他一怒杀了马车夫，被朱元璋知道，朱元璋大骂，要他偿命（实际上并未将他逮捕）；二则是占城国（在今天越南南部）有贡使来，他不曾报告朱元璋，也被朱元璋知道，朱元璋又大骂一顿，他推说这是礼部的错，朱元璋把礼部的人关了起来，要追问究竟是谁的错；三则是右丞相汪广洋忽然被贬往广南，而且，走不了多久又被朱元璋派人追斩其首，事后又要追问汪广洋的一个小老婆原为犯罪的一个县官之女，只能配给"功臣"（武人），不应配给"文臣"，究竟是谁作的主张——于是，胡惟庸在洪武十三年正月便提前动手。

事实上，汪广洋之所以被贬，正是由于胡惟庸毒死刘基的事，被御史中丞涂节报告了朱元璋。涂节说："这件事，汪广洋应该也知道。"朱元璋问汪广洋："刘基是不是被胡惟庸毒死的？"汪广洋回答："没有这个事！"朱元璋大怒，说："你和胡惟庸结党，蒙蔽我！"便把他贬往广南。

贬了以后，又想杀，是因为想起了以前汪广洋也曾经在江西隐瞒过朱文正的罪恶，在中书省隐瞒过杨宪的罪恶。

涂节如何知道胡惟庸毒死刘基，是一个谜。可能是，胡惟庸自不小心，于涂节入伙以后，把涂节当作自己人，而一时兴奋，无话不谈。涂节是什么时候入伙的？在胡惟庸杀了马车夫，朱元璋声称要胡惟庸偿命以后。是谁介绍涂节入伙的？御史大夫陈宁。

陈宁是湖南茶陵人，在元朝当过镇江路的小官，受朱元璋的知遇，一再提拔到中书省参知政事，因犯过贬为苏州知府。在苏州，他喜欢把铁烧红，拷问嫌疑犯，赢得一个绰号，"陈烙铁"。胡惟庸保荐他，于是他一跃而由苏州知府升为御史中丞，又连升为右御史大夫、左御史大夫。当了御史大夫，他更为严厉而残忍，他的儿子陈孟麟劝他不可如此，他一怒之下，活活把这儿子打死。朱元璋接到人报告，颇为寒心，说："一个人对自己的儿子这样无情，对君上又怎么会有什么感情呢！"这句话，传到陈宁耳里，陈宁害怕得很，便入了胡惟庸的伙，而且拖了涂节去参加。

涂节在洪武十一年十二月，出卖胡惟庸，暂时不说胡惟庸谋反，只说"胡惟庸毒死了刘基，汪广洋也知道"。朱元璋却不办胡惟庸，先办汪广洋。（也许是因为汪广洋既然不肯作证，不能以涂节一人的话为凭。）

次月，涂正式"上变"，告胡惟庸谋反。（但仍不告发李善长、李存义、李佑、林贤、陆仲亨、费聚，可能是胡惟庸不曾把这些人也入了伙的事告诉过涂节。）差不多同时候，一位曾经做过御史中丞而被胡惟庸降为中书省的小官的商暠，也把胡惟庸的若干秘密，告诉了朱元璋。

《明史·胡惟庸传》说，在涂节上变与商暠告密以后，朱元璋便逮捕胡惟庸。

《明通纪》说，胡惟庸之被逮捕，是因为朱元璋于被请驾临胡府、观看井中所出醴泉之时，被一个宦官云奇拼命拦阻，于是走上宫城城墙，见到胡府里面，有"裹甲"的人，"伏屏帷间数匝"。胡府在细柳坊（其后的广艺街），确是离开宫城西华门不远，然而朱元璋怎能看到屋瓦之下、屏帷之间的裹了甲的人？《明通纪》的记载，可谓荒诞不经。

胡惟庸被捕以后，朱元璋把他讯问了一番，又交给"廷臣"公审，于是胡惟庸供出了陈宁，也攀连了涂节。涂节是上变的人，原可免死，但是廷臣认为"节本预谋，见事不成始上变告，不可不诛"。结果胡、陈、涂三人同时被杀。他们的家属必然也受了累。被株连的人也不太少（包括了宋濂的孙子宋慎及宋濂自己)。

案情更加扩大,是在五年以后,洪武十八年。毛响糖说出李善长的弟弟李存义和李存义的儿子(胡惟庸的侄女婿李佑)与胡惟庸"通谋"。朱元璋认为不严重,下诏将李存义父子加恩免死,安置在崇明岛。

又过了五年,这案子发展成为"大狱"。第一件事,是李善长向汤和借用兵士三百人,替自己盖房子,被汤和在朱元璋面前告了一状。第二件事,这一年(洪武二十三年)四月间,有一个李善长的亲戚丁斌,犯了罪,该流放到边疆去,李善长向朱元璋当面说人情,朱元璋大怒,抓了丁斌拷问。丁斌供出,曾经在胡惟庸家里帮闲,知道胡惟庸有四次劝李善长入伙造反:第一次,托李存义去说,李善长大骂,说:"你这是干什么?我看你要把九族都灭了呢!"第二次,托李善长的好朋友去说,答应于事成以后把淮西的地方划给李善长为王,李善长听了,似乎心动。第三次,胡惟庸自己去向李善长说,两人对坐密室,说的什么没有人知道。第四次,李存义又去说,李善长回答道:"我老啦,等我死了你们自己去做吧。"依照《昭示奸党录》,第一次,李存义去说,是在洪武十年九月,也就是胡惟庸升任左丞相的前后(有点儿奇怪)。第二次,杨文裕去说,年月不详(《国史考异》:十年十月)。第三次,胡惟庸亲自去说,是在十年十一月。第四次,李存义再去说,是在十二年八月。无论怎样,这丁斌的供词,已经足以置李善长于死地。

况且,在洪武二十三年五月,又发生了第三件不利于李善长的事:封绩被捕下狱。封绩留在北元,于洪武二十一年在捕鱼儿海被蓝玉俘虏,搜出胡惟庸勾结北元的证据,但是李善长当时不把这件事报告朱元璋;现在,有某一位御史提出检举,于是因封绩之被捕而李善长逃不了欺君的罪。

第四件事,是李善长自己的一个家奴卢仲谦,也落井下石,告发李善长确与胡惟庸颇有往来。第五件事,是陆仲亨的家奴封帖木,大凑热

三七　胡惟庸

闹，不但告发了陆仲亨与费聚，而且把唐胜宗与赵雄也拖下了水。

结果，不但李善长赐死，李家全门族灭（除了当驸马的儿子李祺以外），各门各户被一齐杀掉的在三万人以上，久久未能结束。靖宁侯叶昇，便是在洪武二十五年八月因"交通胡惟庸"而被杀的。

三八　蓝玉

蓝玉在洪武二十六年（1393年）二月初八被捕，初十被杀。

蓝玉是叶昇的亲戚。叶昇在二十五年八月因胡惟庸案的牵连而被杀。蓝玉对自己的哥哥蓝荣说："前日靖宁侯〔叶昇〕为事（出了事），必是他招内有我名字。我这几时见'上位'（皇上），好生疑我。我奏几件事，都不从。只怕早晚也容我不过。不如趁早下手，做一场！"（见洪武二十六年五月所颁布的《逆臣录》）

蓝荣的供词，证明两点：一、蓝玉确想造反；二、蓝玉之所以如此，由于害怕叶昇攀连了他。事实上，叶昇之被捕被杀，也是由于被一个"蒙镇抚"攀连的。据某卫指挥佥事田珍招供："二十四年十一月，靖宁侯〔叶昇〕密与陈指挥说，'有我旧识蒙镇抚为事（出了事）提下了，我怕他指着我的名字。我这一回好生忧虑'。在后，本官果为胡党的事，典刑了。"

由此看来，蓝玉之狱与胡惟庸之狱，颇有连带的关系。

蓝玉在人人自危的气氛之下铤而走险，情有可原而罪无可逭。他计划在洪武二十六年二月十五日，朱元璋出城躬耕籍田之时，大干一下。被他邀约入伙的，有景川侯曹震，鹤庆侯张翼，普定侯陈桓，舳舻侯朱寿，东莞伯何荣（何真的儿子），何荣的弟弟尚宝司丞何宏，都督黄恪，吏部尚书詹徽，户部侍郎傅友文（是否为傅友德的弟弟，待考），指挥庄成、孙让，府军前卫百户李成，与府军前卫的若干士卒。

詹徽的供词是：在二月初二的一天，儿子詹绂回家说："凉国公（蓝玉）教我传话：'本朝文官，哪一个有始终？便是老太师（李善长）、我亲家靖宁侯（叶昇），也罢了（也完了）。如今上位（皇上）病得重了，殿下年纪小。'天下军马都是他（蓝玉）掌着，教说与父亲讨分晓。"

詹绂口中的蓝玉的话，值得注意。第一，"本朝文官，哪一个有始终？"显然，蓝玉在怀疑，或十分相信，刘基之被胡惟庸毒死，是朱元璋所授意；宋濂之被流放而死，宋慎之被斩，死非其罪；汪广洋之被斩，即使是因为否认有胡惟庸毒死刘基之事与隐瞒了朱文正的种种不法行为，也确是小罪大罚；甚至，胡惟庸之被杀，在蓝玉看来，也是天大的冤枉。

第二，"如今上位（皇上）病得重了，殿下年纪小"。朱元璋这时候（洪武二十六年）年纪已有六十六岁，太子标于去年先他而死，留下的太孙（其后的建文帝）这年只有十七岁。朱元璋是否有病，生在当时的蓝玉该比今天的我们更清楚。这个病的病源，可能正如朱元璋的"遗诏"中所说，是"忧危积心"。

自从胡惟庸的案子一而再、再而三地扩大了以后，明朝不仅是当臣当民的人人自危，当皇帝的也是感觉到"人人皆敌"，惴惴然不知道自己能活几天，死在谁的手中。洪武十三年以前上下一心、共创新局面的风气，消失得无影无踪。当大臣的是"伴君如伴虎"，当小臣与老百姓的是"虎口余生"，朱元璋自己是虎了，却也未尝不是厕身于极多的其他老虎之中，"骑虎难下"，以虎骑虎。他竟然保住了自己的性命与江山，还算是他能干，至于因此而博得了"雄猜"、"滥杀"、"刻薄寡恩"、"可与共患难而不可与共富贵"等等千古的恶名，他也只好认了。

洪武十三年以前的他，并未如此。而且，即使在洪武十三年，胡案既已发生以后，他也不曾杀与案子直接有关的以外的人。

洪武十五年八月，马皇后去世。马皇后之死，对他是情感上与事业上的一大打击。从此，他缺乏了一个可以无话不谈，而且够资格对他婉转劝谏的人。马皇后不仅在当年是他的红颜知己，而且一生信佛，慈悲为怀，唯恐朱元璋待部下不够宽厚。（有一件小事，最足以说明马皇后的心好。她视察了国子监，便建议不仅学生们应该有公费，他们的家眷也应该由政府予以赡养。）

马皇后既死，朱元璋之所以决意不再立后，不是没有原因。

偏偏，恼人的胡案真相，接二连三地暴露于朱元璋之前。洪武十八年，李存义父子的事暴露了；洪武十九年，林贤的事暴露了；洪武二十三年，封绩的事也暴露了。于是，牵连到李善长，牵连到陆仲亨。这两人，和朱元璋的关系极深，一个是知道有人造反而不报告，一个是甘心入伙、忘恩负义，均使得朱元璋极为讶异、伤心。

朱元璋在《庚午诏书》里说："呜呼善长！当群雄鼎沸之时，挈家草莽，奔走顾命之不暇，虽欲往而无方（想找个地方去，而没有地方可去）。及朕所在，善长挈家诣军门，俯伏于前，其词曰：'有天有日矣。'朕与语，见有其敏。时善长年四十一，朕年二十七（依照《明史》，似乎是善长年四十，朱元璋年二十六）。语言相契，朕复虑其反，与之誓词。（渠）本人能谨固自守，相从至于成帝业。"朱元璋又说："吉安侯（陆仲亨）自十七岁被乱兵所掠，衣食不给，潜于草莽，父母兄弟俱无，手持帕一幅裹窖藏臭麦仅一升。朕曰：'来！从行乎？'曰：'从！'自从至今，三十九年。前二十一年无事。自洪武六年至二十三年，反已十八年，非家奴所觉，朕略无所知！"

倘若这时候马皇后未死，她可能向朱元璋说："家奴的话，未必可靠。胡惟庸的事，早就过去了，既往不咎。像陆仲亨这样的人，以后不必重用就是。"

朱元璋已经没有马皇后在身边，给他消愁、解闷、平气。那些三宫六院的妃子，懂得什么？无从谈起，无话可谈。朱元璋于是凭着一时的失望、愤恨、恐惧，大开杀戒，杀到洪武二十五年八月，因一个区区的蒙镇抚而把刀锋移向靖宁侯叶昇，因叶昇之死而激反了勋劳不在徐达之下的蓝玉。倘若不是锦衣卫消息灵通，只消再过七天，朱元璋自己准死

三八 蓝玉

无疑,大明江山也就结束。

在朱元璋手下,荣拜为大将军的,前后仅有徐达、冯胜、蓝玉三个人。冯胜只是在洪武二十年讨伐纳哈出之时,当征虏大将军当了不到一年,因"多匿良马;使阍者行酒于纳哈出之妻,求大珠异宝;〔某〕王子死二日,强娶其女"等等罪名,被收回大将军之印。蓝玉呢,于洪武二十年九月,在军中继冯胜为征虏大将军,移师西向,于次年四月袭破北元朝廷于捕鱼儿海,八月班师缴印,十二月受封为凉国公;次年,二十一年,奉命讨平湖北的施南与忠建两个宣抚司、贵州的都匀安抚司。二十二年,因追剿入寇的祁者孙,而平定西番所占的罕东(敦煌)一带地方,又转军南向,生擒建昌(西昌)的叛酋月鲁帖木儿。这两年出征,他的名义可能仍是大将军。

从建昌回来,朱元璋发表他为"太子太傅",作为皇太孙的辅佐。同时候,冯胜被发表为"太子太师"。蓝玉在私下对人说:"我不该为太师么?"他在建昌的时候,曾经写奏章向朱元璋建议,点集当地的老百姓为兵,就近打平"朵甘百夷"(青海的黄河源一带),没有被接受。回来以后,贡献几项别的意见,也都碰了钉子。因此,自己感觉到失宠,以为是朱元璋怀疑他。叶昇被捕以后,他就更加害怕,怕叶昇在受刑拷问之时,攀进他的名字,这就下了决心,先发制人。

他的计划很厉害,而且有足够实施这个计划的力量。府军前卫百户李成,在供词里说:"二月初一日,凉国公(蓝玉)对〔我〕说:'二月十五日,上位(皇上)出正阳门外劝农〔的〕时〔候〕,是一个好机会。我计算你一卫里有五千在上(以上)人马。我和景川侯(曹震)两家收拾伴当(帮闲)家人,有二三百贴身好汉。早晚又有几个头目来,将带些伴当,都是能厮杀的人,也有二三百。都通(合起来)这些人马尽勾(够)用了。你众官人好生在意,休要走透了消息。定在这一日下手。'"

这消息终于走漏。走漏的原因,可能正是因为同伙的人太多。

告密的人，是锦衣卫的陆瑺。此人不曾入伙，也不可能被邀，而是从"眼线"之流的人物得到这"内幕新闻"。

于是，蓝玉在二月初八日上朝之时被捕，初九日移付锦衣卫，初十日被杀。曹震等人陆续被捕被杀，他们的家属连带遭殃。

奇怪的是，府军前卫的几千官兵，倒不曾"玉石俱焚"，一网打尽。到了七月间，他们之中的"有罪者"才被流放甘州，划入"左护卫"，成为肃王朱楧的扈从；其后朱元璋觉得不妥，又把他们移到宁夏，成立一个新的卫。

其他的人，一概未能幸免，而且株连到"番僧、内监（宦官）、豪民、贱隶"，共有一万五千人左右。比起胡案所株连的，却也总算是少了一半。叶昇是胡案与蓝案的桥梁，因此他的大名，既列在胡党，也列在蓝党。

三九　冯胜、朱文正、朱亮祖

是冤枉，而按照"谋反者灭族"的刑法也不能算是冤枉的，是傅友德。傅友德一生帮朱元璋打天下，"喑哑跳荡，身冒百死，自偏裨至大将，每战必先士卒，虽被创，战益力"，却落得如此下场！蓝案发生时，他尚在山西河南，陪着冯胜替朱元璋练兵，如何能知道蓝玉的阴谋，与蓝玉和傅友文之间打什么交道？然而，他和冯胜一齐被召回，召回以后，一时并未下狱，过了一年多，在洪武二十七年（1394年）十一月被赐死。他的死，可说是受了傅友文的累。

冯胜之死，却是百分之百的冤枉。此人"初名国胜，又名宗异，最后名胜"，是定远人，李善长与胡惟庸的小同乡，"喜读书，通兵法"，和哥哥冯国用"结寨自保"，两人在妙山一齐投奔朱元璋的麾下，其后无役不与。冯国用在攻打绍兴之时阵亡，于洪武三年被追封为郢国公。北伐之时，冯胜攻下潼关，直取华州（陕西华县），其后打下凤翔，收取临洮，打下庆阳，跟随徐达击溃王保保于定西，又袭取兴元（汉中），移兵吐蕃，"极征哨于西北"，受封为宋国公，食禄三千石。洪武五年明军三路出塞，徐达一路战败，李文忠一路胜败相抵，惟有冯胜的一路"斩获甚众，全师而还"，因"私匿驼马"不赏。从此，有十五个年头，朱元璋只叫他练兵，而不叫他带兵。洪武二十年，出任征虏大将军，带二十万人到东北去讨伐纳哈出，俘虏了纳哈出及其部众，又因为"多匿良马"等罪名，被收回大将军印。洪武二十五年，被发表为太子太师，派到山西河南去练兵，却于二十六年二月蓝案发生以后被召了回来；在二十八年二月，无缘无故地被赐死。

傅友德与冯胜的被杀，使得后世的人以为朱元璋杀尽功臣，一个不留，以为当年徐达、常遇春、李文忠等人之先后暴卒，都是被朱元璋毒死了的。

　　在明朝的开国元勋之中，不因胡蓝二案的株连而被朱元璋"无故"赐死的只有冯胜一人。此外，有功劳而未得善终的，是朱文正与朱亮祖。朱文正是朱元璋的侄儿，原比李文忠更受亲信，是他的第一任，也就是唯一的一任大都督。其后，由于在江西与广东胡作非为被杀。朱亮祖可能是因为语言顶撞，当场被鞭打而死。

四〇　徐达

徐达死在洪武十八年（1385年），死于瘩背（疽）。传说，朱元璋赐给他蒸鹅吃，他明知害了瘩背的人一吃蒸鹅便死，而不敢不吃，于是流着眼泪和鹅吞，果然，吞了下去便死。

这一种传说，极不可靠。朱元璋倘若想毒死徐达，用不着送目标显著的蒸鹅。

徐达在洪武十七年十二月二十一日得病，病了三个多月，到十八年二月二十七日才死。朱元璋派徐达的儿子徐辉祖到北平去慰问，又从各省找了许多名医去诊治，最后把他接回南京。

徐达死时，朱元璋辍朝，到他的家里吊唁、痛哭，追封徐达为中山王（原封魏国公），谥以"武宁"二字，加赠徐达的父亲、祖父、曾祖为王，亲自写了一篇《御制中山徐武宁王神道碑》。这碑文可能经过词臣的润饰，但大体上是朱元璋的手笔。（朱元璋是一个很用功的人，虽则根底有限，而几十年来一面打仗办公，一面努力自修，到后来确是颇能写写了。）

碑文说，徐达在癸巳年（至正十三年，1353年），年二十二岁，来到朱元璋的麾下。（那时候，朱元璋的年龄是二十六岁）。徐达死的时候，享寿五十四岁，总计他一生，有三十二年始终替朱元璋效力。在二十二岁以前，他是濠州（凤阳）的一个农家子，不曾读过多少书，更不曾进过军事学校。

朱元璋留他在队伍中，观察了两年，觉得他"动静语默，悉超群英"，才叫他当诸帅之首。《明史·徐达传》说他们两人"一见语合"，失之于太简单。朱元璋说徐达一动一静、一语一默，都比别人高明，徐达地下有知，应该感激知己于黄泉了。朱元璋又说他"平昔言简虑精，当提兵之时，令出不二"。能有如此修养，已是大将之才，区区书本上的学问或学校中的操练，哪里抵得上这十几个字呢！

朱元璋接着说，"诸将敬若神明"。这句话，一点儿也不假。什么是神？古语说神者，聪明正直而一者也。这个"一"，谈何容易！成功在于一，立信立威在于一，没有决心的人不能够一，见事不明的人不能够一，谋大事而舍不得小牺牲的人不能够一。

徐达只知有朱元璋，而不知有自己；只知有国，而不知有家；一心求胜，而不好杀人。他"所至之处，攻城不屠，与人不戏。凡受命而出，功成而旋，每不自矜。至于对姑苏（苏州）之府库，置胡宫（北平）之美人，财宝无所取，妇女无所爱"，真正是"忠志无疵，昭明乎日月"。

常遇春和他比起来，便略逊一筹。（徐达的战功，已详于以前各节：他跟随朱元璋拿下定远、滁州、南京，单独领兵拿下溧水、溧阳、常州、宁国、宣城、池州，解南昌围，收取淮河南北，攻湖州，破苏州，长驱北伐，克复北平，移军西征，击溃王保保，虽则其后有土剌河之败，损失了几万人，只不过是百战勋名中的小小挫折罢了。）

四一　常遇春

徐达是帅才，常遇春是将才，在所有的"将"之中，常遇春堪称第一。

他是怀远人（怀远县城在淮河北岸，位于蚌埠的西北），在龙凤元年（至正十五年，1355年）带了几十个强盗到和州投奔朱元璋。那时候，他的年纪是二十六岁，当强盗已经当了三年。两个月以后，他自请担任先锋，朱元璋说："你来，无非是为了你们山寨上粮食不够吃。吃饱了，你和你的弟兄们便可以走。你原有你的主子（山寨上的刘聚），我不便强留。"常遇春哭着请求朱元璋留他，说刘聚不过是一个强盗头子，不能有所成就，朱元璋才真是安邦定国的主子。朱元璋说："好吧，等我渡了长江，那时候愿留愿去，再听你的便吧。"

在渡江一役之中，常遇春的表现极好。朱元璋的兵，后有元军的大船威胁，前有元军的采石矶坚垒，登不了岸。正在危急之时，常遇春手持长槊，飞舸而至，一跳上了岸，再跳登了采石矶，于是采石矶一战而定，朱元璋乘势取得太平（当涂）。常遇春被留了下来，当先锋，由先锋而升为太平府总管与"太平兴国翼元帅"（朱元璋自己）下面的"都督"之一。不久，元军的水军将领蛮子海牙夺回采石矶，朱元璋去打，也全靠常遇春飞舸而至，把元军的兵船冲成两截，首尾不能相应，使得朱元璋又获全胜。

其后，打集庆（南京），常遇春的功也是最大。跟着徐达打镇江、常州，积功升为"中翼大元帅"。（徐达在当时的官职，是"淮兴翼统军元帅，金枢密院事"，"金院"是刘福通所授的宋朝官职。）再其后，常遇春跟着徐达拿下宁国、池州。徐达升为"奉国上将军，同知枢密院事"；常遇春升为"（江南）行省都督，马步水军大元帅"。

常遇春跟随朱元璋拿下婺州（江西婺源），升为"同佥枢密院事"；分兵拿下衢州，升为"佥枢密院事"，收复陈友谅所袭占的太平，留守有功，升为"行省参知政事"。朱元璋带大军去安丰，救刘福通，到达时，刘福通已死，安丰城已为吕珍所占。朱元璋的左军右军皆败，全靠常遇春一军"横击"反败为胜。朱元璋与陈友谅决战于鄱阳湖，座船搁浅，全靠常遇春一箭射中对方的主将张定边，转危为安；其后溯江而上，扼守湖口，挡住陈军的归路的，也是他。朱元璋进位吴王，以李善长为右相国，徐达为左相国（那时候，尚右），常遇春为"平章政事"，地位仅次于右左相国。打陈理，取江西各地；打张士诚，取淮北淮南苏州，也都有他，受封为鄂国公。北伐，徐达做征虏大将军，他做征虏副将军。洪武二年，他与李文忠率领步骑九万，由锦州经热河，打下开平，几乎捉住了元顺帝。不幸，在回师北平之时，于七月间暴卒于柳河川（河北省西北部）。害他的人，是部下的一个军官。他生平唯一的缺点，是性急，可惜竟因此而死，享年仅有四十。朱元璋追封他为开平王，谥以"忠武"，赠三世祖先王号，叫宋濂给他写了一篇《神道碑》。

四二　李文忠

在开国的功臣之中，被朱元璋追封为王的，除了徐达、常遇春以外，仅有李文忠、汤和、邓愈、沐英四个人。

李文忠是盱眙人，十二岁丧母，随着父亲李贞当难民，当了两年，在滁州找到朱元璋。朱元璋是他的舅舅，见到他很喜欢，说："外甥见舅，如见母也。"说罢，便收他为子，改姓朱，请老师教他读书。五年以后，他十九岁，充任朱元璋的亲军指挥，一出马就立了功，击败在池州的赵普胜的兵，又攻下青阳、石埭、太平、旌德四个县。次年，至正十八年，会同邓愈、胡大海由徽州进入浙江，从元军手中夺得建德，升为亲军都指挥，坐镇建德，收降苗帅杨完者的旧部三万多人。不久，邓愈移军江西，李文忠便帮助胡大海拿下诸暨与金华，诸暨改称诸全，由谢再兴守，金华由胡大海守。李文忠的官职升为"同佥行枢密院事"。（这仍是因袭自元朝的制度，元朝在中央有枢密院，在地方上于必要时设"行枢密院"，有"知院"、"同知"、"佥院"、"同佥"等官。朱元璋是韩林儿的江南行省平章政事，可能也兼了所谓行枢密院的知院。）

苗兵在至正二十二年叛朱，杀了守金华的胡大海，李文忠转危为安，夺回金华。朱元璋"拜"他为"浙东行省左丞，总制严衢信处诸州军事"。严是建德，衢是金华；信是信州，今天的江西上饶；处是处州，今天的浙江丽水。

次年，守诸全的谢再兴叛朱，投降张士诚，带了张士诚的兵来打东阳。李文忠在义乌迎战，大胜，但收复不了诸全，在离开诸全五十里的地方另筑一个"诸全新城"。张士诚派他的司徒李伯昇，以十六万人来攻，李文忠守这个新城，守得很好。

至正二十五年，李伯昇带了二十万人再来，被李文忠少数兵力杀得大败，俘虏了敌方将校六百、甲士三千。次年，李文忠进攻杭州，杭州的张士诚守将谢五与潘元明不战而降。朱元璋升李文忠为"浙江行省平章政事"，加衔"荣禄大夫"，叫他不必再姓朱，复姓李氏。这一年，他的年龄仅有二十八岁。

洪武二年，他奉命随同常遇春出塞，打到上都（多伦）；回军之时，常遇春暴卒，由他代做主帅，率军西向，帮徐达攻庆阳；走到太原，听说大同危急，而且庆阳已被徐达攻下，便当机立断转军北向，解了大同之围，活捉元军的将领脱列伯。

洪武三年，李文忠实授征虏左副将军，与征虏大将军徐达分途北进。他带了十万人，再度到达开平，听说北元的新皇帝爱猷识理达腊驻跸应昌，他就兼程突袭，几乎把爱猷识理达腊捉住。爱猷识理达腊的儿子买的里八剌和几个后妃、宫人、王公、武将、文臣，都成了他的俘虏。宋元两朝的玉玺金印，也被他拿到了十五颗之多。回军经过兴州与红罗山，收降了元军五万以上。朱元璋封他为曹国公，任命他为"大都督府左都督"、"同知军国事"。

洪武五年，朱元璋大举征讨北元，出兵三路，李文忠与徐达、冯胜各任一路。他这一路由居庸关深入蒙古，到达和林，追击元军渡过土剌河与阿鲁浑河，大战获胜，但也损失了不少将士，继续向东追，追到骋海（呼伦池）回军。

在洪武六年与洪武七年，他奉命巡边，在长城外沿着长城巡逻，和元军发生了若干次的小接触，都获得胜利。洪武十年以后，他与李善长二人受任"总中书省、大都督府、御史台，议军国重事"，做了实际上的宰相；但是做了不到两年，胡惟庸谋反伏诛，中书省被取消，大都督府分为中左右前后五个都督府，御史台也在十三年五月被取消，他和李善长失去了所"总"的对象。

在此以前,他曾经在十二年上半年督率沐英等人,削平洮州十八个番族的叛乱,在七月间回京,掌理大都督府的事。(最早的一任大都督,是朱元璋的侄儿朱文正。)掌理到十三年正月大都督府被分为五个都督府,也就算了。国子监,从十二年七月起,也是由他兼领的,兼领到什么时候,史无明文,好在那是一个闲差,又是一个文职,领不领均无多大关系。

他在十六年冬得病,十七年(1384年)三月去世。病中,朱元璋自己来看过他,又吩咐华云龙的儿子淮安侯华中负责料理他的医药。他死了以后,朱元璋怀疑华中料理得不周到,把华中的侯爵贬了,把华中的家属流放到建昌(西昌),而且也怀疑医生用了毒药,把所有诊视过李文忠的医生一齐砍头,连他们的妻与子也砍。

朱元璋如此作为,可能是由于一时气愤,即也容易引起当时与后代的批评家认为这是"欲盖弥彰"。事实上,朱元璋确无毒杀李文忠的必要。李文忠是朱元璋一生所最亲最信的人,而且罢兵家居之时"恂恂若儒者",与世无争。虽则他有时也因为劝朱元璋不必杀人太多、不必派船出海征倭、不必多蓄宦官,而受过朱的呵斥。他死的时候,年纪才有四十六岁,朱追封他为岐阳王,谥以"武靖"二字,亲自写了一篇祭文祭他。

四三　汤和、邓愈

汤和、邓愈二人，在年龄上相差很大，在事功上彼此约略相同。汤和比朱元璋年长三岁，邓愈比朱元璋年幼九岁，汤邓之间相差十二岁。他们两人均在徐达之下当过副将军，也曾各自独当一面：汤为征南将军，邓为征西将军。两人同时做过御史大夫，一左一右。两人均积功封为"国公"：汤是信国公，邓是卫国公。死后，两人也均被封为王：汤是东瓯王，谥襄武；邓是宁河王，谥武顺。而且，两人皆是善终，既非暴卒，亦非"中毒"，更未因罪伏诛。

汤和与朱元璋不仅是同州同县，而且同里。他投效郭子兴可能比朱早，并且是率领了十几个人一道去的，不像朱之单独行动。其后，朱做了郭子兴的养女之婿，在郭面前的地位便比汤高，汤却也认得出朱的才干，甘拜下风，于打下滁州以后和徐达等人做了朱的小局面的台柱，对于高高在上的郭子兴就隔了一层。郭只能将兵而不能将将，一手培植了朱，却容纳不了朱，连带地也掌握不住徐汤诸人了。

邓愈是虹县（安徽泗县）人，原名友德。他的哥哥名友隆，父亲名顺兴。顺兴与友隆在元朝末年起义，先后阵亡，友德在十六岁的时候接领部众，每战身先士卒，很受爱戴。其后，他带了这些部众从盱眙来滁州，投效朱元璋，朱元璋叫他改名为"愈"。他跟着朱元璋渡江，建功甚多，受任为"广兴翼元帅"，镇守广德，移守宣城，又以"行枢密院判官"的地位改守徽州。汤和这时候，是"统军元帅，行枢密院同佥"，镇守着常州。

正如汤和之在常州，能一再击退张士诚的兵，邓愈也先后击溃了元军的"长枪帅"谢国玺、苗帅杨完者,而且会同了李文忠、胡大海,由徽州进入浙江,取得浙西腹地。其后,李文忠负浙江的专责,邓愈招降了饶州(鄱阳)守将于光,移驻饶州,由"佥行枢密院事"升为"江南行省参政",袭取抚州。胡廷瑞以龙兴(南昌)投降,朱元璋把龙兴改称洪都,叫邓愈转任"江西行省参政",在洪都镇守。不幸,被叛将祝宗、康泰二人偷袭。他丢掉洪都,只身逃回应天(南京)。朱元璋不仅不杀他,仍叫他回洪都,帮助大都督朱文正镇守。(祝宗、康泰原为胡廷瑞的旧部,奉命跟随徐达去打武昌,中途叛变,折回偷袭洪都,但不久便被徐达旋军剿灭。)

次年,至正二十三年,陈友谅以六十万人大举围攻洪都,邓愈与赵德胜、薛显、牛海龙等三个人分守几个城门,朱文正居中策应。邓愈所守的是"抚州门",对面的敌人是陈友谅自己所统率的主力,城墙被攻垮了二三十丈,邓愈毫不惧怕,一面修城,一面死战,足足守了八十五天,守到朱元璋带了徐达、常遇春等人来救。

鄱阳湖会战以后,陈友谅死,张定边奉陈理守武昌,守到至正二十四年二月,向朱元璋投降。

在这个期间,邓愈肃清江西全省,受任"江西行省右丞"。汤和那时候已因大破张士诚陆军于无锡山而升任中书省左丞;再破张士诚水军于太湖内黄杨山,续升"中书省平章政事",于解了浙江长兴之围以后,奉命领兵到江西,帮助邓愈平定江西。邓愈花了五个月的工夫,打下赣州;汤和也花了三个月的工夫,打下吉安西边的永新。

其后,邓愈以"湖广行省平章政事"的名义调守襄阳;汤和回守常州,助攻苏州。功成以后,在"吴元年"(至正二十七年)与邓愈同时受拜为御史台左右大夫。汤和做"征南将军",南下打方国珍、陈有定;邓愈留在应天(南京)主持御史台的事。

吴元年十月,朱元璋命令徐达、常遇春统率二十五万精兵北伐,先打山东，次打河南，然后直捣河北。洪武元年二月，朱元璋命令汤和由福建回浙江，在明州（宁波）造船运粮，按预定时日由海路送往直沽（天津城北），接济徐常的大军。汤和的海运知识有限，怕飓风，仅仅做到把粮食运到镇江。所好徐、常势如破竹，并不需要屯兵于通州或大都坚城之下，旷日持久，而且老百姓又极合作，因此也就没有发生粮食接济不上的问题。

邓愈在北伐期间所负的任务，是回驻襄阳，于徐、常由山东横扫河南之时，从襄阳向北挺进，攻取南阳鲁山等地，叫王保保措手不及。这个任务，他顺利地完成。于是，他的地位也就一跃而与汤和相等了。洪武三年，徐达由大都转军西征，到甘肃打王保保，徐仍是征虏大将军，邓愈做"左副将军"，汤和做"右副将军"。另外，李文忠与冯胜二人，也是副将军，李为左，冯为右。

击溃王保保于甘肃定西以后，汤和受封为"中山侯"；邓愈由于继续推进到河州（导河县）、西黄河、黑松林，招降了不少的番族，又领兵出塞，"出甘肃西北数千里而还"，因此，便受封为"卫国公"，比侯高了一级。汤和是到了洪武十一年做"征西将军"，防守延安有功，才晋封为"信国公"的。

受封为公以后，邓愈在洪武五年平定湖南的苗族四十八洞，在洪武十年做"征西将军"，惩罚剽劫各国贡使的番族，穷追到昆仑山，在回军的中途得病，死在寿春（安徽寿县），年纪才有四十一岁。朱元璋追封他为宁河王，谥以"武顺"。汤和在洪武十八年做"征虏将军"，平定了思州（贵州思县）的苗族，又在洪武十九年十二月以后奉命在浙江沿海设防，筑了五十九个卫城所城。他早年颇为豪放。晚年却极知韬光养晦，住在中都（开封），每年上朝一次，活到七十岁寿终（洪武二十八年，1395年），被追封为"东瓯王"，谥为"襄武"。

四四　沐英

沐英的出身，是"难童"。父亲是定远人，早死。他随着母亲逃难，母亲又在兵荒马乱之中去世。剩下他孤苦伶仃，被朱元璋收养为子，改姓为朱。朱元璋的太太（其后的马皇后）很喜欢他。在朱前后所收养的二十几个养子之中，要算这朱英最有出息了。

朱英到了十八岁的时候，受任为"帐前都尉"。这一年，是龙凤八年（至正二十二年）。其后，升为指挥使，驻在广信（江西上饶）。洪武元年，跟随胡廷瑞打陈有定，作为汤和的声援。他在分水关立了功，奉命复姓为沐，防守建宁，节制邵武、延平、汀州三个卫。不久被调回京师（南京），当大都督府佥事，历升至"同知都督"。大都督府主管军政，等于现在的国防部。日常公事很多，虽则上边有左右都督（大都督府创立于至正二十一年三月，从吴元年开始，不设大都督而只设左右都督以下等官），沐英是实际上办事的人。他"年少明敏，判决无滞"，不愧为文武全才。论官阶，他已经是"从一品"了。

洪武十年，邓愈做"征西将军"，他做"征西副将军"，打吐蕃，"西略川藏，耀兵昆仑"，受封为"西平侯"。次年，他被升拜为"征西将军"，再征吐蕃，筑城于东笼山（在甘肃临潭县），平定"朵甘纳儿"七站，拓地数千里。

洪武十三年，他直捣亦集乃路（宁夏居延），活捉北元的"国公"脱火赤与"枢密院知院"爱足。次年，他跟随徐达，直捣全宁路（赤峰），渡过胪朐河（克鲁伦河），活捉北元的"知院"李宣。

这一年（洪武十四年），九月间，朱元璋以傅友德为征南将军，蓝玉为左副将军，沐英为右副将军，讨伐在云南的梁王巴匝剌瓦尔密。沐英活捉梁王的大将达里麻于曲靖的白石江，奠定了全胜的基础。其后，次年闰二月，他进军大理，活捉大理的"土酋"段世。回军"平定"乌撒、东川、建昌、芒部，又击溃了土酋杨直围攻昆明的部众二十余万。

朱元璋把傅友德与蓝玉召回京师，留沐英在云南坐镇。他在坐镇云南的期间，除了在洪武二十年与二十二年镇压了百夷（白夷）巨酋思伦发的两次大"反叛"以外，把军政民政都办得井井有条，所垦的新田有一百万亩以上。他喜欢读书，好贤礼士，注意于为事择人，而自己"疏节阔目"，只不过是总其大纲，确是中枢宰相之才，可惜朱元璋为了需要一个像他这样的人放在云南，便让他长期留在云南了。

洪武二十五年六月，他听到皇太子朱标（懿文太子）去世，哀恸不已，得了病，死在昆明，年纪只有四十八岁。朱元璋追封他为"黔宁王"，谥以"昭靖"。

四五　勋臣后裔

徐达、常遇春、李文忠、汤和、邓愈、沐英,不仅本人始终受到朱元璋的恩遇,而且子孙世世代代享受爵禄,直至明朝结束之时。

徐达的儿子徐辉祖袭封为魏国公,主持"中军都督府",后来在所谓"靖难之役",忠心于建义帝,抵抗燕王(明成祖)的军队,在山东打了一个胜仗,被无能的建文帝召还。燕王进入京师(南京),要杀他,他写出太祖(朱元璋)赏给徐达的铁券之中"免死"的文句,于是燕王只能削他的爵,把他幽禁在家。他活到永乐五年病死。明成祖(燕王)觉得徐达不可无后,便封了他的长子、徐达的长孙徐钦做魏国公。徐钦行为不检,在永乐十九年削爵,但到了仁宗即位,又蒙恢复爵位。徐钦死后,儿子徐承宗袭爵,于英宗之时受任"守备南京,兼领中军(都督府)"。再其后,徐承宗的儿子徐俌,徐俌的孙子徐鹏举,徐鹏举的儿子徐邦瑞、孙子徐维志、曾孙徐弘基、玄孙徐文爵,一代一代,都当了魏国公,"守备南京,兼领中军府"。明朝亡了,徐家子孙才丢了这个爵位与这个官职。

常遇春的儿子常茂,为人忠勇,颇有父风,在征伐纳哈出之时,于受降的宴会中,见到纳哈出有反悔的模样,动手砍伤纳哈出的臂膀,主帅冯胜与他极不相能,借此把他捆解京师(南京)。他向朱元璋报告经过,也反告了冯胜如何私占良马与种种不法。朱元璋一面把冯胜的兵权收了,一面也把常茂"安置"(流放)在龙州。(实际上,冯胜还是他的岳父呢。)常遇春是鄂国公,死在洪武二年,追封开平王。常茂并未袭爵,而是在洪武三年另外受封为郑国公的。常茂死在洪武二十四年,他的弟弟常昇在洪武二十一年便已被封为开国公。常昇忠于建文帝,抵抗燕王,死于浦口。常昇的儿子常继祖，被流放到云南的临安卫；明孝宗把常继祖的孙子常复召回来，任命为南京锦衣卫世袭指挥使。到了明世宗的时候，常复的孙子常元振被封为怀远侯，又传了下去，传到儿子、孙子、曾孙。曾孙常延龄，在崇祯年间请缨，不曾能够如愿；国亡以后，"身自灌园，萧然布衣终老"。

李文忠的儿子李景隆，于洪武十九年袭封为曹国公，其后受任为"掌左军都督府事"，加官太子太傅。建文帝即位以后，他曾经以"大将军"的职位，率领五六十万人对燕王（明成祖）作战，大败。燕王进抵南京城下，他开了"金川门"迎降。其后不久，被人告发"谋为不轨"，于永乐二年被削爵、禁锢（关在自己的家里）。到了明孝宗的时候，他的曾孙李璿，被封为"南京锦衣卫世袭指挥使"，与常遇春的后裔常复，同受优待。（这个"南京锦衣卫"原为"空衙门"，有好几个"世袭指挥使"，都是吃干俸的。）传了两代，李璿的孙子李性，被明世宗封为临淮侯。其后，传到了明亡之时，最后的一个临淮侯叫作李邦镇。

信国公汤和的长子汤鼎，先汤和而死（死于征讨在云南的梁王之役）。《明史》说，汤鼎的儿子汤晟，汤晟的儿子汤文瑜，均因为"死得早"，不曾能够袭爵。这有点儿奇怪。大概是，朱元璋在洪武二十八年汤和病故之时，不愿意叫汤晟或汤文瑜袭封吧。明孝宗对开国元勋的后裔一视同仁，也叫汤文瑜的孙子汤绍宗，做一个"南京锦衣卫世袭指挥使"。明世宗更进一步，封了常遇春、李文忠的后裔为侯，也封汤绍宗为灵璧侯。传到汤绍宗的孙子汤世隆，做了"提督漕运"四十几年，一再加官为"太子太保"与（皇帝的）"少保"。再传下去，到了明亡之时，最后的一个灵璧侯是汤文琼。

邓愈的长子邓镇，袭封为卫国公，改封为申国公，不幸因为是李善长的外孙，于李善长族诛之时连带被杀。明孝宗封邓镇弟弟邓铭的曾孙邓炳做"南京锦衣卫世袭指挥使"，明世宗封邓炳的儿子邓镇坤为定远侯。

四五　勋臣后裔

崇祯二年，最后的一个定远侯邓文明死于战难。

在所有的勋臣之中，沐英的后裔最发达。这是由于朱元璋及其后的明朝皇帝，让沐家的人世世代代镇守云南，军事大权都授了给他们。沐英有三个儿子，沐春、沐晟、沐昂。沐春袭封为西平侯，平定了越州与麓川的叛乱。沐春死后，无子，沐晟嗣爵，改麓川宣慰使司为三府二州五长官司，帮助张辅打平安南，活捉黎季犛，晋封为黔国公，其后又帮助张辅活捉安南陈季扩。明仁宗即位以后，特地铸了一颗"征南将军"印，交给他。其后每一代的黔国公，都受到这样一颗印。这是明朝的军政军令分立制度的一个例外。沐晟死后，他的儿子沐斌年幼，沐昂代镇云南。沐斌死后，儿子沐琮年幼，又由沐昂的孙子沐璘、沐瓒，相继代镇云南。沐琮死后无子，沐瓒的孙子沐昆袭封为黔国公。沐昆传给儿子朝辅、朝弼，与朝弼的儿子昌祚；昌祚传给儿子沐叡、孙子启元、曾孙天波。天波跟随永历皇帝（桂王）到缅甸，缅甸人想侮辱他，他不屈而死。

四六　朱元璋的儿子

勋臣之中的所谓六王，徐常李汤邓沐，都是死后才追封的。他们的子孙，只能承袭或公或侯的爵位。

真正封王的，是朱元璋自己的二十六个儿子之中的二十四个。其余的两个，一是懿文太子朱标，一是生下了一个月便死，不曾受封的朱楠。计开：

①太子	朱标	⑧潭王	朱梓	⑮辽王	朱植	㉒安王	朱楹
②秦王	朱樉	⑨赵王	朱杞	⑯庆王	朱㮵	㉓唐王	朱桱
③晋王	朱棡	⑩鲁王	朱檀	⑰宁王	朱权	㉔郢王	朱栋
④燕王	朱棣	⑪蜀王	朱椿	⑱岷王	朱楩	㉕伊王	朱㰘
⑤周王	朱橚	⑫湘王	朱柏	⑲谷王	朱橞	㉖	朱楠
⑥楚王	朱桢	⑬代王	朱桂	⑳韩王	朱松		
⑦齐王	朱榑	⑭肃王	朱楧	㉑沈王	朱模		

在这二十六个儿子之中，除了朱楠以外，赵王朱杞也是死得极早，死在三岁之时。其余的二十四个中，太子朱标、秦王朱樉、晋王朱棡，都是死在朱元璋本人之前。

朱元璋生平所最喜欢的，第一是太子朱标，其次是燕王朱棣。朱标好读书，秉性仁厚；朱棣雄才大略，颇有父风，因此而被封元朝的故都北平，虽则不管民政，却有权节制当地的军队，加上自己所直接指挥的"护卫"。

在燕王以外，被朱元璋安置在重要的据点，而有权节制军队的，是秦王朱樉，驻在西安；晋王朱㭎，驻在太原；庆王朱㮵，驻在甘肃庆阳；肃王朱楧，驻在甘州，其后移驻兰州；谷王朱橞，驻在宣化府；宁王朱权，驻在大宁；辽王朱植，驻在广宁。

危机产生在洪武二十五年，太子朱标病故，朱元璋不立朱标的同母弟秦王，或晋王、燕王、周王，而立太子朱标的儿子朱允炆为太孙。秦王死于洪武二十八年三月，晋王死于洪武三十一年二月，朱元璋死于洪武三十一年闰五月。这时候的若干皇子，论年龄，燕王算是最长的了。他对于太孙朱允炆极不甘心服从。

四七　建文帝

洪武三十一年（1398年）闰五月辛卯日，太孙朱允炆即位，大赦天下，葬朱元璋，谥朱元璋为"高皇帝"，庙号"太祖"，以明年为"建文"元年。

朱允炆当皇帝，当到建文四年六月乙丑日南京城破，不知所终；其后，直到清兵入关，既未受谥，亦未立庙。为了方便起见，我们称他为"建文帝"。（清朝的乾隆皇帝送了他一个谥，"恭闵惠皇帝"。）

建文帝生长于宫廷之中，虽则也读了一些古书，却食古不化。即位之时，年纪才有二十一岁，对当时的国家情势茫然无知，一味听信自己的老师太常寺卿黄子澄，蛮干。

黄子澄不是坏人，而是愚人。汉朝有过一次"七国之乱"，黄子澄以为明朝必然会有一次"七国之乱"，幸有中央朝廷能思患预防，先行下手。他保荐兵部侍郎齐泰，说齐泰是了不起的军事专家，于是建文帝任命齐泰为兵部尚书。实际上这齐泰所懂得的，只不过是将校的姓名与边塞地名而已。建文帝也任命黄子澄兼翰林学士，叫他与齐泰"同参军国事"。有了这"同参军国事"的头衔，齐黄二人便成了事实上的宰相。

这两位宰相花了一年工夫，把燕王朱棣逼反。

在这一年之间，从洪武三十一年六月到建文元年六月，他们废了周王朱橚、齐王朱榑、代王朱桂、岷王朱楩，把他们囚禁，也使得湘王朱柏畏罪自杀。这五个王，可能都是罪有应得，然而建文帝操之过急，打草惊蛇。

燕王朱棣曾经南下奔丧，走到淮安不远，被朝廷派人挡驾。他的"三护卫"(三个作为护兵的卫,总共有一万五六千人),被朝廷抽去精锐,交给宋忠,调往开平(多伦)。北平左右两卫与永清左右两卫的兵,因与燕王有历史上统率关系,被分别调往彰德与顺德。朝廷派来的北平布政使张昺、北平都指挥使谢贵,负有刺探燕王阴事的使命。

燕王在起初,未必有造反的野心。他毫无地盘,所掌握的空间仅仅是一个宫城(元朝的故宫)。他的兵,只有三个护卫,而且不久便已抽去了精锐。他固然是朱元璋二十几个儿子之中唯一颇能打仗的人,对建文帝及其左右一向不十分看得起,又有和尚道衍与相士袁珙、卜者金忠等人不断地恭维他,说他有天子之相;不过,倘若建文帝与齐泰、黄子澄处理得当,让他安心做一个太平盛世的亲王,不去逼他,他也不至于甘冒天下之大不韪,孤注一掷。

燕王于周湘代齐岷五王相继获罪以后,装病装疯。朝廷这一方面,加紧对付他,把他部下的小军官于谅和周铎抓去杀了,又叫张昺、谢贵包围宫城,指名索取燕王府中的若干"官僚"(官吏与僚属)。

燕王叫人招聚八百名"勇士",陆续在暗地里进入宫城,然后把黑名单上的官僚一一逮捕捆绑,骗张昺、谢贵在建文元年七月癸酉日进府点收。张谢二人中计,被杀,燕王解了官僚的捆绑,冲散了包围宫城的兵与驻守北平城九个城门的兵,上书建文帝,申讨"奸臣"齐泰、黄子澄,出兵收取通州、遵化、密云,打下蓟州,占领居庸关。

宋忠在开平(多伦)听到消息,带兵南下,走到居庸关,不敢交锋,退守怀来。燕王到怀来,找他打,将他打败杀死,收降他的部队,包括那些原属于燕府护卫的精锐。永平(卢龙)的守将郭亮,望风投降。

建文帝任命耿炳文做"征虏大将军",率领三十万大军北上,在八月壬戌日以先到的十三万人与燕军大战于滹沱河北岸,战败,退守真定城(正定)。燕王攻了三天,攻它不下,撤兵而去。

耿炳文在当时,是硕果仅存的宿将,年已六十五岁。他少年时代,替朱元璋守（浙江）长兴，守了十年，和张士诚的兵对垒，大小数十战，战无不胜；其后参加北伐西征，屡克名城，积功受封为长兴侯。这一次虽则在滹沱河北岸战败，仍然守住了真定，保存了十万左右的兵力。

迂腐而慌张的黄子澄，请建文帝临阵换将，改派李文忠的儿子李景隆为征虏大将军，到真定替代耿炳文。李景隆虽则为将门之子，却是十足的纨绔子弟，哪里比得上耿炳文呢！

李景隆坐误戎机，浪费了不少时候去征调各地的兵，想凑足五十万，甚至六十万人。打仗的事，何尝是比人多？这一点，不是李景隆这样的人所能知道的。

燕王故意离开北平，到永平去抵敌从辽东来的吴高人；又到长城外边的大宁去找宁王朱权，引诱李景隆来围攻北平；然后在会州胁夺宁王的护卫，与朵颜三卫的胡骑，回到北平，突袭李景隆的围城之兵，城中的燕王世子朱高炽（未来的明仁宗）开城出击。于是，十一月辛未日，李景隆于内外夹击之下，溃不成军，守不住真定等城，一口气退到德州。

燕王利用机会，向建文帝请和。建文帝在表面上罢免了齐泰、黄子澄二人的官。

到了建文二年二月，李景隆又上了燕王一次大当。燕王故意到山西去攻大同，骗李景隆去救，李景隆去了，燕王撤了兵。李景隆的兵，多半是南方人，空跑了大同一趟，冻死的与冻伤的极多，剩下的也疲惫不堪。

四月，燕军与李军在涿州的白沟河交战，战了两天，李景隆又遭惨败，退到德州，守不住德州，丢掉了一百万石左右的军粮。再退，退到济南，燕军来围，幸亏有一位山东布政使司的参政铁铉，和一位耿炳文的旧部盛庸，替他死守济南，守了三个月，出城反击，使得燕王大败撤兵而去。

建文帝封盛庸为历城侯，升铁铉为"山东布政使，参赞军务"。不久，再升铁铉为兵部尚书，拜盛庸为"平燕将军"。又过了一些时候，十月间，

四七　建文帝

召回李景隆，让盛庸有对付燕军的全权。

盛庸在十二月乙卯、丙辰两日，大胜燕军于东昌（山东聊城），斩燕王的第一号勇将张玉。次年（建文三年）三月辛巳日，盛庸再战燕军于保定的夹河，大胜。燕王亲自以十几名骑兵断后，盛庸不敢杀他，原因是建文帝有旨，不许"使朕负杀叔父之名"。第二天，壬午日，又打，燕军在东北，盛军在西南，从辰时（上午八点）打到未时（下午两点），忽然起了东北风，飞沙扬土，盛军大败，退回德州。

两个月以后，叛将李远带了若干骑兵，冒充盛军，穿过山东，走到江苏沛县，烧去盛军在运河的粮船。七月间忠于朝廷的平安（姓平名安）率领一万名骑兵，由真定乘虚直捣北平，在距离北平五十里的平村，与燕将刘江交战，不幸失败，退回真定。大同的守将房昭，带兵进入紫荆关，屯扎在易州水西寨，也在九月间被燕王亲自攻破。辽东守将杨文，进入山海关，围攻永平，被刘江赶走。

直至此时为止，燕王虽则胜多败少，却还没有进兵京师（南京）的计划。他打下的城池，每每不留将士固守，只斤斤于保存北平、保定、永平几个大城。看样子，他只想做一个割据之雄而已。

偏偏有若干奉使在外的宦官，因招摇纳贿而被建文帝下旨叫各地的地方官逮捕，他们逃到北平，向燕王投降，把京师与南方各省的空虚情形向燕王报告，于是燕王便在建文四年大举南下。

燕王避实就虚，不攻盛庸所守的德州与铁铉所守的济南，而经由东阿、东平、汶上、兖州、沛县，直向徐州。

盛庸撤军，退守淮河。平安在燕王的后面追踪，于四月间追到（安徽）灵璧县西南的齐眉山，先胜后败，被掳。五月，燕兵渡淮，盛庸战败；六月，战于浦子口，又败。盛庸改守长江，都督金事陈瑄带了江上的水军降燕，盛庸在高资港做最后一次的抵抗。

燕王在六月乙丑日，攻京师（南京）的金川门，李景隆与谷王朱橞开门迎降。燕兵入宫，建文帝放了火，逃走。他究竟逃去了什么地方，到今天仍是历史学上的一个悬案。

盛庸带了他的残部投降，燕王命他驻守淮安。次年永乐元年，都御史陈瑛弹劾他，说他"怨望，有异图"。他听到消息自杀。

平安于被掳以后，被安置在北平。燕王即了帝位以后，任命他为北平都指挥使；不久，升他为后军都督府都督佥事。永乐七年，成祖（燕王）于无意中说了一句"平安还活着吗？"这句话传到他的耳里，他羞愧之余，自杀。

铁铉参加了灵璧西南的齐眉山之战，也帮助了盛庸守淮河。燕王做了皇帝以后，抓了他来，劝他降，他不肯降，大骂，被杀。

李景隆被燕王授为"奉天辅运推诚宣力武臣、特进光禄大夫、左柱国"，增给岁禄一千石，连同承袭自李文忠的岁禄三千石，共为四千石。曹国公的爵位，也保住了。但是，到了永乐二年，便被朱能、蹇义、张信等人弹劾为"有逆谋"，夺爵，没收财产，连同妻子与弟弟李增枝禁锢起来。他一度绝食自杀，未死；到了永乐末年才得病而亡。

耿炳文于燕王入京以后，仍旧做他的长兴侯；到了永乐元年，都御史陈瑛与刑部尚书郑赐弹劾他，说他的"衣服器皿，有龙凤饰，玉带用红鞓"。他听到了消息，自杀。

另有值得一提的两个人，是徐达的儿子徐辉祖与徐增寿。徐辉祖是忠于建文帝的，于建文四年奉命北援山东，指挥了齐眉山战役，在燕兵渡江后，仍在江边抵抗。燕王入京以后，他被关在家里，于永乐五年病故。徐增寿是不忠于建文帝，而暗中勾结燕王的，于燕兵渡江之时被建文帝召至殿中，亲自动手砍死。

齐泰、黄子澄于燕王入京以后被捉，族诛。同时遭族诛的，有风骨嶙嶙的一代"读书种子"方孝孺。

四八　方孝孺

方孝孺是浙江宁海人，幼年丧母，十九岁时丧父。父亲方克勤在济宁当知府，垦田兴学，颇有成效，不幸被属吏程贡诬控，贬到江浦做苦工，又因"空印案"牵连，被杀。（空印案，发生在洪武十五年，有很多地方官依照惯例，用盖了印的空白公文纸，交给属员，带到京城，以备于报销时遇有户部剔除的项目，在京城随即补文申报或缴款赔亏。这种办法，被朱元璋发现，认为是集体舞弊，把案内有姓名的主印的地方官，一律斩首。）

方孝孺葬了父亲以后，到浦江找老师宋濂，于宋濂的指导下重新苦读四年。宋濂的文章相当好，其后方孝孺的文章写得更好，可谓青出于蓝，不负师教。

方孝孺一生，并不想以文章留名后世。他的志愿，是学为圣贤：达则为伊周，穷则为孔孟。达而为管仲萧何，是他所不屑的；穷而遁迹山林，诗酒自娱，也是他所不屑的；平居于视听言动、饮食卧起，他都不苟且，修养之深，非空谈性理的俗儒所可望其项背。

在他的《逊志斋集》之中，有不少关于"君学"、"君职"、"君量"、"官政"、"民政"、"成化"、"明教"的创见。他最反对人君"恃其才以自用"，这与朱元璋的专制主义恰好针锋相对。

朱元璋很早就认识了他，召见过他，也在他因仇家攀诬而坐牢之时释放过他，然而不肯立即加以重用，说"今非用孝孺时"，要让他继续钻研，以"老其才"。结果是，只准他做一名汉中府学教授（差不多相当于今天的省立中学校长）。后来，他被蜀王朱椿请去成都，当世子的老师，宾主极为相得。蜀王在朱元璋的所有儿子之中，是最好学、最贤的一个。方孝孺的书斋的原名"逊志"，蜀王赐以新名："正学"。

建文帝即位，召方孝孺到京，任他为翰林院侍讲，不久便升他为侍讲学士。（建文元年，改称文学博士。）他的职务，是起草诏书、诰文、檄文。讨伐燕王的若干文件，多半是他所起草的。

燕王入南京，他被逮捕。燕王叫人从牢里把他带出来见面，称他为先生，请他起草即皇帝位的诏书。他抵死不肯。燕王说："我可以灭你的九族。"他说："你即使灭了我的十族，又能把我怎样？"到了今天，我们依然感觉到这位方孝孺虽则早已和他"十族"引颈就戮，而精神上并不曾死。

四九　成祖功罪

燕王朱棣于建文四年（1402年）六月己巳日自称皇帝，永乐二十二年（1424年）七月庚寅日病故，享寿六十五岁，被明仁宗谥为"体天弘道高明广运圣武神功纯仁至孝文皇帝"，庙号"太宗"，简称为"太宗文皇帝"。其后，到了嘉靖十七年，明世宗把他的谥法之中的"体"字改为"启"字，"广"字改为"肇"字，庙号的"太宗"二字改为"成祖"。于是一般的史书之中，均称这朱棣为"明成祖"。

成祖在明朝的所有皇帝之中，算是仅次于太祖（朱元璋）的一个。

他有统驭的能力，然而私心过于公心。他在当皇帝的二十二个年头之中，把中国的境内治得相当太平，这是他的功。

把宦官重用了，使得明朝从此变成了宦官专权的局面，这是他的罪、他的最大的罪。其次，杀方孝孺、铁铉、齐泰、黄子澄等人，株连极多，而且也杀了已经投降的李景隆、盛庸、耿炳文之流，"残忍"两个字他是逃不了的。忠于他的文臣，如蹇义、解缙、杨士奇、夏原吉、李时勉，都曾经被他任意抓了放在监狱，关了或多或少的时间。他之看不起读书人，尤甚于乃父朱元璋。

我们进一步批评他，他的若干武功，在事实上多半是不必要的穷兵黩武，而且并无实效。对北元与瓦剌的征讨，次数虽多，而没有一次捉得住敌人（阿鲁台与马哈木）。实际上他自己放弃了大宁三卫的领土，使得辽东与察南接不上气，自找麻烦，贻患后世。

甚至，对南海各国的武装访问，也只是劳民伤财而已。上表称臣，甚至亲自来朝的番邦之君虽不在少，充其量仅仅足以满足他个人的虚荣心。这在促进中国与南海之间的贸易上,自然是不无关系,然而又何必派了那么多的兵(三万左右)与那么多的船呢(几百艘)?结果,始终来朝贡的仅有满刺加(马六甲)一国而已。

他在无意之中,却做了几件好事:(1)开了会通河与清江浦;(2)盖了北京的宫殿,集中国建筑学的大成;(3)抄书,抄成了一部《永乐大典》。很多部当时尚存的古书,在今天已经散佚,全靠这《永乐大典》间接保存了下来。虽则是,英法联军与八国联军,把存在翰林院的《永乐大典》烧毁了不少,偷去了不少,遗失了不少,台北世界书局的杨家骆先生仍能搜集而借用了整整一千卷,影印行世。可惜,这一千卷只是全书的二十三分之一左右(原为二万二千九百三十七卷)。

五〇　迁都北京

成祖在内政方面所做的几件大事：一是迁都北京，二是令阁臣参与机务，三是贵州设省。

迁都北京，在永乐元年便已有所决定。北平被指定为"北京"，改称"顺天府"，与京师（南京）的应天府平等看待，又设了"行后军都督府"、"行部"与"北京国子监"。所谓"行后军都督府"，便是"后军都督府"的"行署"，实际上是一个"分署"。"行部"不是某一部的行署，而是六个部合起来的行署，有两个尚书、四个侍郎，合管六部之事。至于"北京国子监"，那倒简单，等于添设一个国立大学。

北京的新宫殿，于永乐五年（1407年）五月开始建造，到了永乐十八年年底才完工。从永乐十九年起，北京改称为京师，而原来的京师改称为南京。所有的中央衙门，在原则上都搬到"京师"去。所谓"行后军都督府"与"行部"当然取消。南京却留下了不少的骈枝机关，有所谓"南京宗人府"、"南京都察院"、"南京五军都督府"、"南京吏部"、"南京户部"等等，至于"南京国子监"更是不在话下了。

事实上，南京的官，有实权的极少。南京国子监是一个例外，监内的祭酒、司业、监丞等等，与京师（北京）国子监各官，完全一样。南京的六部尚书之中，只有一个兵部尚书是重要的，这是因为从明宣宗宣德八年开始，"南京兵部尚书"六个字的头衔之下，加了"参赞机务"四个字，有"操练军马、抚恤人民、禁戢盗贼、振举庶务"之权。

南京在成祖以后的明朝历史上，是所谓"留都"。留都有规模略备的中央政府，在天下无事之时可以安置年高德劭的闲员，一旦京师（北京）

发生问题，也可以作为应变的依据。崇祯十七年四月，京师失守，史可法以"南京兵部尚书，参赞机务"的地位，号召各方，把福王朱由崧立为皇帝。（可惜福王不是一块好料，否则明朝的半壁江山，未必不能保持。）

成祖迁都北京，最大的作用在于面对北元的威胁，不肯示弱。

但是他不该抛弃大宁故地，铸成大错。他把滦河与辽河之间广大地区，白白地送给了所谓"兀良哈"设立三个"羁縻卫"，西为朵颜，中为泰宁，东为福余（扶余）。这三个羁縻卫，并不接受明朝的羁縻，反而常替明朝的敌人带路、打先锋，使得作为明朝首都的北京，处境十分危险。

五一　永乐文臣

明成祖本人常常轻举妄动，幸亏有很好的辅佐，才不至于在民穷财尽之际，身死国灭。话说回来，他能够选出很好的人当辅佐，也未尝不是他的长处。他之所以在历史上不被称为昏君，原因正在于此。

最得力的两个尚书，是吏部尚书蹇义与户部尚书夏原吉，吏部自从太祖废相以来，工作最紧，权责最重。蹇义是四川巴县人，在洪武十八年考中进士，当"中书舍人"当了九年以上，只是皇帝面前管抄抄写写的小职员，被建文帝破格提拔，任命为吏部右侍郎。成祖入京，他随同多数的官吏迎降，不曾因迎降而被成祖看不起，一升为吏部左侍郎，再升为吏部尚书，从建文四年九月用到永乐二十年九月，整整地用了二十年，才把他抓了关起。关了五个月，放他出来，仍旧做吏部尚书。此人吃苦耐劳，不说同僚坏话，成祖让他久于其任，的确也替自己省了多少麻烦。

户部尚书夏原吉，原籍江西德兴，生长湖南湘阴，以太学生的资格，被选进宫里管抄写，外放为户部主事。建文帝升他为户部右侍郎，派他去福建、湖北等地做"采访使"。成祖入京，有人把他捆了送来。成祖待他，好比待蹇义一样，一升为左侍郎，再升为尚书，让他当户部尚书从建文四年九月当到永乐十九年十一月，才抓了关起。关到永乐二十二年八月，仁宗即位，他被释放复职，到了宣宗宣德五年正月，死在任上。（蹇义死于宣德十年正月，也是死在任上。）

礼兵刑工四部的尚书，没有一人能如蹇夏二人之久于其任。

成祖所最信任的文臣，除了蹇夏二人以外，是身边的几个翰林。最初，于即位之时，他选了侍读解缙，侍讲胡广，修撰杨荣，编修黄淮、杨士奇，检讨金幼孜、胡俨，一共七个人"入直文渊阁"，当随身的侍从，无话不谈。这些人的官阶很低，最高的是正六品，最低的是从七品。同年（建文四年）十一月，他升解缙为侍读学士（从五品），黄淮、胡广为侍读，其余四人为侍讲（都是正六品）。永乐二年四月，解缙再升，为翰林学士（正五品）兼右春坊大学士（也是正五品）。黄淮、胡广升为左右庶子（正五品），胡俨、杨荣升为左右谕德（从五品）。杨士奇升为左中允（正六品），金幼孜不曾升。那时候，解缙最红，红到了永乐五年二月，被贬为广西布政使司当参议，不久改贬到交阯布政使司，于永乐八年因"私觐太子"，被想抢太子位置的朱高煦告发，逮捕下狱，于永乐十三年死在锦衣卫指挥使纪纲之手。

胡俨在永乐二年九月改任国子监祭酒，不再入直文渊阁参与机密。黄淮在永乐十二年闰九月下狱，胡广在永乐十六年五月病故。原有的七人，只剩下三人：杨荣、金幼孜、杨士奇。

在永乐文臣之中，遭遇最苦的是解缙，而才气最高的也是他。他敢于在李善长灭族以后，替工部的虞部司郎中王国用代笔，上书朱元璋，为李善长诉冤："善长与陛下同心，出万死以取天下，勋臣第一，生封公，死封王，男尚公主，亲戚拜官，人臣之分极矣。藉令欲自图不轨，尚不可知，而今谓其欲佐胡惟庸者，则大谬不然。……使善长佐惟庸，成不过勋臣第一而已矣。太师、国公、封王而已矣。尚主纳妃而已矣。宁复有加于今日？且善长岂不知天下之不可幸取！当元之季，欲为此者何限？……能保首领者几何人哉！善长胡乃身见之而以衰倦之年身蹈之也？……今善长已死，言之无益，所愿陛下作戒将来耳。"

王国用拼了性命，递上这篇大文章，结果朱元璋竟然不以为忤，不杀他，也不追究这文章是否有人代笔。解缙这时候官居御史。在此以前，当他尚在翰林院充任庶吉士时，便已经写过一封万言书，向朱元璋犯颜直谏：“国初至今（洪武二十一年），将二十载，无几时不变之法，无一日无过之人。……陛下进人不择贤否，授职不量重轻。建'不为君用'之法，所谓取之尽锱铢；置朋奸倚法之条，所谓用之如泥沙。夫罪人不孥，罚弗及嗣。连坐起于秦法，孥戮本于伪书。今之为善者，妻子未必蒙荣；有过者，里胥必陷其罪。况律以人伦为重，而有给配妇女之条，听之于不义，则又何取夫节义哉！……而今内外百官，捶楚属僚，甚于奴隶，是使柔懦之徒，荡无廉耻。……"

他一辈子心直口快，虽则公忠体国，而自身终于遭殃。他在成祖左右，原是最受宠信的人。成祖在永乐二年立长子朱高炽为太子，全靠他坚决进言。成祖一共有四个儿子，长子高炽、次子高煦、三子高燧均为皇后徐氏（徐达的女儿）所生。另一个儿子高燨，生母何人无考，未及受封而死。高炽为人忠厚，喜欢写诗。高煦为人勇悍，颇能打仗，曾经在靖难之役有好几次转败为胜，救了成祖；在成祖即位以后，领兵驻防开平。高燧没有多大出息。

成祖听了武臣邱福的话，原想立高煦为太子，秘密征询解缙的意见，解缙说：“皇长子仁孝，天下归心。"成祖默然不语，解缙补上一句：“好圣孙！"提起了这位心爱的孙儿（未来的明宣宗，名瞻基，是高炽的儿子，这时候年方七岁），成祖便点了点头。

成祖在永乐二年四月初一日（辛未），设置东宫（太子）官属，以吏部尚书蹇义与兵部尚书金忠为詹事府詹事，礼部尚书李至刚兼（詹事府的）左春坊大学士，升解缙为翰林学士兼右春坊大学士，升黄淮、胡广为左右庶子（这庶子是官名，不是姨太太的儿子），升胡俨、杨荣为左右谕德，升杨士奇为左中允。次日，以他的第一功臣、曾经建议立朱高煦为太子的淇国公邱福，为太子太师；以他的第一谋臣道衍和尚为太子少师，叫道衍还俗，复姓姚，赐名广孝。初四日（甲戌），立长子朱高炽为太子，次子朱高煦为汉王，三子朱高燧为赵王。成祖这样做，是想明明白白地告诉大家："国本已立"。

但是，高煦抗命不肯去云南就汉王之封，成祖却纵容他，让他和妻子儿子住在南京，又把自己的"天策卫"亲军赏给他，其后又加赏两个卫。成祖在南京的时候少，在北京的时候多，太子高炽留在南京"监国"，这汉王高煦便常常随侍在成祖身旁，有机会说太子的坏话，更有机会说解缙的坏话。到了永乐五年二月，解缙便以"廷试，读卷不公"的罪名，被贬到广西与交阯当参议了。

永乐八年，解缙回南京述职，成祖去了北方打阿鲁台，解缙当然晋谒负有监国之职的太子。这件事，被汉王高煦歪曲，说解缙是明知成祖不在南京，而前来"私觐太子"的。成祖一怒之下，便把解缙捉下诏狱。解缙在狱中受了种种酷刑，供出他所交往的人如大理寺丞杨宗等等，于是这些人也连带倒霉。五年以后，永乐十三年，锦衣卫指挥使纪纲（姓纪名纲，是个宦官）把狱中囚犯的名单送给成祖看。成祖看到解缙的名字，说："解缙还活着吗？"纪纲听了，回到锦衣卫，请解缙喝酒，把解缙灌醉，活埋在雪里，当时便断了气。解缙死后，家产被抄，妻子宗族被流放辽东。

去年，永乐十二年，闰九月，成祖从蒙古打仗回来，太子的使者迎接稍晚，汉王从旁进谗，成祖把东宫的若干官属都下了狱，包括黄淮、杨士奇及太子洗马杨溥、金问。杨士奇不久便被释放，黄淮等人一关便是十年（到成祖逝世，太子〔仁宗〕即位）。

成祖在永乐十三年改封汉王于青州（山东益都），汉王仍旧拖延不去，而且私自招募了三千壮丁，不向兵部列报，并且擅杀南京的兵马指挥徐野驴，成祖这才在永乐十四年十月将汉王逮捕，囚禁在西华门，于十五年三月改封他于乐安州（山东惠民县），限令当天启程。

户部尚书夏原吉与刑部尚书吴中，在永乐十九年十一月下狱，不是为了太子与汉王之间的纠纷，而是为了反对成祖又想北征。兵部尚书方

五一　永乐文臣

宾和他们主张一致，畏罪自杀。在所有的文臣之中，始终获得成祖的宠眷的，仅有胡广、杨荣与金幼孜三人，他们虽则也兼有詹事府的名义，但在永乐七年以后，便一直是跟在成祖身边当扈从的。

成祖虽则宠眷胡广、杨荣、金幼孜，却也未曾用他们控制六部的尚书；把入阁的学士大学士之流，放在六部尚书之上，是仁宗以后的事。在成祖一朝，阁臣只是"参预机务"而已，没有"票拟"的权。票是签条，拟是写出拟准、拟驳、拟如何如何。当时的阁臣，官阶最高的仅为正五品，虽则成祖特赐他们以二品服装，然而六部尚书是真的正二品。仁宗把杨士奇、杨荣、金幼孜、黄淮，分别"加"了兵部尚书、工部尚书、礼部尚书、户部尚书官衔，这才给了他们以名正言顺的核议各部奏章的大权。至于，在阁臣之下设置诰敕房、制敕房与若干名中书舍人，更是景帝以后的事了。

话说回来，胡广、杨荣、金幼孜，确也值得成祖宠眷。这三位翰林，学问均有根底，胡广为人长于保密；金幼孜秉性谦退；杨荣呢，才气堪与解缙相比而没有解缙的锋芒。因此之故，成祖在晚年，最喜欢的便是他。每次发了脾气，见到杨荣来，脾气便没有了。杨荣在近臣之中，年龄最小（比成祖本人小九岁，比杨士奇小三岁）。成祖在永乐八年北征之时，叫杨荣统率三百勇士做了事实上的"亲军指挥"。永乐十二年，征瓦剌，令皇太孙（未来的宣宗）随行，叫杨荣在军中向皇太孙讲述经史；又叫他兼领"尚宝司"，"凡宣诏、出令，及旗志符验，必得荣奏，乃发"。永乐十四年，升杨荣与金幼孜为翰林学士；十六年，胡广病故，叫杨荣接掌翰林院；十八年，再升杨荣为文渊阁大学士，仍兼翰林学士；二十年，北征，"军事悉令参决"，等于是叫他当参谋长；二十一年北征，"军务悉委荣"，等于是叫他做统帅。

成祖以叛逆取天下，而竟然网罗得若干正人君子，帮他"顺守"，可谓奇迹。成祖的度量，不比太祖宽宏，他所以能够如此，大概是得力于读书较多；太祖起自草莽，无法了解文人，太祖心目中的所谓文人，只是"肯为君用"的"士大夫"而已。

在成祖的朝廷之中，也有来自北平的"老干部"与靦颜归附、甚至投机图利的无耻之徒：例如，"务为佞谀"而中伤解缙的礼部尚书李至刚（一点儿也不"刚"）；贪污成性、声色自恣的兵部尚书方宾（自杀得很好）；虽有建筑技术而不恤工匠，私生活糜烂的历任右都御史、工部尚书、刑部尚书的吴中；一味逢迎、开门纳贿的礼部尚书刘观；不学无术、贻笑大方的另一个礼部尚书吕震；刻薄残忍、欺侮弱者的左都御史陈瑛，与历任刑部尚书、礼部尚书的郑赐等等。蹇义与夏原吉以二薰处于众莸之中，竟能久于其任，也许是全仗皇帝身边有几个好翰林，朝夕呵护。

五一 永乐文臣

五二　永乐武臣

成祖在起兵"靖难"之时，所倚靠的是他的"燕山三护卫"的官兵，虽则其中的精锐已经被建文帝调去了开平，但是留在北京的军官与"壮士"仍然不少。在军官之中，下列诸人留下了姓名：

燕山中护卫——指挥唐云，指挥佥事陈志；千户邱福、孟善；副千户陈珪。

燕山左护卫——指挥佥事张玉、张兴；副千户朱能、李濬。

燕山右护卫——指挥佥事陈寿；副千户谭渊、徐祥；百户王真。

在这些人之中，唐云的地位最高，年纪也最大。当成祖"八百壮士"从燕王宫城冲出，夺取北京城九门之时，夺下了八门，而"西直门"的守卒抵死不降。唐云走向前去，向守卒说："皇上已经有旨，令燕王'自制一方'。你们快退，否则有性命危险。"于是，西直门的守卒一哄而散。其后，成祖出去打仗，留唐云在北京城辅佐"世子"朱高炽守城。入京以后，封他为"新昌伯"，世袭指挥使。

功劳最大的，是张玉和朱能。张玉在东昌之战阵亡，其后被追封为"荣国公"。他的儿子张辅从征有功，被封为信安伯。（关于张辅征安南的事，以后再说。）

朱能于张玉死后，是成祖手下的第一员猛将，常常转败为胜。他极有毅力，主张打到底，成祖入京以后，封他为"成国公"，年禄二千二百石，授号"奉天靖难推诚宣力武臣、特进荣禄大夫、右柱国"，任为左军都督府左都督。永乐四年，命他为"征夷将军"，率领"八十万"大军讨伐安南，不幸病死在广西龙州，年纪仅有三十七岁，追封为"东平王"，予谥"武烈"。他的儿子朱勇，颇有父风，是仁宗、宣宗、英宗三朝的大将。

邱福的功劳不及张玉朱能，却有一个长处：绝不夸功争赏。成祖为了给所有的武臣以一个教训，特地在入京称帝以后，把他列为首功，置于朱能之上（其实朱能也从来并不骄傲），封他为"淇国公"，年禄二千五百石，授号"奉天靖难推诚宣力武臣、特进荣禄大夫、右柱国"，任为中军都督府左都督。可惜这邱福不争气，在永乐七年以"征虏大将军"的地位统十万骑兵北伐，轻举深入，阵亡，全军覆没。成祖大怒，追削他的封爵。他是主张立成祖次子朱高煦为太子的人，成祖不听，而依从解缙等人的建议，立长子朱高炽为太子（即未来的仁宗）。邱福死后，朱高煦势孤，虽想夺嫡，已经毫无希望了。

封公的，仅有邱福与朱能二人。朱能于死后被追封为王。追封为公的，是张玉。追封为侯的，是谭渊与王真。谭王二人均在成祖入京以前阵亡：谭死在夹河之战，王死在滍河之战。

成祖入京称帝以后，除了追封张玉为荣国公以外，也追封了阵亡的陈亨为泾国公、谭渊为崇安侯、王真为金乡侯。陈亨原为都督佥事，镇守大宁；谭渊原为燕山右护卫副千户；王真是燕山右护卫的百户，均极勇敢善战。

参加"靖难"之役的其他武臣，被封公的有成国公朱能。姚广孝是在永乐十六年病故以后，才被追封为荣国公的。姚本是一个和尚，法名道衍。被封侯的有下列十四人：

姓名	籍贯	封号	原职	附注
张武	浏阳	成阳侯	燕山右护卫百户	
陈珪	泰州	泰宁侯	燕山中护卫副千户	

五二 永乐武臣

续表

姓名	籍贯	封号	原职	附注
郑亨	合肥	武安侯	密云卫指挥佥事	在密云降燕。
孟善	海丰	保定侯	燕山中护卫千户	
火真	蒙古	同安侯	燕山中护卫千户	
顾成	江都	镇远侯	左军都督府都督	在真定被俘,降后助守北京。
王忠	孝感	靖安侯	(不详)	在蔚州降燕。
王聪	蕲水	武城侯	燕山中护卫百户	
徐忠	合肥	永康侯	济阳卫指挥佥事	镇守开平,自开平南下降燕。
张信	临淮	隆平侯	北京都指挥使	受建文帝密诏执燕王,叛帝降燕;未尝从征。
李远	怀远	安平侯	蔚州卫指挥佥事	在蔚州降燕。
郭亮	合肥	成安侯	永平卫千户	在永平降燕。
房宽	陈州	思恩侯	北京都指挥同知	镇守大宁,被俘降燕。
李彬	凤阳	丰城侯	济川卫指挥佥事	受任修筑边城,自动附燕。

在这些侯之中,出身最低的是张武与王聪,然而张武的功劳最大。此外,有王宁,原已因做了(太祖之女)怀庆公主的驸马而封为永春侯,因"通燕"而在南京坐了牢,也可算是功臣。又有郭义、薛禄二人,迟至永乐十八年十二月才分别被封为安阳侯与阳武侯,加号"奉天靖难武臣"。

封伯的是下列的十七人:

姓名	籍贯	封号	原职	附注
徐祥	大冶	兴安伯	燕山右护卫副千户	
徐理	西平	武康伯	营州卫指挥佥事	在会州降燕。
李濬	和州	襄城伯	燕山左护卫副千户	
张辅	祥符	信安伯	(不详)	张玉之子。
唐云	(不详)	新昌伯	燕山中护卫指挥	
谭忠	清流	新宁伯	(不详)	谭渊之子。

续表

姓名	籍贯	封号	原职	附注
孙岩	凤阳	应城伯	燕山中护卫千户	
房胜	景陵	富昌伯	通州卫指挥佥事	在通州降燕。
赵彝	虹县	忻城伯	永平卫指挥佥事	在永平降燕。
陈旭	全椒	云阳伯	会州卫指挥同知	在会州降燕。
刘才	霍邱	广恩伯	营州卫指挥佥事	在会州降燕。
张兴	寿州	安乡伯	燕山左护卫指挥佥事	
陈志	巴县	遂安伯	燕山中护卫指挥佥事	
陈贤	寿州	荣昌伯	燕山右护卫指挥佥事	
王友	荆州	清远伯	燕山某护卫百户	
陈懋	寿州	宁阳伯	（不详）	陈亨之子。
王通	咸宁	新宁伯	（不详）	王真之子。

在南京城破前后向成祖投降劝进的陈瑄、茹瑺、王佐，被分别封为平江伯、忠诚伯、顺昌伯。这三人之中，只有陈瑄是武臣，官居江防都督佥事。

从永乐八年到永乐二十年，先后因靖难之功而被追封为伯的有：景城伯马荣、新泰伯张钦、莱阳伯周长、成武伯陈亨、会安伯金玉、平阴伯朱崇、保昌伯程宽。

五三 贵州设省

除了上述的"靖难"功臣以外,其后打安南与打北元的有功军官,也有若干被封为侯与伯的。

因"靖难"而封的侯与伯,真正的将才并不多。其中镇远侯顾成与信安伯张辅是两个例外。顾成祖籍湘潭,生长江都,是划船的世家,力大如牛,替朱元璋掌伞,当随从。有一次小船搁浅,他背起了小船走。攻镇江的时候,他打进城里,做了俘虏,竟能在被杀之时挣脱绳索,跑回,再行打进城里,于克城以后升为百户。打云南,平贵州,他的功劳均多,升到了以"右军都督佥事"佩"征南将军"印。建文帝召他回京,任为左军都督(左军都督府的都督),派他随同李景隆北御燕兵,不幸在真定被俘。燕王(成祖)不杀他,留他在北平,帮助世子朱高炽守城,作为朱高炽左右的唯一军事专家。顾成为人颇重道义,不肯带兵出城,与建文帝的"南军"对垒,也不肯接受世子赏给他的任何兵器。他只肯就北平城的防守工作,指导一番。

成祖称帝以后,封他为侯,叫他回驻贵州。这时候,他的年纪已有七十三岁。到了永乐十一年贵州的苗民首领田琛与田宗鼎彼此打起仗来,成祖命令顾成率领五万大兵,加以镇压。田琛是思州宣慰使,田宗鼎是思南宣慰使。两人所争的,是"沙坑"一片地方。从中挑拨的,是思南的宣慰副使黄禧。田琛不该"目无朝廷",擅动干戈,更不该自称"天主"。他任命这黄禧为大将,打进思南宣慰使的衙门所在地镇远,杀掉田宗鼎的弟弟,掘掉田宗鼎祖宗的坟墓。

顾成对田琛、黄禧,不动声色,便把这两个人抓了来,捆起,加上锁铐，送到京师（南京）。田宗鼎自己也来到京师，向成祖请罪。成祖治田琛与黄禧，宽恕田宗鼎。然而这田宗鼎不识趣，要求灭绝田琛与黄禧的亲族党羽，替他报私仇、除祸根。他而且告发自己的祖母（大概是庶祖母），说祖母与黄禧私通；祖母也咬了一口，说田宗鼎勒死自己的亲生母亲。成祖大怒，说田宗鼎也不是好东西，法无可宥。

于是，思州与思南均没有适当的人可以做"土司"。成祖便决定设置贵州省（贵州承宣布政使司），以思州、思南的土地分作八府、一州、一县、一宣慰司、三十九长官司。八府是：思南、镇宁、铜仁、乌罗、思州、新化、黎平、石阡。一州，是镇远。一县，待考。一宣慰司，是管辖水东、龙里等七个长官司的贵州宣慰使司。（三十九个长官司的名称，限于篇幅，从略。）布政使司与宣慰使司的衙门均设在贵阳城。那时候，贵阳还不是一个府；遵义是一个"军民府"，属于四川；安顺是普定府下面的一个"军民府"，先属云南，后属四川，到了英宗正统三年才划入贵州布政使司；都均是一个安抚司（比宣慰司低），属于贵州都指挥使司，而不属于贵州布政使司。

五四　交阯

越南在秦朝以前，不曾有部落以上的大国。秦朝把越南北部包括在象郡之中。秦亡之时，这象郡连同南海、桂林二郡被秦朝的一个官吏赵佗割据了，成立"南越帝国"，领土兼有今日的越南北部与广东、广西两地。汉武帝灭掉南越，设立九郡；分象郡之地设置交阯、九真、日南，也把南海与桂林分了，改设南海、儋耳、珠崖、合浦、苍梧、郁林。九郡统由交阯刺史加以监督；到了后汉之时，便成立了交州。

从汉武帝的时候起，直至五代之时，这交阯、九真、日南三郡的地方，地名常改（而常常合称为交阯），一向是中国的领土，和内地的州县没有两样。

吴权在后晋高祖（石敬瑭）天福四年（939年）称王。从此，越南北部由州县变为藩属。内部朝代迭更，国号常换。君主对中国朝廷称王，对自己国内称帝。到了朱元璋统一中国之时，越南的君主姓陈，名日燇，于洪武二年六月受封为"安南国王"。陈氏的后裔于建文元年被权臣黎季犛杀尽，只剩下一个陈天平，逃去老挝。

次年，黎季犛自称皇帝，改姓名为胡一元，定国号为"大虞"，建年号为"元圣"，随即传位于儿子胡奎（原名黎苍），自称太上皇。

老挝派人把陈天平送到南京，"胡一元"父子也表示愿意迎接陈天平回国。成祖于永乐四年派广西左将军黄中、右将军吕毅率领五千兵士，护送陈天平回"安南"，不料走到芹站地方，便中了"胡一元"父子所设下的埋伏，黄中、吕毅战败，陈天平被杀。

这是三月间的事。成祖受不了这样侮辱，便在七月间任命成国公朱能为"征夷将军"，西平侯沐晟为左副将军，张辅为右副将军，率领极多的兵（号称八十万），讨伐"胡一元"父子。张辅这时候，已经在永乐三年因妹妹入宫为成祖之妃而晋封为新城侯了（原为信安伯）。

朱能病死在广西龙州，成祖命令张辅继朱能为"总兵官"。张辅经由广西，沐晟经由云南，分两路进兵，对安南取钳形攻势。张沐两军在多邦城会师，大胜"胡一元"父子的军队，攻破多邦城，顺流而下，直取安南的东都。东都拿下了以后，又取得了安南的西都。

次年（永乐五年）五月，张辅俘虏了"胡一元"父子于海上的高望山（高望岛），派人押送到南京，斩首。成祖在六月间下诏，改安南为内属，设交阯三司：指挥使司、布政使司、按察使司。交阯于是成为一个省，与广东、广西、贵州等一体看待。

交阯的第一任都指挥使，是吕毅；副使是黄中。第一任的左右布政使，是张显宗和王平。第一任的按察使，是阮友彰。（张显宗、王平与阮友彰均未到任，布政按察两司均由黄福兼领。）全省的人口，有三百多万；政府的存粮有一千三百六十万石。幅员是东西一千七百六十里，南北二千八百里，分作四十一个州，其中有五个州直属布政使司，三十六个州分别隶属于十五个府。州下面的县，共有二百一十个。

张辅被晋封为"英国公"，沐晟被晋封为"黔国公"。

张辅在永乐六年六月回京。到了冬天，交阯人纷纷起兵，拥护陈朝的一个苗裔，陈颙。陈颙是陈艺宗（暊）的儿子，陈顺宗（颙）的弟弟，陈少帝（㷸）的叔叔，在越南的历史中被称为"简定帝"，而《明史》误认为陈朝的"故臣"，姓简名定。沐晟领兵对陈颙作战，败绩于师杆（好古府丰盈县）。

成祖只得在永乐七年，又派张辅，佩"征虏将军"之印，来到交阯。张辅旗开得胜，在这年七月间俘获陈颙，押解南京，正法。张辅回京，沐晟留在交阯。

五四　交阯

陈颙的一个侄儿陈季扩（不是陈顺宗的儿子，而是庄定王陈顬的儿子）已经在永乐七年三月称帝于河静府的支罗（罗山），尊陈颙为太上皇。陈颙被俘以后，陈季扩伪降，仍旧不断地对明军骚扰。成祖于是又在永乐九年正月，命张辅第三次出征交阯。张辅一到，先把不服调度的黄中斩首（黄中原为都指挥使司副使，此时已升到五军都督府某军都督之职）。然后，连胜陈季扩军于月常江、叉安府、爱子江、爱母江、暹蛮栅、昆蒲栅，一直战到永乐十一年十二月，追陈季扩追到老挝境内，破了老挝三个关隘，老挝害怕，把陈季扩与他的妻子捆了送来，也被张辅押解南京。

张辅这一次于回京以前，在交阯增设了若干卫所，选择当地的人做若干州县的地方官，又把安南所夺自占城国（占婆）的领土，增设四个州。

永乐十三年春天，张辅回到京城不久，成祖对交阯不放心，叫他以"总兵官"的名义再去镇守。这是他第四次去交阯。去了一年多，在永乐十四年的冬天被召回。代替他做镇守交阯总兵官的，是丰城侯李彬。

越南的史料说，张辅之所以被召回，是由于他"选拔土人壮勇"，被宦官马骐告了一状，引起成祖的疑心。这马骐是个极坏的人，奉命到交阯做"采办使"，既贪污而又残忍，无恶不作，逼得多数的交阯人民，揭竿而起。

一方面，有马骐及其他的若干小官吏在加紧他们的"官逼民反"的活动；另一方面，继张辅之任的又是一个不识大体、不懂战略战术、不配当主帅的李彬。因此，等到永乐十六年正月，交阯崛起了一位智勇双全的领袖黎利，明朝政府在交阯的军事与政治便趋于逆势，每况愈下。

黎利是清华府梁江县蓝山乡人，平民出身，在陈季扩下面当过"金吾将军"，和黎季犛（胡一元）并无血统关系。《明史》及明朝的官方文件，每每称他为"贼"，未免有亏忠恕之道。他是越南人，目睹越南人民受明朝不肖官吏的压迫，挺身而出，高举义旗，这与刘福通及朱元璋之起义反元，并没有什么不同。而且，黎利的亲生女儿，才有九岁，便被马骐拐去，送给成祖做宫婢，我们又怎能怪黎利造反呢？

李彬的兵力，与黎利的兵力不成对比，要多过不知若干倍。但是黎利敢于作战，出没无常，又有广大的群众一致支持，使得李彬疲于奔命。李彬在永乐二十年病死，代掌他的总兵官职务的，是荣昌伯陈智。陈智不比李彬能干，把黎利赶到老挝，黎利又从老挝溜了回来，盘踞俄乐县，陈智奈何他不得。

陈智向朝廷请调大兵，偏偏这时候（永乐二十二年）成祖去世，仁宗朱高炽不喜欢打仗，命令陈智安抚黎利，而且听信宦官山寿的话，以为山寿与黎利确有旧交，派山寿到交阯，带一封敕书给黎利，委黎利为"清化府知府"。这黎利哪里是肯做知府的人！他接受了敕书，却进兵包围茶笼州。陈智按兵不动，黎利攻破茶笼。这时候，明仁宗又去世了，继位的明宣宗朱瞻基想打，于宣德元年四月将陈智革职，降为"事官"，派成山侯王通为"征夷将军"。这王通因父亲王真阵亡于"靖难"之役而获封侯，本人全无作战能力，比起陈智来更逊一筹，于宣德元年十月被黎利的部将黎善杀得大败全输，损了"兼掌布政按察两司"的陈洽（此时黄福已被召回京）。王通吓破了胆，竟然自作主张，私与黎利讲和，把清化州以南的土地割给他，而明宣宗并不知道。清化州的知州罗通，不服从王通的伪命，拒绝移交，黎利来攻清化，攻它不下。

明宣宗加派安远侯柳升为总兵官，黔国公沐晟为征南将军，分别由广西云南二路增援，兵力共有七万人左右（越南的史料说，柳升的一军有兵十万，沐晟的一军有兵五万）。沐晟是在永乐十六年张辅捉了陈季扩以后，班师回云南的。

柳升一军，于宣德二年九月，在倒马坡中埋伏，柳升阵亡，损了官兵一万人以上。都督崔聚与工部尚书黄福继续前进，又吃了一次败仗（据越南史料说，死了五万，被俘了三万多）。崔黄二人均做了俘虏。（黄福原是一个文人，在兼掌交阯布政按察两司之时声名颇好，与一般的贪官污吏不可同日而语，极受交阯人民爱戴。不幸在被召回京以后，又被派随军南征，遭受如此厄运。）

沐晟一军，原与黎利部队相持于梨花关，听说柳升阵亡、崔黄被俘，竟然不战而退（越南的史料说沐晟以单骑逃走）。

这时候，王通已经被围在东都（河内），于是索性无耻到底，率领宦官马骐、山寿与败军之将陈智等人，擅自向黎利递了求和的书。结果，在十一月某日设坛于城外的下哨河，与黎利宣誓立约，约定在十二月班师，黎利放他们一条归路。所班的师，只有两万多人而已。

碰巧明宣宗也在十月间决定放弃交阯。当时赞成放弃交阯的，是杨士奇与杨荣，而反对放弃交阯的是蹇义、夏原吉与张辅。宣宗在十一月初一派了礼部左侍郎李琦与工部右侍郎罗汝敬作为"正使"，右通政黄骥与鸿胪卿徐永达作为"副使"，到交阯宣敕赦罪，命令黎利报告访得陈氏后人的经过（因为黎利已经向明宣宗上表，说是访得了陈氏的苗裔陈暠），同时撤废设在交阯的三司，撤回留在交阯的文武官吏与兵士及中国内地籍的人民。（其后，连同军队在内，生还的共为八万六千人左右。）

但是，王通是在未曾奉到宣宗的敕书前，便已与黎利立坛宣誓过了的。王通、马骐、山寿、陈智、马瑛、方政，这几人到了京师（北京），引起全朝文武的公愤，宣宗将他们逮捕，廷审（大会审）判了死罪，关到牢里，却始终并未执行死刑。大概是，宣宗自己心里也有点儿惭愧。

最冤枉的，是布政使弋谦。他既未损兵折将，也不曾擅自求和，却也被判罪下狱。

黄福的福气大，于被俘以后受到黎利的优待，而且派了轿子送他"回国"。黎利说："倘若中国派来交阯的官，人人像黄福，我怎么能反呢！"黄福回京以后，仍任工部尚书，其后改任户部尚书，又调任南京户部尚书兼兵部尚书，参赞机务，活到七十八岁。

黎利在宣德三年逼死陈暠，自称"顺天承运睿文英武大王，蓝山洞主"，定国号为"大越"，建元"顺天"，以东都为东京，西都（清化省永禄县）为西京，分全境为五道，广设学校，以中国的经义诗赋二科取士。宣德六年，明宣宗正式敕命黎利"权署安南国事"。宣德八年，黎利病死，儿子黎元龙（对明廷自称黎麟）继位，于明英宗正统元年受明廷之封，为"安南国王"。黎利在越南的历史上，是"后黎朝"的太祖高皇帝；黎麟是太宗文皇帝。（以前，在北宋之时，越南有过一个"前黎朝"。皇帝为黎桓及他的两个儿子黎龙钺与黎龙铤。）

五五　成祖北征

成祖对北元一共打了六次,仅有第一次是师出有名,第二次是不得不战,其余的四次均为浪费。而严格说来,这六次没有一次打了胜仗。

在元顺帝北走沙漠之时,实力尚相当雄厚,而且在陕甘的王保保(扩廓帖木儿)、在东北的纳哈出,均有庞大军队。就明朝的立场说,威胁犹在,所以朱元璋之一再竭力想"肃清沙漠",不无理由。

到了成祖之时,此种威胁业已化为乌有。明朝内部的行政井井有条,国力充沛,而北元内部篡弑相寻,分崩离析。我们中国历史上的"以德服人"、"以大事小"的传统,正可乘此发挥,根本用不着动武。成祖却一动再动,动得公私交困。

在北元的一方面,第一位君主元顺帝在洪武三年得了痢疾,去世。太子爱猷识理达腊继位,是第二位君主,在位八年,饱经忧患而死;其弟弟脱古思帖木儿是第三位君主,当了十年可汗,被蓝玉击溃,死在叛臣也速迭儿之手。

脱古思帖木儿的两个儿子恩克与额勒伯克,在位一为四年,一为七年。恩克如何结束他的短促的生命,无从查考。额勒伯克死在瓦剌部的部长巴图拉(马哈木)之手。

瓦剌二字,是"Oirat"或"Oirad"的译音,在清朝的官方文书上译为"卫拉特",原意是"边部"。元亡之时,整个瓦剌被一位猛可帖木儿割据,其后分为三部,而马哈木是其中一部的部长。其余两部的领袖是太平与把秃孛罗。

额勒伯克的儿子托欢(坤·帖木儿),在位的时间也是极短,于建文四年被杀。

第八位君主鬼力赤，既非元顺帝的子孙，亦非成吉思汗的苗裔，而是来历不明的一个瓦剌人。后来，他被马哈木杀了。

北元的太师兼知院阿鲁台，在永乐六年扶立额勒伯克的弟弟本雅失里作为第九位君主。

成祖听到消息，派人送信给本雅失里，劝他对明朝讲和。次年，永乐七年，又派了一位给事中郭骥做使臣前往。郭骥一到，便被本雅失里与阿鲁台杀了。成祖动火，命令淇国公邱福佩"征虏大将军"印，率领十万骑兵，讨伐北元。

这邱福有勇无谋，推进到胪朐河（克鲁伦河），不等大队人马到齐，便亲自率领一千骑兵穷追，果然中了埋伏，自己阵亡，使得跟随他的将军王聪、火真、王忠、李远，也送了命。剩下的无将之兵，十万人全军覆没。

成祖在面子上，下不了台，只得于永乐八年大举亲征。照理，他该另派一人当主将，不必亲自出马。但是，他对所有的武臣均失掉信心。邱福是他所最赏识的，尚且违反他临别之时"不可轻进"的吩咐，别人似乎更不可靠。

这是他第一次对北元的亲征，所动员的兵有五十万人之多。（其实，兵多反而是一个累赘。在沙漠中行军，粮与水均成问题。）他在三月间出发，五月初一到达克鲁伦河，见不到一个敌人，于是继续北进，渡了兀古儿札河（额尔古纳河），到了五月十三日，才在斡难河的河边，追到了本雅失里。交锋以后，本雅失里丢下辎重，逃走。（据说，他只带了七名骑兵逃走。奇怪的是，《明史》并不曾记载下成祖杀死元兵若干，俘虏若干。）

六月间，成祖班师。班师到飞灵壑，和阿鲁台遭遇。成祖自己带了"铁骑"冲锋（作风与邱福一样），把阿鲁台吓得跌下了马，却又骑上，逃走。成祖挥动大军追赶，杀了敌方一百多人。

七月间，大军回抵开平（多伦），举行庆功宴会。不久，成祖便回到北京。第一次的亲征，顺利结束。

这一年（永乐八年）的冬天，阿鲁台派人送马给成祖，修好。成祖顺水推舟，加重还礼，并且放还所俘的阿鲁台的哥哥一人、妹妹一人。

这时候，本雅失里已经与阿鲁台分手，西奔瓦剌，依附马哈木。阿鲁台不甘示弱，找出了一位阿岱台吉，立为可汗，算是北元第十个君主。这阿岱既非元顺帝的子孙，也不是成吉思汗的苗裔，而是成吉思汗同母弟合撒儿的苗裔。

本雅失里寄居在马哈木的篱下，不甚如意。马哈木对他始则表示欢迎，继则视如赘瘤，终则举兵相向，在永乐十年九月结果了他的性命，另立他的弟弟答里巴为傀儡。

阿鲁台听到消息，便抓住机会，借口要替"故主"复仇，向成祖请兵讨伐马哈木，并且说愿意"归附"。成祖欣赏他的"孤忠"，封他为"和宁王"，却并不应邀出兵。

马哈木早在永乐七年，成祖派遣邱福讨伐阿鲁台之时，受封为"顺宁王"。瓦剌的其他两个部长，太平与把秃孛罗，也同时受封为"贤义王"与"安乐王"。马哈木而且在袭杀本雅失里以后，向成祖表示过，愿意把得自本雅失里的"传国玺"献给成祖。（这个传国玺是秦朝的，上面刻有李斯所写的小篆八个字："受命于天，既寿永昌。"这颗玺曾经一度落在孙坚之手，后来由魏晋而隋唐宋，入了元朝宫廷，被元顺帝带到应昌，又被本雅失里带去了瓦剌。）

成祖回答马哈木说："你既然获得了这件宝物，你自己留着用好了。"（其后这传国玺经由北元的林丹汗，归了清太宗皇太极，被清世祖带到北京。听说，它现今存在台北"故宫博物院"。）

马哈木献玺而成祖不要，觉得很丢面子，又听到仇人阿鲁台受封，更不开心，便在永乐十一年扣留了成祖的使臣，向成祖要求：叫阿鲁台"遣还"从甘肃宁夏到"鞑靼"去的蒙古人。成祖派了一个宦官海童，到马哈木那里，痛训马哈木一顿。

于是，在这一年（十一年）的冬天，马哈木便聚集了一些兵在饮马河。动辄生气的成祖，因此又决定"亲征"。这是他的第二次亲征，对象不是阿鲁台而是马哈木。

十二年三月，他从北京出发，以柳升、郑亨将中军，以陈懋、李彬将左右"哨"，以王通、谭清将左右"掖"。五军兵力的总人数若干，待考。六月，成祖到达忽兰忽失温，与马哈木的三万兵对垒。

这一战，全靠柳升的神机炮（火器）与成祖自己所率领的铁骑，勉强获得小胜。双方死伤相当，但马哈木等退走。成祖追到了土剌河，捉得几十个俘虏，便下令班师。

阿鲁台派了一个头目来到大营。成祖派人赏阿鲁台五千一百石米、一百头驴、一百只羊。

瓦剌的全部人口，仅有四万户左右。马哈木见到成祖发了真脾气，不得不于次年，永乐十三年，进贡了若干匹马，所扣留的成祖使臣也同时送还。成祖说："这瓦剌根本是不值得计较的。"便收下马哈木的马。从此，直至英宗正统十四年"也先"入寇，瓦剌与明朝之间的和平一共维持了三十五年之久。

瓦剌与"鞑靼"之间，"鞑靼"与明朝之间，情形便不同了。"鞑靼"阿鲁台在永乐十三年袭杀瓦剌马哈木的傀儡答里巴。另立一个傀儡，鬼力赤的儿子额森虎，亦即《黄金史》中的所谓斡亦喇台汗。

马哈木为了报复阿鲁台，在永乐十四年绕到斡难河之北，从后面进入阿鲁台所盘踞的成吉思汗的发祥地。此种孤军深入的作风，原是极冒险的。果然，中了埋伏，马哈木自己阵亡，儿子脱欢做了阿鲁台的俘虏。额森虎（斡亦喇台汗）留在瓦剌，没有来，因此也就不曾被俘，当了名副其实的可汗,直至明仁宗洪熙元年。

脱欢于两年以后被放回,做了额森虎的"太师";他的父亲马哈木,曾经是本雅失里、答里巴与这位额森虎的太师。在蒙古人自己的史书上,他的父亲被称为"马哈木丞相",而他,被称为"脱欢太师"。

脱欢太师于额森虎死后,找到本雅失里的一个侄孙脱脱不花,立为可汗,作为瓦剌一方面的第十一位君主。脱欢太师死于明英宗正统四年,脱脱不花可汗死于明景帝景泰三年。

脱欢太师在去世以前,于明宣宗宣德九年击杀"鞑靼"的阿鲁台。那时候,阿鲁台已经被明成祖再而三、三而四、四而五的亲征惊破了胆,对脱欢失掉了抵抗的信心。阿鲁台之所以又遭成祖讨伐,是由于在永乐十九年企图掳劫兴和(张北)城内的财富。

明成祖对北元用兵,前后共有六次,第一次是派邱福担任主帅,其余的五次都是御驾亲征。只有第三次是对付瓦剌的马哈木,其他的五次,都是对付"鞑靼"的阿鲁台。

关于前三次,我已经交代明白。这后三次,总而言之,皆花了极大的人力与物力,皆不曾遇到敌军,皆是徒劳往返。后三次的年代是:永乐二十年、二十一年、二十二年。二十二年七月,成祖在班师回京的中途,死在开平(多伦)西北的榆木川。

五六　北元世系

　　直至今日，北元世系是一连串的谜语。《明史》的《鞑靼传》与《瓦剌传》语焉不详，错误迭出；《蒙古源流》与《蒙古家谱》，又多半以意为之，勉凑全豹。新《元史》的宗室世系表呢，简直是荒谬绝伦。值得作为考证的对象的，只有《黄金史》与《明实录》。下边是我的北元世系表：

序次	汗（或济农）名		称号		关系		即位年			去世年			说证
	《黄金史》及《明实录》《明史》	《蒙古源流》	《黄金史》	《蒙古源流》	《黄金史》	《蒙古源流》	《黄金史》	《蒙古源流》	结论或假设	《黄金史》	《蒙古源流》	结论	
①	Toghon Temur 元顺帝	托欢特穆尔	乌哈噶图				猴儿年	壬申	至顺三年壬申	狗儿年	庚戌	洪武三年庚戌	
②	爱猷识理达腊	阿裕锡哩达喇		必里克图	①之子	①之子	狗儿年	辛亥	洪武三年庚戌	马儿年	戊午	洪武十一年戊午	
③	脱古思帖木儿	特古思特穆尔		兀思哈勒	②之子	②之弟	马儿年	己未	洪武十一年戊午	龙儿年	戊辰	洪武二十一年戊辰	《明史·太祖本纪》谓脱古思帖木儿死于洪武二十二年，误。
④	恩克卓里克图							己巳	洪武二十一年戊辰	羊儿年	壬申	洪武二十四年辛未	《黄金史》、《蒙古源流》死。《蒙古源流》误作"在位四年"。
⑤	Engke（伯希和本）								洪武二十四年辛未	狗儿年	甲戌	洪武二十七年甲戌	伯希和本，指伯氏托人在外蒙所抄之本，已由哈佛燕京学社出版。依此本，恩克与卓里克图非一人。

细说明朝

152

续表

序次	汗（或济农）名		称号		关系		即位年			去世年		说证
	《黄金史》《明实录》及《明史》	《蒙古源流》	《黄金史》	《蒙古源流》	《黄金史》	《蒙古源流》	《黄金史》	《蒙古源流》	结论或假设	《黄金史》	《蒙古源流》	结论
⑥	Elbeg	额勒伯克			④之子	④之弟	狗儿年	癸酉	洪武二十七年甲戌	蛇儿年	己卯	建文元年己卯	额勒伯克可能为卓里克图之子，恩克之弟。《黄金史》谓额勒伯克于为汗六年后在蛇儿年被巴图拉丞相与乌格齐•哈什哈暗杀。蛇儿年并非狗儿年以后之第六年或第七年，而为第八年。第六年实为建文元年己卯。《蒙古源流》亦谓额勒伯克死于己卯年。《黄金史》又谓托欢可汗死于马儿年，在位四年。倘额勒伯克不被暗杀于己卯年，而被位四年之托欢可汗，则在位四年之托欢可汗不能死于马儿年矣。

五六　北元世系

153

续表

序次	汗（或济农）名		称号		关系		即位年			去世年		说证
	《明实录》及《明史》《黄金史》	《蒙古源流》	《黄金史》	《蒙古源流》	《黄金史》	《蒙古源流》	《黄金史》	《蒙古源流》	结论或假设	《黄金史》	《蒙古源流》	结论
⑦	坤·帖木儿	琨·特穆尔			⑥之子	⑥之子		庚辰	建文元年己卯	马儿年	壬午	建文四年壬午	墨尔根（Mergen Gegen）之《黄金史节要》与《蒙古源流》，均云额勒伯克杀弟娶妇。弟名哈尔古楚克·都古楞·鸿台吉。但包尔登所译之本（北平蒙文书社民国十九年铅印本），谓哈尔古额勒伯克之子，误。
⑧	鬼力赤								建文四年壬午			永乐六年戊子	《蒙古源流》例以即位后之一年，为即位之年。鬼力赤是否为巴图拉丞相之弟乌格齐·哈什哈，待考。此和田清氏所说，人原为北元之平章，见于《明实录》洪武二十二年十二月辛卯日条，作"贵力赤"；其后在永乐元年以可汗身份率众与瓦剌之

细说明朝
154

续表

序次	汗（或济农）名《黄金史》《明实录》及《明史》		称号		关系		即位年			去世年			说证
		《蒙古源流》	《黄金史》	《蒙古源流》	《黄金史》	《蒙古源流》	《黄金史》	《蒙古源流》	结论或假设	《黄金史》	《蒙古源流》	结论	
													马哈木（巴图拉丞相）大战，见《明实录》永乐元年十月戊午日条，作"鬼力赤"。"鬼力赤为众所弑，见北房迎立本雅失里"，见《明实录》永乐六年十二月癸巳条。
⑨	Ului Temur 本雅失里	额勒锥·帖木儿			⑦之弟	⑦之弟		癸未	永乐六年戊子	虎儿年	庚寅	永乐十一年癸巳	《明实录》永乐十一年五月庚子："勒靶太师阿鲁台使撒答失里本雅失里，马哈木等弑其本雅失里，又擅立答里巴，请发兵讨之，愿率所部为前锋。"《明史·成祖本纪》永乐十一年："是年马哈木弑其主本雅失里，立答里巴为可汗。"《明史》及《瓦剌传》均作永乐十年，误。

五六　北元世系

155

续表

序次	汗（或济农）名			称号		关系		即位年			去世年			说证
	《黄金史》	《明实录》及《明史》	《蒙古源流》	《黄金史》	《蒙古源流》	《黄金史》	《蒙古源流》	《黄金史》	《蒙古源流》	结论或假设	《黄金史》	《蒙古源流》	结论	
⑩	Dalbagh	答里巴	德勒伯克				⑨之子	兔儿年	辛卯	永乐九年辛卯	羊儿年	乙未	永乐十三年乙未	《黄金史》之虎儿年，所指可能为《蒙古源流》之庚黄年（永乐八年），是年本雅失里为明成祖所败，西奔瓦剌，依马哈木，未死。答里巴为⑨之弟，见墨尔根《黄金史节要》。《蒙古源流》误。
⑪	"一个瓦剌人"		额色库					羊儿年	乙未	永乐十三年乙未	蛇儿年	乙巳	洪熙元年乙巳	《蒙古源流》云，为乌格齐赤（乌格齐）之子。
⑫	Adai	阿台	阿岱					蛇儿年	丙午	洪熙元年乙巳	马儿年	戊午	正统三年戊午	墨尔根《黄金史节要》云，图木阿岱为合萨尔之裔，勒忽讷之孙，博罗得·不花之子。
⑬		脱脱不花			岱总			马儿年	己未	正统三年戊午	猴儿年	壬申	景泰三年壬申	脱脱不花为也先所逐，在景泰二年十二月二十八日；为沙不丹（彻卜登）所杀，当在次年，即陕儿年。

续表

序次	汗（或济农）名 《黄金史》《明实录》及《明史》		称号		关系		即位年		结论或假设	去世年		结论	说证
		《蒙古源流》	《黄金史》	《蒙古源流》	《黄金史》	《蒙古源流》	《黄金史》	《蒙古源流》		《黄金史》	《蒙古源流》		
⑭	Agbarchin	阿噶巴尔济		阿噶巴尔济·济农		⑬之弟			景泰三年壬申			景泰四年癸酉	阿噶巴尔济杀叛兄投敌，于准备称汗之时为也先所杀。也先为阿剌知院所杀，见《明实录》景泰五年十月甲午日条。
⑮	Esen	也先	额森					戊午	景泰四年癸酉			景泰五年甲戌	
⑯	Makha-kurkis	蒙古勒克呼·青吉思	马可古儿吉思	乌珂克图		⑬之子		壬申	景泰六年乙亥	鸡儿年	癸酉	成化元年乙酉	"麻儿可儿"入贡马驼，见《明实录》景泰六年四月戊戌日条。《蒙古源流》之癸酉，为癸未之误，但癸酉亦应作乙酉。
⑰	Moolon	摩伦				⑯之兄		癸未	成化元年乙酉	狗儿年	甲戌	成化二年丙戌	
⑱	Bayan Mongke	孛罗忽	巴延·蒙克	博勒呼·济衣	⑭之至（？）	⑭之孙	猪儿年		成化三年丁亥	虎儿年	庚寅	成化十五年己亥（？）	《黄金史》未言⑱为⑭之孙，亦未明言⑭之至。但⑭在《黄金史》北平缩印本第七十四页，阿布他喇·彻辰谓⑭"是一孩童，能知何事？"则其时⑭未必有子，更难有将生之孙。

五六 北元世系

续表

序次	汗（或济农）名		称号		关系		即位年			去世年		说证
	《黄金史》	《明实录》及《明史》	《黄金史》	《蒙古源流》	《黄金史》	《蒙古源流》	《黄金史》	《蒙古源流》	结论或假设	《黄金史》	《蒙古源流》	结论
												孛罗忽之父，哈古尔却克（Khaghurchagh）为一赞成消灭瓦剌之合吉，与投降瓦剌之④立子相反地位，而《蒙古源流》谓哈古尔却克为④之子，令人不能无疑。《明实录》成化十五年五月庚午日条，谓孛罗忽为⑲之⑫，⑲固④之⑨水⑲之弟，似哈古尔却克亦⑲之弟。孛罗忽卒年，不可能为成化六年庚黄。渠在九年与⑲结伙"西行"，尚见《明实录》是年十一月戊午日条。《明实录》成化十二年十月戊戌日条，谓渠为⑲所"杀"，事实上渠为⑲所逐，而逃至呼塔冈图・德素苏泰

细说明朝

续表

序次	汗（或济农）名			称号		关系		即位年			去世年			说证
	《黄金史》《明实录》及《明史》	《蒙古源流》		《蒙古源流》	《黄金史》	《黄金史》	《蒙古源流》	《黄金史》	《蒙古源流》	结论或假设	《黄金史》	《蒙古源流》	结论	
														(Khutaghan-tu Deresue)，其后又为瓦剌人亦思马大师（《明史》上之亦思马因）所袭，牵至永谢布人之地域，死于永谢布人之手。亦思马之杀乜加思兰，而代之为太师，在成化十五年，见《明实录》是年五月庚午日条。然则学罗忽之被袭于"亦思马太师"，亦可能在成化十五年也。
⑲	Man-dukhuli 满都鲁	满都固勒					⑬之弟	羊儿年	癸未	成化十一年乙未	丁亥		成化十五年己亥	《蒙古源流》之癸未为天顺七年，是时马可古儿吉思在位，而满都鲁尚未见于《明史》及《明实录》。癸未似为乙未之误。满都鲁在乙未（成化十一年）称汗，见《明实录》是年九月己酉日与十月己卯日

五六　北元世系

159

续表

序次	汗（或济农）名		称号		关系		即位年			去世年		说证
	《黄金史》	《蒙古源流》	《明实录》及《明史》	《蒙古源流》	《黄金史》	《蒙古源流》	《黄金史》	《蒙古源流》	结论或假设	《黄金史》	《蒙古源流》	结论
												二条。满都鲁死于成化十五年，见《明实录》七月庚辰日条。
												《黄金史》以博勒呼·济农置于满都鲁可汗之后，误。《蒙古世系谱》亦云，"满都古尔汗在位五年崩，巴颜·孟克即位"，全系紧接于此句之一章。孟克之事，关于巴图，然而《明实录》亦称小王子为"伯颜·猛可"。《黄金史》谓达延可汗即位于猪儿年，与满都鲁去世之己亥年相合。渠生于乃父遁居呼塔冈图·德果亦泰之时（见《黄金史》），其时为成化十一年左右（据《明实录》及《明史·宪宗本纪》，即位
⑳	Batu Mengke	巴图·蒙克	小王子（伯颜·猛可）	达延	⑱之子	⑱之子	猪儿年	庚戌	成化十五年己亥		癸卯	嘉靖十二年癸巳

细说明朝

160

续表

序次	汗（或济农）名		称号		关系		即位年			去世年		说证
	《明实录》及《明史》《黄金史》	《蒙古源流》	《蒙古源流》	《黄金史》	《黄金史》	《蒙古源流》	《黄金史》	《蒙古源流》	结论或假设	《黄金史》	《蒙古源流》	结论
												之时年仅五岁（据《蒙古源流》蒙文原本）。故即位之年，以成化十五年己亥为世之年可能为嘉靖十二年癸巳。《明史》之《鞑靼传》及《世宗本纪》载吉囊人寇均始于嘉靖十二年。
㉑	Barsu Bolod	巴尔苏	吉囊		⑳之子	⑳之子						嘉靖二十二年癸卯	《蒙古源流》不言有此人在位，而以此人达延汗之在位时间并入达延汗之在位时间内。《黄金史》称此人为博迪以前曾经"不正常地君临本国"。

五六 北元世系

161

续表

序次	汗（或济农）名《明实录》及《明史》《黄金史》	名《蒙古源流》	称号《黄金史》	称号《蒙古源流》	关系《黄金史》	关系《蒙古源流》	即位年《黄金史》	即位年《蒙古源流》	即位年 结论或假设	去世年《黄金史》	去世年《蒙古源流》	去世年 结论	说证
㉒	小王子（卜赤）	博迪		阿拉克	㉑之侄	㉑之侄		甲辰	嘉靖二十三年甲辰	羊儿年	丁未	嘉靖二十六年丁未（？）	《蒙古源流》作在位四年。《黄金史》作在位二十四年，似误。
㉓	俺答			格根·阿勒坦	㉒之子	㉒之子						万历九年辛巳	《蒙古源流》不言此人为北元全国之君，《黄金史》以此人置于博迪与达赉孙之间。
㉔	打来孙	达赉孙		库登	㉒之子	㉒之子	猪儿年	戊申	嘉靖二十七年戊申	蛇儿年	辛巳	嘉靖三十六年丁巳	《蒙古源流》作在位十年，《黄金史》作在位十九年，似误。
㉕	土蛮	图们		札萨克	㉔之子	㉔之子		戊午	嘉靖三十七年戊午		壬辰	万历二十年壬辰	《明实录》：嘉靖三十七年十月壬申，土蛮薄界岭口。

细说明朝

162

续表

序次	汗（或济农）名 《黄金史》《明实录》及《明史》	《蒙古源流》	称号 《黄金史》	《蒙古源流》	关系 《黄金史》	《蒙古源流》	即位年 《黄金史》	《蒙古源流》	结论或假设	去世年 《黄金史》	《蒙古源流》	结论	说证
㉖		布延		彻辰		㉕之子		癸巳	万历二十一年癸巳	兔儿年	癸卯	万历三十一年癸卯	《黄金史》："于彻辰可汗之时，格根·阿尔坦可汗之子散格·帖木儿·都楞（Sengge Temura Dogureng）为可汗。"——似指二人同时为可汗。
㉗	虎墩兔	林丹·呼图克图		诺门	㉖之孙	㉖之侄	龙儿年	甲辰	万历三十二年甲辰		甲戌	崇祯七年甲戌	《黄金史》：布延之弟为莽古斯·墨尔根·台吉（Manghus Mergen Tayiji），《蒙古源流》：布延斯之子为莽和克，莽和克之子为陵丹。
㉘	Erke Khong-khor Tayiji	额尔克·孔果尔·额哲			㉗之子	㉗之子			崇祯七年甲戌			崇祯七年甲戌	于崇祯八年降清，顺治六年去世。

五六　北元世系

163

五七　北元内情

以上一节的北元世系表，我们可以见到北元历史的一个轮廓。

直至第五个君主额勒伯克去世之时，北元虽则颇已丧败，但王室（博尔济锦氏）的声威犹足以笼罩蒙古。那时候，热河东南的大宁三卫（朵颜、泰宁、福余）仍在明朝中央的控制之下，固不足以为患于明，也不够资格与北元相颉颃。松花江之西的科尔沁，尚未发展壮大，也绝无对北元挑衅之意。西边，所谓瓦剌，仍自居为博尔济锦氏的臣仆。瓦剌在当时分成三部，三部的部长俱已受明之封，彼此地位平等，不相统属。

铸成大错的，是第五个君主额勒伯克自己。他误信来自瓦剌的浩海的谗言，杀弟夺妇，其后又误信此妇之言，以为浩海企图对她强暴，一怒而杀浩海。杀了浩海以后，又因得知真相而抱愧，授浩海的儿子马哈木以统率瓦剌三个部之权，并且给他以丞相（Ching-sang）的官衔。

于是，灾祸接踵而来，马哈木虽受恩宠而不忘父仇，叫额勒伯克自己死于非命。

马哈木与他的儿子脱欢、孙子也先，祖孙三代，做了北元的实际主宰，写出北元历史上的瓦剌时代。孤忠耿耿的北元知院（兼知枢密院事）阿鲁台，在明成祖的大军压境之时，制止不了本雅失里的西奔。结果是本雅失里与其弟弟答里巴，先后做了瓦剌的傀儡。

阿鲁台甚至于在本雅失里西奔以后，似乎找不出一个像样的皇室嫡系分子，而不得不扶立科尔沁的一个台吉，阿岱。阿岱做汗的资格，在表面上是，源出于成吉思汗同母弟合撒儿；在事实上是：阿鲁台需要借重科尔沁的实力。因为，在元顺帝北来以后，北元只有六万户左右而已，现在又经过了若干次的战争，怎能不向科尔沁求援呢？蒙古虽大，沿着长城的地区当时均在明朝统治之下。始则顺帝局促于应昌（经棚县西）一隅，其后各汗则远徙漠北，就食于克鲁伦河斡难河之间、成吉思汗的发祥地。

这样，北元（《明史》上的所谓"鞑靼"）勉强与瓦剌东西对峙，对峙到明宣宗宣德九年，阿鲁台败死于瓦剌的"脱欢太师"之手。阿鲁台死后，阿岱可汗独力更加难支，被瓦剌压迫得无法回科尔沁，只能窜奔到亦集乃路（宁夏居延一带），死于明英宗正统三年。此后的"北元内情"，容我在说完明成祖与仁宗宣宗，说到英宗之时，再行交代。

五八　郑和

成祖派郑和下"西洋",是中国历史上的大事,也是世界历史上的大事。(所谓西洋,指婆罗洲以西的一切海洋。)

以前,太祖朱元璋在称帝之时,曾经派遣使臣,分谕南海诸国,告以即位。但是,太祖对于诸国之来贡与否,并不关心。

成祖在即位以后,也派遣了蒋宾兴、王枢、王哲、成务、张谦、周航、李兴、闻良辅、宁善、尹庆等等,到占城、真腊、暹罗、勃泥、满刺加、爪哇、苏门答腊,宣谕各国。所不同于太祖的是:除了告以即位而外,同时向各国表示,希望它们也派使臣到中国来上表进贡,加强邦交与贸易。

郑和在永乐三年(1405年)所负的使命,与蒋宾兴等人所负的使命,在实质上是一样的,然而规模却大得多。第一,他带了二万七千多兵;第二,他也带了难以数计的货物;第三,所乘的船也极多,虽没有像万历年间的小说《西洋记》所说,有一千四百五十六艘之多,也不至于少到像《明史·郑和传》所说:仅有六十二艘。事实上可能是二百多艘,其中六十二艘是大船,而最大的长达四十四丈,宽达十八丈,有桅杆九根(郑和的"座舰")。最小的,也长达十三丈。

成祖如此舍得花钱,为的是什么?有人说,是为了寻找建文帝的下落。也有人说,为了张士诚(或方国珍)遗留在海上的余孽。这些揣测,均无根据。徐玉虎先生说,是为了组织海上大联盟,对中央亚细亚的帖木耳帝国做半月形的包围,也待考。徐玉虎又说,这也是为了增进国际贸易。折中而论,国际贸易的增进是主要原因,而耀武扬威则是附带的一个目的。

《明史·郑和传》说郑和下西洋，一共下了七次。据徐玉虎考订，他可能一共出使了八次之多。最后一次，是奉了成祖的孙子宣宗之命。

他到过的地方极多，而最远的是非洲东岸的木骨都束（Mogadiscio）、卜剌哇、竹步。那时候，比起西洋人达·伽马之绕过好望角而东来，要早八十几年。

郑和，本姓马，世居云南昆阳。祖父和父亲的名字不详，似乎均曾到过天方（阿拉伯的麦加）朝圣，因此而得以"哈只"（Haji）为头衔。远祖可能是阿拉伯人或新疆畏吾儿（维吾尔）的穆斯林，随了忽必烈征服大理，因而定居在云南。郑和本人在年纪极小之时，便做了明军的俘虏，送进宫中当小宦官，被派在北京的燕王府之中服役。成祖很喜欢他，于即位以后赐他姓郑，屡升他的官位，至"内官监太监"，官居正四品。他在永乐元年从道衍和尚（姚广孝）皈依佛教，受"菩萨戒"，法名"福善"。

他之所以奉派远航"西洋"，与他的伊斯兰教血统不无关系。那时候，苏门答腊岛北部的苏门答腊国（亚齐）与巴塞（Pasai）均已经是伊斯兰教国家。由苏门答腊而西，从印度半岛到阿拉伯与埃及，都是所谓伊斯兰教世界。郑和是否能说伊斯兰教世界的世界语：阿拉伯话，待考。在他的随员之中，有一位会稽人马欢与一位仁和人郑崇礼，却是能说阿拉伯话，也均是穆斯林。此外，另有通番书的教谕一人、通事七人。

郑和本人的军事学识，即使有，也极有限。他当了正使，兼称"总兵"。在他的麾下，有都指挥二人、指挥九十三人、千户一百零四人、百户四百零三人，总旗与小旗的数目不详。他的舰队有如此多的军官及两万七千多的兵士，确是当时全世界规模最大的海上武力。

然而，他并未征服任何一个国家，仅仅于迫不得已之时略为还一还手，或帮助平定当地的内乱而已。第一次航行之时，他在苏门答腊南部的旧港（浡林邦，Palembang），有本地华人首领陈祖义企图抢他的宝，被他战败、俘虏，押解到南京，正法。第三次航行之时，在锡兰，有本地的国王亚烈苦奈儿把郑和骗进国都，暗派五万人到海边劫郑和的船。郑和回不了海边，身旁仅有两千官兵，却能攻占该国的国都，将亚烈苦奈儿及其妻子活捉，押解到南京。成祖很客气，放亚烈苦奈儿回国，另立亚的亲属一人为锡兰国国王。第四次航行之时，郑和在苏门答腊国帮助该国国王宰奴里阿必丁，打平争位者苏斡拉，追到南浡里国（Lambri），将苏斡拉活捉，押解到南京，斩首。

在其余的几次，即第二次、第五次至第七次，郑和皆没有动武。

他的副使之一侯显，也是一个宦官。侯显在永乐十八年奉派到印度半岛东北部的榜葛剌国（Bengal），用外交手段替该国消除了巨大的外患：沼纳朴儿国（Junapure）已经派兵侵入榜葛剌国，侯显亲自去了沼纳朴儿国，带软带硬地劝沼国与榜国言归于好。

关于郑和之下"西洋"，究竟是有七次，还是八次，答案可能是"八次"。这八次的经过，简单言之，有如下表：

次序	敕派日期	离开长乐日期	回到南京日期	所访各国	附注
①	永乐三年六月	三年十二月	五年九月	占城、爪哇、满剌加、旧港、苏门答腊、锡兰、小呗喃、柯枝、古里。	俘陈祖义。
②	五年九月	六年春（？）	七年夏	占城、爪哇、柯枝、暹罗等等。	
③	七年九月	七年十二月	九年六月	锡兰等等。	俘亚烈苦奈儿。
④	十年十一月	十一年冬	十三年七月	忽鲁谟斯、苏门答腊等等。	俘苏斡拉。

续表

次序	敕派日期	离开长乐日期	回到南京日期	所访各国	附注
⑤	十四年十二月	十五年冬	十七年七月	忽鲁谟斯、阿丹、木骨都束、卜剌哇、爪哇等等。	
⑥	十九年正月	十九年十月十六日以后	二十年八月	忽鲁谟斯等国。	送还忽鲁谟斯等国使臣。
⑦	二十二年正月	二十二年正月	二十二年七月以后	旧港。	册封施济孙。
⑧	宣德五年六月	五年闰十二月	八年七月	占城、爪哇、旧港、满剌加、苏门答腊、锡兰、古里、忽鲁谟斯。	

航行的干线是：由南京经太仓到福建长乐，放洋，直航占城的国都（今天越南的归仁），然后到爪哇的苏鲁马益（泗水），再到苏门答腊岛南部旧港，再以后去马来亚半岛西岸满剌加。这满剌加（马六甲），是郑和的一个根据地，设了仓库与兵营在那里。从满剌加向西北，到苏门答腊岛北部的苏门答腊国（亦称"须文达那"，是其后的"亚齐"）。由苏门答腊国西航，到锡兰山（锡兰岛），然后绕印度半岛南端而北，到葛兰（Quilon）、柯枝（Cochin）、古里（Calicut）。"宝船"的干线是到古里为止。支线由少数的船只前往，称为分综。

支线由占城分路，沿着中南半岛海岸到真腊、暹罗、急兰丹（吉兰丹）、彭亨、满剌加。另一条支线是由占城去浡泥（婆罗洲、文莱）与苏禄。从苏门答腊北端的苏门答腊国也可以直航北方，经龙涎屿、翠兰屿而达榜葛剌。

古里以西，有两条支线。甲线是沿着印度西海岸北航，到今天属于伊朗的忽鲁谟斯（Ormuz）。（这忽鲁谟斯，在16世纪初年是葡萄牙人东进的中途站。葡萄牙人的舰队司令亚伯奎到一处，占一处，没有郑和那

五八 郑和

么客气。)由忽鲁谟斯而去,绕着阿拉伯半岛的南岸走,可以访问祖法儿(Jufar,今天的Al Juwara)、剌撒、阿丹(Aden),然后再进红海,到秩达(Jidda)及其东邻"天方"(麦加,Mecca)。郑和本人不曾到天方去,可能是因为改信了佛教。他只派了一个副使去过。

另一条路,乙线,是由古里向西南,直航非洲东海岸的木骨都束及其附近的卜剌哇(Brawa)与竹步(Jobbo)。

在郑和所到的国家之中,占城与浡泥不在"西洋"的范围之内。真腊与暹罗,严格说来,也不能称为西洋的二国。爪哇,按照以浡泥为东西洋分界的标准,可算是西洋的一国,但是爪哇与中国的密切关系,不是从郑和开始,也不是从明朝开始。

甚至,满剌加与印度东海岸的琐里(Chola),它们和明朝发生关系,也早于郑和。成祖在永乐元年便已派遣了尹庆去满剌加,闻良辅与宽善去琐里。

然而郑和的功劳很大,由于他的努力,满剌加成为明朝在南洋的最忠实的藩邦。他和该国的国王拜里迷苏剌及其儿子亦思罕答儿沙、孙子西里·麻哈剌,都处得极好。他分了砖瓦,给他们盖宫殿。成祖本人,也出面制止暹罗对满剌加的威胁。满剌加的这三代国君,都亲自到北京来过。从永乐三年开始,到宣德元年为止,满剌加的贡使来了十五次之多。其后,由宣德八年,直至满剌加国都于明武宗正德六年被葡萄牙人攻占,满剌加的贡使仍旧断断续续地来。可惜明武宗及其辅佐,毫无远略,不曾拿出实力来帮助满剌加收复失地,以致满剌加王室屈处柔佛(Johore)一隅(其后改称为柔佛国)。

郑和的另一作为,是树立华人政治基础于苏门答腊南部的旧港。旧港原为三佛齐国的国都。三佛齐为爪哇的满者伯夷朝代(Majaphit)所灭,旧港沦为爪哇属地,但爪哇不久又分为东西,内战,无力顾及旧港,因此旧港才为几千个华人的领袖梁道明、陈祖义、施进卿等人所据。梁道明于永乐四年来过北京，向成祖上朝，其后失势。陈祖义于永乐五年，企图劫夺郑和的宝艏，被郑和俘虏，送到北京正法。郑和保荐施进卿继充旧港华人的领袖，成祖特地为施进卿创设一个"旧港宣慰使司"，以施进卿为世袭的宣慰使，和内地的"土司"一样看待。其后，施进卿在永乐十九年病故，女儿施二姐袭职；儿子施济孙于永乐二十二年来到京师，"告其父诉"，成祖不明内情，便封了施济孙，而且派郑和带了印诰，专程去旧港一趟。据陈育崧先生研究，施济孙回去以后，旧港的大权仍在施二姐之手，自称"本头目娘"。施二姐的丈夫邱彦诚，倒是站在施济孙这一边的。施二姐的姐姐施大娘，出嫁给满者伯夷国的一个大臣。大臣死后，施大娘做了爪哇泗水城西边锦石港（Gresik）的市舶官。锦石港一向是南洋华侨的所谓新港，而浡林邦之所以被称为"旧港"，正因为有了新港。《明史·外国传》的作者把詹卑（Jambi）错认作新港。旧港的华人宣慰使，对外仍自称为"三佛齐国宝林邦帝王"，俨然以三佛齐的正统自居，同时却对中国与爪哇均称臣纳贡。

除了满剌加与旧港以外，因郑和之西航而对华进贡，发生变相的贸易关系的，有下列各国：

国名	英译	地点	进贡次数 成祖时	进贡次数 宣宗时	进贡次数 英宗与景帝时
苏门答腊	Samudra	苏门答腊岛北部	一四	二	○
阿鲁	Aru	同上	五	○	○
南浡里	Lambri	尼科巴儿群岛	九	○	○
榜葛剌	Bengal	印度孟加拉省	八	二	二
琐里	Chola	印度东海岸	二	○	○
葛兰	Quilon	印度西南海岸	一	○	○
柯枝	Cochin	印度西海岸	五	一	○
古里	Calicut	同上	六	一	○

续表

国名	英译	地点	进贡次数 成祖时	进贡次数 宣宗时	进贡次数 英宗与景帝时
甘巴里	Coimbator	古里之东南	二	一	○
锡兰山	Ceylon	锡兰	三	一	二
溜山	Maldive Is.	马勒底夫群岛	三	○	○
忽鲁谟斯	Ormuz	伊朗南海岸	四	一	○
祖法儿	Jufar	阿拉伯半岛南海岸	二	一	○
阿丹	Aden	同上	四	一	○
天方	Mecca	阿拉伯东海岸略西	○	一	○
木骨都束	Mogadiscio	非洲东海岸	二	○	○
卜剌哇	Brawa	同上	二	○	○
裟罗	Solo	爪哇岛中部	二	○	○
彭亨	Pahang	马来亚半岛中部	三	○	○
急兰丹	Kelantan	马来亚东海岸	一	○	○

此外，有地点不详的加异勒、剌撒、麻林、吉麻剌朗四个国家，均在成祖之时进贡了两次。加异勒在宣宗之时又进贡了一次。古麻剌朗的国王而且亲自来朝一次。至于，仅仅进贡了一次而地望不详的国家，则有沙里湾泥、千里达、失剌比、剌泥、碟里、日罗夏、夏治、合猫里、白葛达等等。

我不曾把占城、真腊、暹罗、浡泥、爪哇（西王国），列在上节的进贡诸国表之中，理由是：它们和明朝发生关系，不因郑和下西洋而开始。然而，这五国贡使来华的次数大为增加，也多少应该归功于郑和，虽则主要的推动力是成祖之打平安南，化安南为郡县。

这五国进贡的次数，是：

国别	成祖之时	仁宗之时	宣宗之时	英宗景帝之时
占城	一九	一	九	一五
真腊	四	○	○	○
暹罗	一八	○	六	七
浡泥	七	一	○	○
爪哇（西王国）	一三	一	五	七

吕宋（菲律宾）与苏禄两国，既不在"西洋"的范围之内，而且郑和也不曾去，吕宋在成祖之时进贡了一次，苏禄进贡了两次（国王来朝一次）。

总结起来，郑和对耀扬国威，尤其是对增进贸易，我不能说没有贡献。因为海外各国见到郑和所率领的庞大舰队，印象颇深，而所谓上表进贡，实际上也是以货易货。中国朝廷，一向采取"小来大往"的政策，常常以更多的赏赐（如绸缎、纱罗、茶叶、瓷器、漆器、印花布、樟脑、麝香等等），回报别国的贡品，不让别国的君主吃亏，同时也容许贡使及其随员顺便带些私货来，准许他们在中国市场上卖，换买中国的物品带回去。普通的外国商人，由于他们的国家成了中国的"入贡之藩"，也可以跟随贡使作为"随员"，取得了把货物运进中国三个通商港口的权利。这三个港口，是宁波、泉州、广州；各设一个提举市舶司，予以照料，不抽关税。不仅不抽关税，而且对贡使及其随员免费供给食、住、车船。

中国这一方面，花费很多，却换得了不少热带植物的果实、树皮（如槟榔、椰子、丁香、豆蔻、胡椒、苏木、沉香、金银香、檀香等等）与若干奇禽异兽（如鹤顶鸟、长颈鹿等等），以及珊瑚、玛瑙、珍珠、宝石。

有若干在朝的文人，认为郑和的宝艘太浪费，便在成祖死后竭力反对，使得仁宗朱高炽在即位的一天，便下圣旨，"罢西洋宝船"，后来又指定郑和以"下番诸军守备南京"。但是郑和停止了下番，番也就不再上表进贡，于是宣宗朱瞻基又在宣德五年旧事重提，叫郑和再下西洋一次。郑和这时候年纪已经不小，此次回国以后便不能继续有所活动。宣宗也只得另找一人统率宝艐。

五九　仁宣二宗

成祖于永乐二十二年（1424年）七月，死在开平西北的榆木川，享寿六十五岁。

他生于太祖称帝北伐以前的十二年。蒙古人传说，成祖是元顺帝的儿子，为业已怀孕的翁吉剌惕氏妃子于进了太祖之宫以后所生（见《黄金史》），完全不确。

成祖的长子，仁宗朱高炽，生于洪武十一年。这一点，足以证明成祖不可能是元顺帝的妃子所生。

仁宗于永乐二十二年八月即位，在位一年，于洪熙元年（1425年）五月去世，享寿四十八岁。

仁宗在成祖屡次北征之时，留守后方，以"监国"的名义处理庶政，深得民心。他为人仁慈，不愧被谥为仁宗。他即位伊始，便释放了被成祖关了十年的黄淮、杨溥。可惜他在位仅有一年，这是明朝的不幸。

仁宗的长子宣宗朱瞻基，不及仁宗，但也可算是一个守成之主。此人在位不足十年，在宣德十年（1435年）正月去世，年纪仅有三十八岁。好色，是一个原因。

辅佐宣宗的，是所谓"三杨"：杨士奇、杨荣、杨溥。三杨原是成祖的旧臣，富于经验。仁宗把杨士奇屡升至少傅、兵部尚书、华盖殿大学士，杨荣升至太子少傅、工部尚书、谨身殿大学士，杨溥升至太常寺卿、翰林学士。

宣宗即位以后，令杨溥以"同治内阁事"名义入阁。此外，金幼孜原已在成祖时入阁，于仁宗时由文渊阁大学士兼翰林学士，转为太子少保兼武英殿大学士；宣宗留他在阁。黄淮出狱以后，未回右春坊大学士原职，被仁宗任命为通政使兼武英殿大学士，不久又由通政使升为少保、户部尚书；宣宗也留他在阁。

另有一位权谨，官运不佳，于洪熙元年三月刚被仁宗任为文华殿大学士，在九月间向宣宗请求致仕（退休），宣宗因他年老，不留。

黄淮也因为年老，于宣德二年八月退休。

宣宗自己在宣德元年与宣德二年，先后提拔了两个人入阁：张瑛与陈山。这两人均不高明："寡学多欲"。宣宗在宣德四年把他们逐出阁外，张瑛左迁为"南京礼部尚书"，陈山"专授小内史书"，教小宦官写字。

此后，直到宣宗去世，内阁之中仅余杨士奇、杨荣、杨溥。（杨溥在宣德八年才由太常寺卿升加礼部尚书之衔，在地位上稍近于杨士奇与杨荣。）

三杨官为尚书，而职为大学士，兵工礼三部真正办事的尚书另有其人。三杨只是皇帝身边师友之间的顾问之臣而已。但是，由于位居亲近，他们对于皇帝的用人行政，具有极大的影响力，所以实际上也差不多是宰相了。

三杨性格不同，学养不同，各有所长，亦各有所短。好在他们均不负行政责任，因此皆能显其所长，而不致因有所短而误国误己。杨士奇之学、杨荣之才、杨溥之量，凑合起来，使得仁宣二宗在位的十一年左右，成为明朝少有的一个"天下清平、朝无失政"的插曲。

这时候，瓦剌业已归顺，"鞑靼"毋庸再打，三杨决定停止下西洋的宝船，停止对安南的征战。他们把贪污的"大官"略惩一二（如都御史刘观）转转风气，却也并不以察察为明，叫天下当"小官"的人人自危。

仁宣二宗时代的六部尚书，多数均能称职。吏部尚书蹇义，是元老。他从成祖即位的时候，建文四年九月，便担任了这个职务，一直担任到宣宗四年，但仍旧以吏部尚书的名义，留在宣宗左右"讨论至理，共宁邦家"。他死在宣宗以后的几天，享年七十五岁。他是巴县人，于洪武十八年考中进士，充任中书舍人。太祖磨练他，于任满三年之时，叫他再连任两次，不予升迁。满了三任，依然做中书舍人（正七品）。建文帝将他越级提拔，任为右侍郎（正三品）；成祖在建文四年七月升他为左侍郎，两个月以后，又升他为吏部尚书。此后，对他一直是信任不衰，只有在永乐二十年九月，因为对太子（未来的仁宗）不满意，迁怒于他，把他关了，关到次年二月放出来，仍叫他回吏部当尚书。

吏部在成祖、仁宗、宣宗之时，权力最大。它兼有考绩与铨叙的大权，所以其他五部，以及都察院、大理寺等等，虽并不隶属于它，而人事方面却归它管。蹇义为人"厚重"，作风"小心"，的确是一个合于理想的人物。吏部本身的事务，已经够繁而且烦的了，他应付得了繁，也耐得了烦。十几年中书舍人的磨练，确有用处。在这一点上，太祖的高瞻远瞩，作育人才，不愧为一朝开创之君，值得我们佩服。

户部尚书夏原吉，也是在建文四年九月受任的，一直当到宣德五年正月病故。所不同的，他被成祖关得较久，从永乐十九年十一月，关到仁宗于永乐二十二年八月即位之时。所犯的罪过，是反对成祖对北元做第三次的亲征。

夏原吉，原籍江西德兴，生长湖南湘阴（和曾国藩同乡）。父亲是一个穷"教谕"，早死。本人是南京的太学生，并无"功名"。太祖叫他当户部的主事（约略相当于今日的主任科员或科长），其后，派到福建与湖北当采访使。建文帝拔他为户部右侍郎。成祖即位，升他为左侍郎。两个月以后，再升为尚书，和蹇义一样。

替成祖管钱、管粮，不是容易的事，因为成祖是极会花钱费粮的人。浚吴淞江、修运河，犹有可说；打安南，动员八十万兵（可能并没有八十万，但也绝对不是八万；我考校了很久，八十的十字不是抄写人或刻字匠的错加）；造宝船，一造便是两三百艘三四十丈长的大船、八九百艘"小船";他所建筑的新都北京的宫殿苑囿（三殿、紫禁城、三海），气魄诚然雄伟，费用却是天文数字；他又要对北元一打再打，第一次是派邱福，其后五次是亲征。加起来，成祖一共花了多少钱、费了多少粮？《明史》的作者说，以"钜万万计"。钜万，应该写成"巨万"。巨万，是一万万，今天的"亿"。一个"巨万万"，便是"一万亿"。以"巨万万计"，便是"以万亿为单位"。这或许是言之过甚。

太祖积蓄下来的钱与粮，为数不少，平均每年的税粮有三千万石左右，在洪武二十六年，夏税是米麦共四百七十一万七千余石，秋税只有米，是二千四百七十二万九千余石。此外，有绢二十八万八千余匹，钱钞三万九千余锭（每锭合银五十两，亦即钱五万文，或钞五十贯）。当时米一石，折合钱价五百文；白银一两折合钱一千文；钞（洪武宝钞），按照票面数字，十足通行；绢一匹，折合钱钞为一千二百文。所谓"钱钞"的岁收，是各项杂税，加丝钞、棉钞、麻钞，按户征收（与唐朝租庸调制度下的庸相仿）。

然而太祖积蓄下来的，不够成祖花费。夏原吉在"盐税"方面打主意。洪武的盐税税率是二十取一，全中国的盐，共计有二百五十三万三千余引，每引是四百斤。盐价各地不一，总税收折合白银，在九十六万两左右，等于铜钱九十六万贯，或白米九十六万石。

洪武年间，有所谓"开中"的办法，招商人送米进官仓，换取"勘合"，到出盐的地方领盐。这一种以米易盐的办法，与所谓"引"（运盐的许可证），是相辅而行的。成祖在北京缔造新都，夏原吉便限制全国商人，只许在北京以米换取"勘合"，于是北京各仓的米十分充裕，米是可以卖钱的，于是夏原吉解决了缔造新都的费用问题。

成祖又要打安南、打北元，夏原吉于是又准许边疆各地"开中"，也应付了不少军费与军粮的开支。可惜，成祖的花费没有止境，而夏原吉张罗的本事有限。于是，便自然而然也走向"通货膨胀"的歪路。本来，在洪武宝钞发行不久,民间对它便发生歧视,而宁可用金银。政府用严刑峻法禁止民间用金银,而老百姓的答复是把物价对钞抬高,对铜钱则差不多照旧。在洪武二十五年的时候,以浙江、江西、福建、广东四省而论,铜钱一百六十文可以换钞一贯(应该是一千文换钞一贯)。成祖即位不久,在永乐二年规定,老百姓买盐,必须用钞,以钞一贯换盐一斤。家家户户,按人购盐,成年的每月买盐一斤,未成年的半斤。这样,宝钞回笼了不少。然而抵不住他自己的好大喜功,入不敷出。到他死时,经过二十二个年头的痛快花费,白米一石的价格,已由洪武初年的一贯,涨到五十贯了。换句话说,单就米而论,物价增加了近五十倍。

这一种物价直线上升的趋势,在成祖死前无法挽回。夏原吉于永乐十九年因反对第三次亲征而被关在"内官监",一直关到仁宗即位之时,就他本人而言,倒是省了不少筹钱的烦恼。仁宗请他回任户部尚书,向他询问理财的方略,他说,最要紧的是少发钞、多收钞。仁宗因此而竭力节省靡费,增加收钞的市税与"门摊"(京师北京各个城门口的卡子税)的税率,向老百姓声明一俟钞价增高,便减除这所增的税率。夏原吉又向仁宗建议,招商人用钞换盐,沧州以三百贯换一引,河南山西以一百五十贯换一引,福建广东以一百贯换一引。

宣宗即位以后,也听从夏原吉的话,用种种方法使得宝钞回笼。例如,凡是犯禁以金银布帛代替宝钞做交易的媒介的,所缴罚款概用宝钞;各府州县的粮仓,如已有十五年以上的积存,便可以叫老百姓用宝钞纳盐税与田赋;所有全国各地的秋税(最主要的政府收入),一概必须以十分之三折合宝钞,缴纳宝钞而不缴纳实物;凡是私用白银做交易媒介的,每银一钱,罚钞一千贯;官吏贪污,每受贿一两银子,罚钞一万贯。

夏原吉在宣德五年正月去世。他在去世以前的一年半,实际上已经不管户部的事,只是接受宣宗的优待,照支尚书的薪俸而已。户部在宣德三年五月便已添设了一个尚书郭敦,在宣德四年六月又增加了一个以

五九 仁宣二宗

"太子太师"的原官兼掌户部事的郭资；在宣德五年六月增加一个兼任户部的人：兵部尚书张本；八月与闰十二月又添设两个专任的尚书：黄福与李昶。户部的事情之难找替人，于此可见，而夏原吉的才干也就因有此比较而更为显露了。

郭敦、李昶、郭资，先后积劳病故，于宣德六年四月、十月，八年十二月死在任上，黄福则因为事情办得不好，于宣德七年八月降调为"南京户部尚书"。于是，以尚书之多而著称的户部，在宣德九年与宣德十年两个年头，却连一个专任的尚书也没有。只剩下一个兼任的尚书，胡濙是礼部尚书，从宣德六年正月开始，奉旨兼任户部。

胡濙是武进人，于建文帝时以进士充任兵科给事中，成祖升他为户科都给事中。《明史》说，成祖在永乐五年派他遍游天下，探访建文帝的下落，他探访到永乐二十一年，获得结果，向成祖报告。这结果究竟是什么，《明史》却不交代明白。他的官职，在永乐十四年的时候，已经升为礼部左侍郎。

仁宗降他为太子宾客，兼南京国子监祭酒。宣宗即位，令他官复原职，先在南京当南京礼部左侍郎，宣德元年转到北京，不久便升他为尚书。胡濙一直当到英宗、景帝在位时，于英宗复辟以后退休，退休了七年才死，享寿八十九岁。此人的长处，是"老成持重"，却也在宣德元年八月，和杨荣一齐主张对汉王朱高煦大张挞伐，弭大乱于无形。

朱高煦是仁宗的弟弟，在成祖年间企图争夺仁宗的太子位不成。成祖最后封他在河北乐安，强迫他搬到乐安去住。宣宗元年八月初一，他在乐安造反，成立"五军都督府"，想再来一次"靖难"。宣宗以迅雷不及掩耳的手段，御驾亲征，兵临乐安城下，朱高煦投降，被带回北京，于九月间被杀。这是宣宗一朝唯一的战事。

中央六部的其他三部：兵刑工，尚书的人选不及吏户礼三部，多数却也在水准以上。兵部从洪熙元年四月到宣德六年正月，是张本。其后是许廓,许廓当了一年半,也病死在任上,和张本一样。再其后,尚书一职虚悬了一段时期,在九年三月补了王骥。在刑部的是金纯,从永乐二十二年八月,干到宣德三年五月,下狱;关了三个月,退休。其后,虚悬到十年七月,补了魏源。在工部的,是黄福、吴中、李友直。黄福从永乐二十二年九月,干到宣德五年八月,转任户部。吴中从永乐二十二年十月,干到英宗正统七年四月,退休。李友直从洪熙元年正月,干到正统三年九月,病故。

六〇　英宗

明朝的国运,在英宗朱祁镇之时急转直下。

他九岁即位,三十八岁死,中间有七个半年头皇位被景帝朱祁钰占有。

即位之时,他年幼无知,国家大计方针,全由太皇太后张氏主持。张氏知书识礼,信任老臣,一切率由旧章,虽有对北元阿岱可汗(阿台)与麓川土司思任发的战事,而国力未损。她也颇能制抑太监王振,要等到正统七年(1442年)十月她去世以后,这王振才专横起来。

当张氏死时,三杨之中杨荣已不在世(病故于正统五年),杨士奇、杨溥已老。蹇义与夏原吉也已作古。于是朝中并无一人能够对付得了王振。

王振是一个太监,何以能对英宗有极大的影响力?第一,我们该责备宣宗,不曾注意到儿子的教育,没能替儿子(尤其是太子)选择好的老师、好的"东宫官"。结果是,英宗在童年所认识、所崇拜的,仅有这么一个王振。英宗到了即位以后,当皇帝当了十几年以后,还一直称呼王振为"先生"。第二,我们该责备成祖。成祖违反了太祖不许令宦官识字、不许令宦官干政的遗训。成祖对宦官有偏好,其中的原因之一是当他起兵夺位的前后,颇有一些在南京宫城以内及派遣在外的宦官拥护他,向他送消息。另一原因,是尹庆、郑和、王景弘等人的表现太好,使得他感觉到宦官可靠。再有一个原因,是成祖猜忌成性,对统兵的将领不肯信任,因此就常常派宦官当监军。由监军而升为"镇守中官",于是宦官也当起方面大员来了。

宦官在生理上有缺陷,因此在心理上有变态。中国历史上未尝没有好宦官，然而究竟极少。多数的宦官，一朝有权在手，便无恶不作。

英宗在成年以后，依然是一个未成熟的儿童。王振说什么，他都听从。朝廷中的大员，在王振的积威之下，不对王振下跪的极少。除了二杨以外，有不肯对王振下跪的，迟早皆免不了吃亏。然而王振的官职，只是宫内的司礼太监而已。

王振是蔚州人，不学无术，懂得写几个字（谈不上好），是一个很普通的小人。他自己作威作福，还不够，又引诱英宗对大臣无礼、对瓦剌用兵。也先在正统十四年大举入寇，实际上也是王振激出来的。也先选马进贡，王振故意减估马价，回赏得很少；他又在也先入寇之时，力主御驾亲征，使得英宗成为也先的俘虏。

六一　也先

在北元的一方面,阿鲁台在宣德九年被瓦剌的脱欢战败,身死。他所奉的阿岱可汗(阿台)失了依靠,窜到亦集乃路(宁夏居延),于宣德十年十二月骚扰凉州(武威)与镇番(民勤),被陈懋赶走;又在正统元年五月骚扰肃州(酒泉),被蒋贵赶走。到了正统三年四月,他被蒋贵袭击,死于脱欢之手。在他以后当可汗的,是脱脱不花,汗号"岱总"。

脱脱不花的父亲,叫作阿寨台吉。阿寨台吉是额勒伯克的弟弟鸿台吉的遗腹子。

脱欢在正统四年病故,继承脱欢作为瓦剌的领袖,同时也是全部北元的实际主宰的,是脱欢的儿子也先。也先的官位,正如脱欢的一样,是"太师"。脱脱不花名为可汗,力量极小。

也先从正统五年到正统十三年,对明朝差不多是年年进贡,只有在正统十年缺了一次。这一方面是给了明朝面子,一方面他自己也不吃亏。他所贡的是蒙古土产的马与骆驼,而换来的赏赐都是他所必需的各种物品。除了贡与赐的互换以外,明朝又已经从正统三年起,在大同特设一个马市,准许内地的老百姓用钱买瓦剌人与"鞑靼人"的马。

也先的贡使,正如其他各国的贡使,一入明朝国境,便获得白吃白住、白用交通工具的优待。因此之故,贡使的人数,每年均在增多,到了正统十三年,竟有两千多人,而号称三千,向明朝朝廷支取三千名额的招待费。《明史》说,太监王振恨他们虚报人数,而无可如何,便故意减估他们的马的价格,于是激怒了也先,决意对明朝大举入侵。《明史》又说,在正统十三年以前,王振和也先暗中有来往,秘密地送箭头给也先，换取良马。

也先这时候，承继了父亲脱欢所遗留下的庞大领土，而且向东发展，征服了"三万水女真"（可能是明朝的"三万卫"，在今黑龙江省依兰县一带），又向南发展，裹胁了"大宁三卫"的兀良哈人。

他早已不把明朝看在眼里，此时在受了王振的挑衅以后，便分兵数路，叫脱脱不花率领兀良哈人进攻辽东，知院阿拉进入宣府（宣化），自己以主力进攻大同，另派一人以偏师进攻甘州。

这是正统十四年（1449年）七月间的事。

大同的参将吴浩阵亡，消息传到京师（北京），王振怂恿英宗，带五十万兵御驾亲征。

六二　土木之变

英宗那时候年方二十三岁，不仅毫无作战经验，而且不曾出过京师的城门。王振虽则年纪较大，然而对军事之茫然无知，正与英宗相同。被他们带去的老将，确也不少，其中最有名的是英国公张辅，却皆没有指挥之权。况且，张辅的年纪已有七十五岁。被他们带去的文臣，也很多，其中官阶最高的是兵部尚书邝埜、户部尚书王佐。邝埜主管兵部，却不会骑马，一路上跌了好多次。王佐呢，心中十分反对亲征，一路上常常跪在草中不肯起来，请求英宗回銮班师。

五十万大军，挤作一团，从京师出发，经居庸关、怀来、宣府，向大同前进。未曾到达大同，未曾遇到敌人，粮食已经吃完！兵士饿倒在路边的，比比皆是。加上老天不肯作美，天天刮风下雨，士气颓丧，未战先败。

事实上，在大军出发的前一日，奉命总督大同兵马的西宁侯宋瑛，已经在阳和卫（阳高县）惨败，宋瑛与武进伯朱冕阵亡。驸马都尉井源、平乡伯陈怀、都督王贵，这三人所统率的四万兵，也在大军出发以后，尚在中途之时，先后被也先消灭。

英宗、王振与大队人马，在正统十四年（1449年）七月十六日（甲午）离开京师，八月初一日（戊申）到达大同，一共走了十五天。在大同住了两天，不敢与也先交战，慌忙班师。

从八月初三日（庚戌）离开大同，到初十日（丁巳）回抵宣府，又走了八天。在宣府住了四天，也先的军队赶到，战了一场，明军损失大将二人：恭顺侯吴克忠、都督吴克勤。英宗派成国公朱勇与永顺伯薛绶去救，这两人也中伏阵亡。

英宗与剩余的大军匆匆离开宣府，向蔚州方向撤退。原因是王振想带着皇帝到自己故乡一趟，摆摆威风。刚走了一会儿，王振又顾虑到大军会踏坏故乡，尤其是自己田地上的麦子，临时下令改道，转而向东，去怀来。

八月十三日（庚申）下午，天尚未晚，大军到达距离怀来仅有二十里路的土木堡。王振不肯再走，停了下来，等候他的一千多辆的私人辎重。于是，大军留在土木堡过夜。这时候，已经有两天找不着水喝，人和马都渴得受不了。

次日，八月十四日（辛酉），整个的大军被也先包围。又过了一天，壬戌，王振下令向南突围，走不上三四里，队伍大乱，敌人追及，全军覆没。张辅、邝埜、王佐，连同王振，一大批文武百官阵亡，士卒死亡了几十万，英宗本人被俘。

六三　景帝、于谦

景帝朱祁钰，比英宗小一岁，是英宗的异母弟。英宗的母亲是孙贵妃，景帝的母亲是吴贤妃。宣宗的正宫皇后，原为济宁人胡氏，无子，于宣德三年因孙贵妃"生"了英宗而被废。孙贵妃是邹平人，一向有宠，在胡后被废以后，被封为皇后。传说，英宗根本不是她生的，而是一位姓名难考的宫女所生，被她抱了来，冒作己子。

吴贤妃是镇江府丹徒县人，于宣德三年被封为贤妃。

宣宗内宠甚多，却只生了英宗与景帝两个儿子。

英宗即位之时，大政由太皇太后张氏主持。景帝被封为郕王。英宗在正统十四年听了太监王振的话，贸然御驾亲征。八月间，发生了土木之变，英宗做了也先的俘虏，皇太后命令郕王做"监国"，升兵部侍郎于谦为兵部尚书，立英宗的儿子朱见深为皇太子。

于谦是杭州府钱塘县人，于永乐十九年考中进士，在宣德初年充任御史，为人守正不阿，疾恶如仇。其后奉命以"兵部右侍郎"的官衔，巡抚河南山西，前后有十九个年头，威惠并行，爱民如子，中间一度被依附王振的通政使李锡诬控下狱，关了三个月。正统十三年，他在巡抚的任上被召回京，升任兵部左侍郎。

正统十四年兵部尚书邝埜随英宗出京亲征，于谦留在京里主持部务。英宗被俘，郕王监国，翰林院侍讲徐珵主张迁都南京，于谦反对。于谦说："建议迁都的人该杀。京师是天下的根本。根本一动，大事去矣。宋朝迁都的结果如何，难道大家不知道吗？"郕王认为于谦的话很对，便决定留在京师（北京）不走。

那时候，京师所有的兵，不足十万，都是老弱。好兵，都给英宗带去，在土木堡白白牺牲。于谦请郕王把两京及河南的"备操军"、山东与南京（江苏）沿海各卫所的"备倭军"、北京（河北）与江北各府的"运粮军"，都调到京师来，加以整编、安排。这三部分的兵，来到京师以后，人心大定。

于谦与朝中的大臣，如吏部尚书王直，礼部尚书胡濙，值阁的户部尚书兼翰林学士陈循，工部尚书兼翰林学士高谷，翰林院修撰彭时、商辂等等，于九月间请准太皇太后张氏，推戴郕王即皇帝位，遥尊英宗为太上皇。

景帝即位的事，是于谦等人对付也先的一着好棋。也先满以为拿到英宗在手，奇货可居。事实上，也先已经派了使者来京，提出交还英宗的苛刻条件，包括万万文以上的赎金。景帝和于谦对他的条件置之不理，只赏赐也先黄金百两、白银二百两、彩缎二百匹。

也先于十月初七日，带了英宗，来到大同城下，宣称送英宗进城。驻守大同的总兵官郭登，关着城门不开，叫人告诉也先，"中国已经有了皇帝"，意思是说："景帝已经即位，你送不送英宗回来，毫无关系。"

也先经由紫荆关，直薄京师。于谦把京师城内的兵，大多数都开到城外，关上城门，自己率领诸将在城外迎战。也先在十月十七日到达，攻了五天，吃了几个败仗，分两路撤退。也先出居庸关，也先的弟弟卜颜·帖木儿带了英宗，出紫荆关。

英宗自从被俘以后，一直是由卜颜·帖木儿看管。传说，在被俘之初，也先本想杀害英宗。《黄金史》上说，也先用剑砍英宗，剑断了，英宗不曾受伤。也先又把英宗放到水中，英宗浮了起来，不沉。（《黄金史》称英宗为"景泰可汗"，错得可笑。）后来，也先便把英宗交给卜颜·帖木儿。（《黄金史》说，交给了永谢布族的额森·沙迈。）

也先在撤退以后，攻了几次大同，均被郭登打了回去。这位郭登颇能打仗，发明了好几种新武器，例如"搅地龙"、"飞天网"，也仿造了古时候的四轮"偏箱车"，行军时供输运，作战时有钩环联结成阵。他把兵士每五人成为一伍，叫他们宣誓结盟，他对每伍的人，有功同赏，有罪同罚。十个伍成为一队，十个队成为一个作战单位（可能是称为营）。军官临阵退却，杀军官；前队退却，则后队杀前队。于是，他虽则麾下官兵不多，而始终守住了大同。

大同以外，独石口、宣府、居庸关、涿鹿、易州、保定、真定（正定），于谦也都派了得力的将领坚守。

也先一再表示，愿意送回英宗，对明朝讲和。景帝在最后派了右都御史杨善、中书舍人赵荣、指挥王息、千户汤胤勋，偕同脱脱不花的使者皮儿麻黑马，去到也先那里，于景泰元年（1450年）八月初二日见到也先，初八日陪同英宗由也先的大营启程，十五日（丙戌）回抵京师，景帝迎拜于东安门，英宗答拜，彼此谦逊了一番，景帝把英宗安置在宫城内的南宫。

景帝自从在正统十四年九月即位以来，一向对于迎回英宗的事，甚不热心。英宗回京以后，礼部尚书胡濙等人在十一月请求向"太上皇"拜寿，又在十二月请求于明年元旦向太上皇朝贡，均不被景帝许可。也先在放还英宗以后，屡次派人来修好，请求派使臣报聘，景帝一概不理，而且在敕书上明白告诉也先，议"前者使往，小人言语短长，遂致失好。朕今不复遣，而太师请之，甚无益"。为什么景帝不愿意再派使臣呢？因为他怕也先提出叫英宗复位的要求。

景帝而且已经在景泰三年五月，去了英宗儿子朱见深的皇太子名义，另立自己的儿子朱见济为皇太子。这是景帝的错。当年皇太后孙氏于英宗被俘之际，命令景帝监国，差不多同时候（四天之后）也命令立英宗的儿子朱见深为太子。皇太后的意思很明显："天下是英宗的，你（景帝）不过是暂时代为料理而已。"现在，英宗回来了，景帝不把皇位交还给英宗，犹有可说；把太子的位置也连带废了，未免示天下以私。

比起宋高宗来，这位明景帝又略高一筹。宋高宗明知乃父徽宗与乃兄钦宗有可能被救回来，不让岳飞等人去救，而宁愿向金称臣，请金人扣住徽钦二宗。

就能力而论，景帝比英宗高。景帝能用贤，英宗不能。倘若是在民主制度之下，景帝当总统，比英宗好。然而，明朝是一个君主国。就君主国的体制而论，景帝应该把皇位还给英宗，至少是不该夺去英宗儿子朱见深的太子地位。

于谦的态度如何，史无明文。我们仅仅知道，当英宗仍在蒙古之时，景帝是听了于谦的话，才肯派李实、罗绮二人去见也先的。李实和也先谈好了放还英宗的事，其后杨善等人才顺利地把英宗接了回来。

更换太子的事，景帝是否曾与于谦商量，我们无法知道。他的职务是兵部尚书。皇帝下颁诏敕，照例只是值阁的学士或大学士之事。《明史纪事本末》说，景帝"分赐内阁诸学士金五十两，银倍之，学士陈循王文等遂以太子为可易"。第一个建议更换太子的，是广西浔州守备、都指挥黄玹，这黄玹越位干政，本该处罚，而景帝赞为忠臣，升授都督。于是，"吏部尚书"王直与于谦"相顾惊愕"。尽管他们两人相顾惊愕，那懂得逢迎的礼部尚书胡濙，却出面奏请更换太子了。景帝立即予以批准。这便是景帝更换太子的经过。

六四　夺门之变

景帝除了这位皇太子朱见济以外，没有其他的儿子。而朱见济不幸在景泰四年十一月病死。

次年四月，御史钟同上疏，请复立英宗的儿子沂王朱见深为皇太子。五月，礼部的一个郎中（司长），管仪制的章纶，也上疏请求复立朱见深为太子，并且要求景帝在每一个月的初一、十五，与各种节日，率领文武百官，朝见"太上皇"（英宗）于宫城的延安门。景帝读了章纶的疏，大怒，叫锦衣卫把章纶逮捕，加以拷打，追问主使，连带地也捕了钟同。

章纶、钟同二人在锦衣卫关了一年多，到了景泰六年八月，忽然被押解到宫门的阙下（阙是两根柱子，一种没有匾的牌楼），用棍子打脊背与屁股（这一种刑罚，叫作"杖"）。同时被打的，有"南京大理寺少卿"廖庄。原来，这廖庄曾经于朱见济死后也上过疏，请求景帝常常"朝见"太上皇（英宗），并且说太上皇的儿子是"皇上之犹子"，"亦宜令亲近儒臣，以待皇嗣之生"。这位廖庄在六年八月来到京师陛见，令景帝想起了他的那一本奏疏，也想起了章纶、钟同两人，于是下旨，把章钟二人由锦衣卫牢里带到阙下，和廖庄一齐挨打。钟同当场被打死，章纶在打完以后，仍旧关回牢里，廖庄被贬到四川宁羌驿，充任驿丞。

景帝的心情，是很矛盾的。他自己占了皇位，不肯让还英宗，却又不忍对英宗的"太子"朱见深下毒手。有一个给事中徐正，向他秘密建议，把英宗所住的南宫，加高围墙（等于是所谓"圈禁高墙"），令朱见深出京，就封沂州。他不仅不接受，而且大发脾气，把徐正充军到铁岭卫（辽宁铁岭）。

其后，英宗复辟，对景帝便不如此客气。

英宗复辟，是在景泰八年（1457年）正月。

当时，景帝得了重病，群臣惶惶不可终日。于谦每天领了若干大臣，上疏请求"立皇太子"，意思是恢复英宗儿子朱见深的太子地位，然而不曾明说（怕叫景帝生气）。东阁大学士王文似乎想另立仁宗第五个儿子襄王朱瞻墡的儿子朱祁镛，却也不曾明说，只上了一疏，请求选择一个人立为太子。景帝叫太监传旨，将在正月十七日临朝，宣布他的决定。

景帝没想到，在十六日的夜里，便发生了徐有贞、石亨、曹吉祥、张軏等人的"夺门之变"。

徐有贞在景帝即位以前，只是翰林院的侍讲，是在景帝朝中才因治河有功，升至左副都御史。中间有一度他想当国子监祭酒，托于谦向景帝说，景帝不肯，徐有贞反而怀疑于谦，以为是于谦不曾去说。景帝之所以不肯，是由于记得徐有贞在英宗被俘、也先大兵压境之时，建议放弃京师，迁都南京。

石亨在景帝即位以前，官至"都督佥事"。于谦向景帝保荐他，升为"右都督"，掌"五军大营"，封武清伯，提督新成立的"团营"十万人，在于谦指挥之下，抵御也先，守住京师，因功晋封为侯，佩"镇朔大将军"印，充任镇守大同总兵官。

曹吉祥是一个宦官，一向阿附王振，常常出外监军，选了"达官"、"跳荡卒"自随，犹如卫队，回京以后，便把这变相的卫队养在"家"中，成为私人军队。宦官有"家"，本是滑稽的事，在当时却是一种风气，大率以侄儿或别人收为养子，娶了媳妇，以便公余由宫内外出之时，以"老公公"的身份享受家庭之乐。有些宦官，甚至纳妾，这妾自然也是名义上的妾而已。曹吉祥的养子，是侄儿曹钦。

张軏是张玉的儿子、张辅的弟弟，在英宗正统年间官至前军都督，总管"京营"。在景帝即位以后，他未曾升官，而且因"骄纵不法"，一度于景泰二年被景帝叫人捕他下狱,关了很短的时间。他因此记下景帝的仇,在景泰八年正月,成为政变的发动人物之一。

政变的机缘,是景帝无法"郊宿斋宫",特地召见石亨于病榻之前,命他代为行礼。石亨见到景帝确是病得厉害,不久必死,因此在辞出以后,便找了张𫐐与曹吉祥商量,打算于景帝死后迎立太上皇(英宗)复位。这三人商量不出一个办法来,又去找太常卿许彬。许彬说:"我老了,徐有贞的主意多,不妨找他谈谈。"他们见了徐有贞,徐有贞怂恿他们干。于是,在正月十六日的夜里,便发生这"夺门之变"。

所夺的门,是宫城的"长安门"。他们带了一千兵进去,守门的卫士见到他们都是文武大员,仓促之间,未敢阻挡。他们进入长安门,一面把门下锁,防免别人带队伍进来,一面冲进英宗所住的南宫,用"辇"把英宗抬到"奉先殿",高坐龙床(皇帝的大椅子)。这时候,天已快亮,到了习惯上皇帝坐朝的钟点。他们击钟鸣鼓,叫文武百官进宫。文武百官还以为是景帝坐朝。来到奉先殿前一看,才知道是英宗,而不是景帝。

英宗复辟以后,第二天便下旨将于谦逮捕下狱。和于谦一齐被捕的,是华盖殿大学士陈循,谨身殿大学士王文,户部尚书兼太子少师、值阁萧镃,兵部左侍郎兼右春坊大学士、值阁商辂,刑部尚书俞士悦,太子少师兼工部尚书江渊,都督同知范庆,太监王诚、舒良、王勤、张永。

英宗同时叫徐有贞以副都御史本官兼翰林学士,"直内阁,掌机务"。这时候,内阁只剩下少保兼工部尚书兼谨身殿大学士高谷一人。英宗把许彬与大理寺卿薛瑄二人升为礼部侍郎兼翰林学士,和徐有贞同时入阁。

英宗与徐有贞研究,如何处置于谦。英宗说:"于谦曾经有功。"徐有贞说:"不杀于谦,则今日之事无名。"结果,把于谦加了一个"意欲迎立外藩"的罪名,在正月二十二日(丁亥)和王文,及四个太监一齐斩首。陈循、俞士悦、江渊被充军,萧镃、商辂"除名"为民。范庆在二月间被杀。

英宗改景泰八年为天顺元年，大封复辟的功臣：石亨，忠国公；张轨，太平侯；张軏，文安伯；杨善，兴济伯；孙镗，怀宁伯；童兴，海宁伯；徐有贞，武功伯。曹吉祥的养子曹钦，被任命为都督同知。

景帝于二月初一日被"废"为郕王，于十九日或其以前"病故"。

英宗的儿子朱见深，于三月间被复立为太子。

徐有贞、石亨、曹吉祥皆没有好的下场。这三人互相争宠。

最先是，徐有贞被石曹二人进谗，以泄露秘密的罪名于天顺元年六月下狱，贬为广东参政；刚走到德州，又因石曹二人进谗，以指使门客写匿名信骂皇帝（英宗）的罪名，再度于七月间下狱，而且拷打，其后因打不出证据来而释放，充军到"金齿"（云南保山），到了英宗死后，才被宪宗准许回吴县原籍。

石亨以忠国公的身份，自居复辟元勋，每天直入内廷，引起自居为内阁第一人的徐有贞的嫉恨，与英宗本人的厌恶。英宗特地吩咐左顺门的卫士，凡是总兵官，非有"宣召"不许让他们进来（石亨是五军营的总兵官），于是石亨便失了宠。到了天顺三年的秋天，他的侄儿石彪，因私藏绣蟒龙衣及"违式寝床"等等罪名下狱，连累了他，英宗命令他"养病"。四年正月（据《英宗本纪》），他本人又因在大同侮辱过代王朱仕壥，在家里"私讲天文，妄谈休咎"，以及"招权纳贿，肆行无忌"等等罪名，被捕下狱，于一个月后死在狱中。

曹吉祥于英宗复辟以后，荣任司礼太监兼"总督三大营"，招权纳贿，不亚于石亨，和石亨时而水火、时而勾结。在石亨倒霉以后，他和养子曹钦大散家财养士，终于在天顺五年七月庚子日造起反来。曹吉祥在宫内被英宗捆住，曹钦在宫外与怀宁伯孙镗及其所率领的"西征军"巷战，战败，投井自杀。三天以后，曹吉祥被凌迟处死。

六四　夺门之变

六五　京军三大营、团营

曹吉祥所统率的京军三大营，是太祖遗留下来的五军营、三千营与成祖所创立的神机营。所谓五军营，原本是"五军都督府"所统辖的全国军队之中的捍卫京师的部分，共有四十八个卫。成祖增加了二十四个卫，共为七十二卫，人数相当庞大，不仅足以捍卫京师，而且成了征讨北元的主力。宣宗讨伐汉王朱高煦与兀良哈，也倚靠这五军营的精锐。三千营的兵员，在原则上仅有三千人，与五军营不成比例，然而由于开始之时全为从北元来降的蒙古兵，其后所增补的也都是"民间丁壮，无恶疾过犯者"，因此作战能力颇强。它在平时的任务是充任皇帝的仪仗队，与巡逻京城。神机营，是专用火器的队伍，起源于成祖征讨安南之时，人数多少待考。

三大营的官兵，大部分跟随英宗亲征也先，在土木堡伤亡殆尽，京中剩下的多数是老弱。于谦于仓促之间，除了征募民兵，檄调"两畿"（南北两个直隶）与山东河南的运粮军、备倭军等等，也顺利地选择三大营的可用之兵十万人（《明史·于谦传》作十五万人），成立十个新的单位，总称为"团营"，分称为"毅勇营"、"某某营"等等。团营的总兵官，由三大营的三个总兵官选一人担任。这团营总兵官之上，另设提督一人，由一个尚书或都御史兼任；监军一人，由太监兼任（这是成祖以来的坏制度，于谦没有力量改变）。那时候石亨已由于谦保荐，做了五军营的总兵官，于谦又进一步保荐他，做团营的总兵官。景帝照准。提督的职务，景帝叫于谦本人兼充。团营的监军是谁，待考；可能便是曹吉祥，《明史·宦官传》含糊其词，说曹吉祥在景泰年间"分掌京营"，于英宗复辟以后"总督三大营"。

于谦在选了"胜兵"成立团营以后，把三大营留下的老弱，称为"老家"，于是团营与老家，成为两个对待的名词，而总称为京军或京营。

英宗把团营废了，宪宗把它恢复，由十营而扩充为十二营，称为奋武营、耀武营、练武营、显武营、敢勇营、果勇营、效勇营、鼓勇营、立威营、伸威营、扬威营、振威营。

其后，老家变成了当差与打杂的集团，根本不像军队，但正式的名称仍是"三大营"。团营呢，也逐渐腐化了。武宗先后成立了所谓"东官厅"与"西官厅"。东官厅所选的是京军精锐，而西官厅所选的是边军（原来在边疆各地镇戍的兵）。东西官厅合称为"两官厅"，团营变成了"老家"。三大营连"老家"的资格也丧失了。不久，两官厅也步了团营的后尘，官长们平时吃空额，战时拉壮丁。世宗接受王邦瑞的建议，把两官厅与团营同时废除，恢复"三大营"的旧制，以团营的十二营划入五军营，五军营仿照成祖旧制，分为"中军"、"左哨"、"右哨"、"左掖"、"右掖"。三千营改称为"神枢营"，神机营的名称仍旧。这些话，本该留到说至宪宗武宗世宗之时再说。

六六　孛来、毛里孩

也先在送还英宗以后，一心想与景帝通好。景帝对他采取爱理不理的态度。原因是，一则怕也先提出苛刻条件，二则宣府与大同有杨洪与郭登两个得力将领在镇守着，京师固若金汤。

也先自己的困难也很多。他的领土太大，不易控制；脱脱不花可汗与他并不能合作无间。脱脱不花于土木之变以前，便不主张对明用兵。也先叫他攻辽东，他攻得并不卖力。而且当也先从北京郊外撤退以后不久，脱脱不花便派了使者先来，对明"单独媾和"。种种迹象，显得他不甘心做傀儡。

两人终于在景泰二年（1451年）的十二月兵戎相见，脱脱不花战败，逃到郭尔罗斯部部长彻卜登那里，于次年某月死在彻卜登之手。彻卜登有个女儿，原为脱脱不花之后，已被脱脱不花休废，彻卜登记仇，而脱脱不花懵然无知。这个后，她替脱脱不花生有一个儿子，叫作摩伦。

脱脱不花的另外一个后，生下一个儿子，叫作马古可儿吉思（《蒙古源流》上的蒙古勒克呼·青吉思，《黄金史》上的Makha-kurkis）。

也先于战胜脱脱不花以后，自立为可汗，称"大元天圣可汗"。到了景泰五年，被自己的知院阿拉打败，逃走，于景泰六年死在永谢布族的布浑之手。阿拉在《黄金史》上，称为"阿拉克·他木儿丞相"，是镇西（巴里坤）地方的人。

不久，阿拉被北元的一个领袖打败，失势，不久便死。这个北元的领袖，叫作孛来。孛来在不知何时（可能是景泰六年，但《蒙古源流》说是壬申年，景泰三年）拥立脱脱不花的儿子马古可儿吉思。这位马古可儿吉思，据《黄金史》说，死于鸡儿年。这鸡儿年，《蒙古源流》说是癸酉（景泰四年），而且补充了一句："在位一年"。我看，《蒙古源流》完全弄错。第一，孛来无法于也先未败以前，在景泰三年便拥立了马古可儿吉思。第二，孛来到了天顺六年二月，尚见于《明史·英宗后纪》：杀死孛来的毛里孩，到了成化元年（1465年），才在《宪宗本纪》露面。

成化元年是乙酉年，也是一个鸡儿年。《黄金史》不曾说马古可儿吉思究竟是何年即位，在位几年，而仅仅说他死在鸡儿年，态度比较审慎。我的结论是：马古可儿吉思与他的太师孛来，均死在成化元年。

杀马古可儿吉思的，《明史·鞑靼传》说是孛来，其实，不是孛来，而是多郭朗台吉。

《鞑靼传》说，孛来所拥立的可汗，叫作麻儿可儿，号"小王子"。到了天顺六年之时，"麻儿可儿继续与孛来相仇杀。麻儿可儿死后，众共立马古可儿吉思，亦号小王子"。事实上，据和田清研究，麻儿可儿与马古可儿吉思，不是两个人。

《鞑靼传》又说，在成化元年的秋天与冬天，以及成化二年的夏天，孛来均伙同小王子与毛里孩"大入延绥"，全靠杨洪的儿子杨信抵挡住，但是，在《明史·杨信传》之中，却仅仅提到毛里孩，没有孛来的名字。

孛来的名字，也绝未一见于宪宗（成化年间）的本纪。反之，在《明史·英宗后纪》之中，从天顺元年（1457年）到天顺六年，均有关于他的记载：

元年四月乙卯，孛来寇宁夏，参将种兴战死。

十二月辛丑，安远侯柳溥充总兵官，御孛来于甘凉。

二年八月戊辰，孛来寇镇番。

三年正月甲辰，定远伯石彪、彰武伯杨信，败孛来于安边营。都督佥事周贤、都指挥李鉴战死，进彪为侯。

六六　孛来、毛里孩

四年八月甲子，孛来三道入寇，大同总兵官李文、宣府总兵官杨能御之。癸酉，孛来入雁门，掠忻、代、朔诸州。九月庚辰，孛来围大同右卫。

五年四月癸巳，兵部侍郎白圭，督陕西诸边（将士）讨孛来。六月丙子，孛来寇河西，官军败绩。壬午，（命）兵部尚书马昂总督军务，怀宁伯孙镗充总兵官，帅京营军御之。（这便是所谓"西征军"，在出发以前便于七月庚子日遭遇到曹吉祥与曹钦的造反，由孙镗在深夜中纠集起两千多人，平了乱子。）七月戊午，都督冯宗充总兵官，御寇于河西。兵部侍郎白圭、副都御史王竑，参赞军务。辛酉，孛来上书乞和。

六年三月癸丑，召冯宗等还。

孛来乞和的原因，不像是畏惧冯宗、白圭、王竑等人的进讨，而可能是他与毛里孩或别的北元领袖之间有了很激烈的冲突。

《黄金史》上没有"孛来"。勉强在声音上相近的，有一个"阿孛他喇·彻辰"。这一位"阿孛他喇"曾经与阿拉知院及哈坦·帖木儿联合向也先要求，请也先把"太师"的名义给他们三人。也先不肯，他们才对也先造反。除此以外，《黄金史》并无别处谈到阿孛他喇。

关于马古可儿吉思，《黄金史》也仅仅只有淡淡的三句话："在此（也先被杀）以后，马古可儿吉思坐了大位。他死在鸡儿年。他没有子嗣。"

在孛来与马古可儿吉思死了以后，毛里孩拥立脱脱不花与彻卜登的女儿所生之子摩伦为可汗。

这一年是鸡儿年，成化元年乙酉。次年，毛里孩因小人挑拨而对摩伦发生误会，杀了摩伦。

六七　孛罗忽、满都鲁

乘时崛起的，是脱脱不花的弟弟阿噶巴尔济之孙（？）孛罗忽。《黄金史》说，孛罗忽在猪儿年即了大位。（这个猪儿年，可能是成化三年丁亥〔1467年〕。）

于是，毛里孩与孛罗忽分别骚扰明朝的边疆。毛里孩的活动，见于《宪宗本纪》的，到成化八年为止。孛罗忽的活动，到成化九年为止。

毛里孩被逐于来自科尔沁的一位诺颜·博罗得，潦倒而死。

孛罗忽在成化十年左右被逐于自己的一个叔祖（？），即脱脱不花的另一弟弟满都鲁，辗转逃到永谢布族的地域，死于"虎儿年"（可能是成化十八年壬寅，而不可能是成化六年庚寅）。

满都鲁的靠山，是来自吐鲁番的一个强盗出身的乩加思兰。满都鲁的两个太太之一，是乩加思兰的女儿。

满都鲁之进入明朝的河套，是在成化九年。起初，满都鲁与孛罗忽之间相处得不坏。其后，彼此在败于明军名将王越以后，也因小人挑拨而发生了误会。结果是，孛罗忽离开河套，逃走。满都鲁自称可汗，以乩加思兰为太师。

《黄金史》说，满都鲁在羊儿年即位，猪儿年死。依照札齐斯钦教授的考订，这羊儿年是成化十一年乙未，这猪儿年是成化十五年己亥。

满都鲁死后，他的另一个太太，土默特部长考老希拜·帖木儿的女儿芒都海，下嫁给孛罗忽的儿子巴图·蒙克，扶立巴图·蒙克为可汗，以巴图·蒙克的名义征讨瓦剌，获得胜利。

这一位巴图·蒙克，便是北元历史上声势最为煊赫的达延汗，绰号"小王子"。

关于"小王子"的一切，以后再说。

六八　宪宗

宪宗朱见深，在明朝的皇帝之中，不算是最坏的，却也谈不上一个好字。此人十八岁即位，在位二十三年，四十一岁去世。国家在大体上是太平无事。边疆上虽有北元各领袖先后骚扰，但他们进了河套，而仍被王越逐出，又有余文俊亡羊补牢，在陕晋筑了"边墙"，总算巩固了这一方的疆界。内地也有广西的瑶族"反叛"与荆襄一带的流民"反叛"，却也先后平定。

然而明朝盛极而衰的征象，业已一一表露。宦官揽权，到了炙手可热的程度。朝中的大臣，忠少佞多。当皇帝的自己，竟然怕见各部尚书甚至内阁诸学士之面，经常地倚靠宦官做传话人。皇帝的极大部分时间，消磨在妃嫔与番僧方士的身上。

在妃嫔之中，最得宠的是万贵妃。她比宪宗的年纪，长十七岁。宪宗即位之时，她已经是三十五岁的人了。直到成化二十三年春天她死，她把宪宗掌握得很紧。原因是，早在宪宗的童年，她已是侍候他的宫女。万贵妃的罪恶，主要的有三点：第一，信任手下的宦官汪直。第二，戕害别的妃嫔所生的儿子。第三，服用奢侈，浪费民脂民膏。

宪宗的第一任皇后吴氏，在天顺八年七月正位中宫，仅仅三十二天，便被万贵妃挤下了台。第二任皇后王氏，秉性恬淡，凡事退让，只是名义上的皇后而已。

万贵妃自己在成化二年正月生了一个儿子，不到一年便死。

柏贤妃生了一个儿子朱祐极，在成化七年十一月被立为皇太子，到了次年正月，又死。

宪宗伤心得很，怕自己绝后。到了成化十一年，宦官张敏告诉他，一个来自广西的少数民族宫女纪氏，已经替他生了一个儿子，瞒着万贵妃，养在宫内的安乐堂，这时候年已六岁。宪宗叫人接了这儿子来，赐名祐樘，交给皇太后周氏抚养，逃过万贵妃的魔掌。万贵妃忿恚之余，在六月间将纪氏逼死（或毒死）。五个月以后，宪宗立祐樘为皇太子。（这便是未来的明孝宗。）

自从祐樘被立为皇太子以后，万贵妃也懒得再施行堕胎、毒杀等等手法，索性让各个妃嫔多生几个皇子，以与祐樘争宠。于是，宪宗又生了十一个儿子。

宪宗究竟有若干妃嫔，无考。

宪宗深处宫禁，不与阁臣及六部尚书见面交谈，所谓朝会只是虚应故事。一切旨令，皆假手于宦官。

宦官乱政，是明朝的致命伤。明太祖曾经立了一个铁牌在宫门口，牌上铸了十一个字："内臣不得干预政事，犯者斩。"太祖而且规定了内臣不许识字，外臣不许和内臣有公文来往。可惜的是，太祖自己立法而不守法，曾经在洪武二十五年派了一个宦官聂庆童，去甘肃河州"敕谕茶马"。

成祖继续破例，一再派遣宦官出使外国，又任命了宦官当"监军"。（叫王安监都督谭青等军，叫马靖"巡视"甘肃。）仁宗又向这个方向更进一步，命令"郑和以下番军守备南京"，命令王安"镇守甘肃"。诚然，郑和与王安均有能力，而且忠贞，但是在制度上叫宦官当"方面大员"，后患无穷。

宣宗令大学士陈山教小宦官识字，明明白白地违反祖训；英宗尊崇王振，唯王振之命是从，不仅是容许内官干预政事，而且是服从内官，让内官主持政事了。复辟以后，英宗又宠任曹吉祥，几乎死在曹吉祥及其养子曹钦之手，把朱家的天下断送给曹家。

宪宗在天顺八年（1464年）正月即位，首先将自己的"东宫内侍"王纶逮捕下狱，又在成化元年二月下诏昭雪于谦，看来似乎颇有朝气。逮捕王纶是华盖殿大学士李贤的主张；昭雪于谦，由于御史赵敔的建议。宪宗能接受李、赵两人的意见，本该是一个有希望的少年皇帝。

李贤在成化二年十二月病故，内阁之中尚有忠心耿耿的彭时，也添进了堪称贤相的刘定之与商辂。然而，到了成化五年，又添进了一个标准小人万安。

万安并非万贵妃的本家，却自称子侄，百端谄媚，与万贵妃所宠任的宦官梁芳、韦兴，勾结在一起。（万安与万贵妃的另一亲信汪直，处得不好。）

宪宗本身，其实是个没出息的人：只晓得享乐，一生甘心受半老徐娘万贵妃的控制。万贵妃以宦官为爪牙，宦官以万贵妃为后台。全国各省，差不多皆宦官当"镇守中官"，颐指气使，位居总督与总兵官之上。军队的统帅，也无不低首下心于所谓"监军"，不买镇守中官与监军的账的带兵官，寥寥可数（在南方只有韩雍，在北方只有马文升）。

明朝的祖制，皇帝任免大官要经过廷推，小官要经过吏部铨选，而且各衙门有一定的员额。宪宗却随意叫宦官"传旨"，任命若干人为官，资格出身一概不拘。被任命的大率是江湖术士、和尚、道士、番僧、优伶、工匠。这些官，全是不合规定的额外人员，被当时的人称为"传奉官"。给事中李俊在成化二十一年慨乎其言之地说："一岁而传奉或至千人，数岁而数千人矣。数千人之禄，岁以数十万（两）计，是皆国之租税，民之脂膏，不以养贤才，乃以饱奸蠹，诚可惜也。"

宪宗前后一共任命了若干传奉官，难以统计。在他死后不久，他的儿子孝宗接受科道（六科给事中与都察院各道御史）的建议，一举而降黜了所谓通政使任杰，与所谓侍郎蒯刚等等，不下二千余人。和尚道士与番僧之封为禅师、真人、法王、佛子、国师，同时被孝宗罢免的，也

六八　宪宗

超过一千。那不曾因声名过于狼藉而降黜罢免的，为数自亦不少。

在万贵妃的影响之下，宪宗极肯花钱建筑庙宇，也极肯花钱买珍珠宝石、图画玩具。宪宗成年成月，陪着万贵妃厮混，拜佛、炼丹、吞符、欣赏歌舞，做种种的游戏，把国家的大事一概付托给宦官与仰承宦官鼻息的若干官吏。内阁的几个学士，若干年不被召见交谈一次，等于虚设。六部大臣与"九卿科道"更有天高皇帝远之感。坐朝，也不过是摆摆样子，排班叩头，礼成而退罢了。

在如此情形之下，安得不内忧外患齐来？奇怪的是，君昏于上而臣奋于下，这些内忧外患都一一消除。太祖成祖的基业，仁宗宣宗的恩泽，培养了足够的潜力，替明朝延长寿命。

宪宗之所以不曾被列入桀纣幽厉一类，第一是由于昏而未暴，杀人甚少，打人也不多。第二是他偶尔也忽然清醒，从谏如流，虽则过了不久，便故态复萌。第三是在他以后，武宗、世宗、神宗、熹宗，比他更昏。

宪宗之被谥为"宪"，是历史上的一大讽刺。他何尝配得上这个"宪"字。朝臣之所以选出了这个"宪"字，也许是因为联想到唐朝的宪宗。事实上，在唐宪宗与明宪宗之间无若何相似之处。像万贵妃那样的妃子，汪直那样的宦官，万安那样的"宰相"，在唐宪宗的宫廷与朝廷中绝无其比。不过，文臣如李贤、彭时、商辂，武臣如韩雍、项忠、马文升、王越、朱英，在唐宪宗的时候也不多。

六九　李贤、彭时、商辂

李贤是河南邓县人，宣德八年进士，历官"验封主事"、考功郎中、兵部右侍郎、户部左右侍郎、吏部左侍郎，于天顺元年二月兼翰林学士，入直（值）文渊阁。宪宗即位以后，加少保，升为吏部尚书、华盖殿大学士，位居当时三个阁员之首。其他两个阁员，是吏部左侍郎兼翰林学士陈文与吏部右侍郎兼翰林学士彭时。

李贤的长处，是颇有宰相风度，为政识得大体。在用人的一方面，他进贤而退不肖，提拔了年富、王竑等若干好人，革斥了四千多冒"夺门"之功而膺爵位的坏人。他劝英宗不再提起"夺门"二字。在他看来，夺门之变是多余的：景帝病重将死，并无子嗣，皇位自然会重归英宗。石亨、曹吉祥得势的时候，李贤不和他们沆瀣一气，而时时劝英宗疏远他们。英宗在最后想换太子，李贤说："这是大事，愿陛下三思而行。"结果，保全了太子（宪宗），消弭巨变于无形。宪宗即位以后，他警告宪宗"天时未和，由阴气太盛"，又劝宪宗"无狎左右近幸"。他对于宪宗，正如对于英宗一样，知无不言，言无不尽。可惜，他在成化二年十二月便病故了，年纪仅有五十九岁。

彭时是江西安福人，正统十三年进士第一（状元），历官翰林院修撰；次年郕王监国，奉命入阁；景泰元年出阁，其后屡升为左春坊大学士、太常寺少卿，兼侍读。英宗复辟以后，再度入阁，不久，升翰林学士。宪宗即位，兼吏部右侍郎；次年，升为兵部尚书，仍兼翰林学士，值阁。

彭时为人耿直，每每为了公事与李贤争辩。李贤的度量，足以容他，因此而合作得好。有一次，李贤被锦衣卫指挥门达所诬陷，几乎获罪。

英宗说:"在去了李贤以后,专用彭时。"彭时听到了,向人说:"李公有经济才,何可去?去贤,时不得独留!"宪宗即位以后,想独尊生母周妃为皇太后,把嫡母英宗皇后钱氏搁在一边。彭时随着李贤力争,宪宗这才并尊二氏,称钱氏为慈懿皇太后,称周氏为皇太后。其后,在成化四年,钱氏病故,也是因有彭时力争,才获得与英宗合葬。这些,还不是彭时的主要贡献。他在朝中,昂昂然不畏强御,使得正气充沛。他公开反对光禄寺在京师各城门"抽分"(抽取一种类似厘金的城门税),认为是"掊克不堪";也公开反对万贵妃"渔竭帑藏"、对贩卖珍珠宝石的商人加倍给钱。他甚至明明白白地向英宗上疏,说"专宠者已过生育之期","望均恩爱(于众妃)为宗社大计"。这些话,在当时均足以招致杀身之祸,然而彭时不怕。他并且敢于得罪万贵妃以外的贵幸,主张"毋惑佛事,糜金钱","清理牧马草地","减退势要庄田"。他在成化十一年三月病故,年纪也不过是六十岁而已。这是明朝的不幸。其后,支撑朝廷的大责任,便落在商辂一人的身上。

商辂是浙江淳安人,正统十年的进士,乡试会试与殿试皆考第一,是明朝唯一的连中三元的人。(乡试第一是解元,会试第一是会元,殿试第一是状元。)

景帝即位以后,商辂以翰林院修撰的资格入阁,于景泰元年升为学士,景泰三年升为兵部左侍郎兼右春坊大学士,景泰七年兼太常寺卿。景帝病重之时,他上疏说:"陛下宣宗章皇帝之子,当立章皇帝子孙。"他的意思是,景帝应该让给英宗复位,或是再立英宗的儿子朱见深(宪宗)为太子。(宣宗章皇帝只生了英宗与景帝二人,景帝的唯一儿子朱见济此时已死。)

英宗复辟以后,石亨、曹吉祥说他的坏话,英宗免了他的本兼各职。宪宗在成化三年将他召回,仍以原官入阁;次年升本职为兵部尚书;九年转为户部尚书;十一年兼职由翰林学士升为文渊阁大学士;十三年改兼谨身殿大学士，于六月间因斗不过汪直而自请辞职，宪宗给他少保的官衔，准予退休。

商辂为人"平粹简重，宽厚有容"，也就是外柔内刚，待人和气而固守原则。纪妃的儿子（孝宗）之得立为太子，他的关系很大。宪宗在成化十一年"改谥郕戾王为景皇帝"，虽由于一个位卑职小的荆门州训导高瑶的进言，而在"廷议"之中竭力支持的却是商辂。

汪直在宫中官居御马监太监，屡次出外监军，是万贵妃与宪宗一向所最宠用的人，炙手可热。宪宗在成化十三年正月创立"西厂"，命汪直为提督。这西厂比太祖所创的锦衣卫与成祖所创的东厂，规模大得多，有权刺探不法，也有权逮捕人、审问人。汪直有了这个机关在手，如虎添翼，胡作非为。商辂在五月间列举了汪直十一大罪，向宪宗奏上一本："陛下委听断于直，直又寄耳目于群小。……自直用事，士大夫不安其职，商贾不安于途，庶民不安于业。若不亟去，天下安危未可知也。"

由于商辂坚持，大臣如兵部尚书项忠等人也认定非去汪直不可，宪宗只得暂时把西厂废了，令汪直仍回御马监原职，然而对汪直仍旧信任，仍旧叫他刺探外事。汪直及其党羽，由一个败类的御史戴缙出面，诬参商辂受过一位指挥杨晔的贿。商辂一怒而请辞，宪宗因此便赏他一个少保，准他退休。不到一个月，汪直便叫锦衣卫千户吴绶诬告项忠，说他受过太监黄赐的请托，以刘江为江西都指挥使。宪宗把项忠交付"廷鞫"（大会审），项忠矢口否认，虽不曾定罪，却免了本兼各职。六天以后，宪宗再立西厂，仍以汪直为提督。

六九　李贤、彭时、商辂

七〇　韩雍

韩雍是苏州人，正统七年进士，历官御史、广东副检察使、江西巡抚、兵部右侍郎、浙江左参政。成化元年，被兵部尚书王竑保荐，以"都察院左佥都御史"的官职，"赞理"总兵官赵辅的军务，到广西去征瑶人壮人。

有若干瑶人于英宗末年对明朝造反，以桂平西北的大藤峡为根据地，蔓延及于广东。当时有人主张分兵，以一部分驱逐来到了广东的广西瑶人，另以一部分围困他们在大藤峡的根据地。韩雍认为，兵分则力散，不如全军而进，直捣其根据地。赵辅接受他的意见，一切交他主持。

他带了十二万兵，先把"瑶山"北边的修仁、荔浦两县攻下。大藤峡的本身，方圆有六百多里，韩雍令欧信率领五个哨由北路象州武宣进攻，自己与赵辅、白全率领八个哨由南路平南桂平进攻，另派孙震率领两个哨，由水路进去。同时，他在若干的峡口，都布置了堵截的兵。

大战在十二月初一日开始。战了不到一个月，韩雍及其僚属，先后攻下了一批瑶砦，活捉了造反的首领侯大狗。

为了防免以后再有造反的事，韩雍把横悬于峡中的大藤砍断，将大藤峡改名为"断藤峡"。

宪宗召回赵辅，留韩雍在广西，升他为"副都御史，提督两广军务"。

残余的瑶民由侯大狗的儿子侯郑昂为首，不久又攻下了浔州府（桂平县城）与雒容北流二县，而且兵锋直逼广东的钦廉二州。韩雍把他们一一打平。

韩雍在成化四年丁忧回籍；次年，两广的瑶人壮人又造起反来。广西的巡抚张鹏与广东的巡抚陈濂毫无办法。宪宗在十一月命令韩雍不必守制满期，迅速回两广，以"右都御史"的本职，"总督两广"。韩雍于六年春天到达，设总督府于梧州，指挥若定，不久便又把天大的乱子化归乌有。

韩雍为人颇有威仪，待部下很严，两广的布政使、检察使、都指挥使，皆对他十分畏惧。在广西的"镇守中官"黄沁，不能像其他各省的镇守中官胡作非为，因此而对韩雍怀恨，在成化九年借口又有小股的瑶民攻占怀集县城，而向宪宗奏了一本。宪宗一向是在宦官的掌握之中，接到黄沁的报告，便免了韩雍本兼各职，叫韩雍告老还乡。

那时候，韩雍才五十二岁。

七一　项忠

项忠是浙江嘉兴人，正统七年进士，历官刑部主事，员外郎，陕西按察使、巡抚、提督。

成化四年，甘肃固原的千户满俊造反。满俊是蒙古人巴丹的孙子，一向率领部众畜牧为生，因通匪的嫌疑被当地的官吏派他的侄儿满璥去逮捕他，他便劫持满璥，占领石城砦，自称"招贤王"。甘肃的都指挥使邢端与巡抚陈玠，先后被他打败。

宪宗任命项忠"总督军务"，调了三万三千兵去打。项忠令都督刘玉与新任巡抚马文升分兵七道，对满俊作战。满俊和满璥出砦求和，站得远远地向项忠行礼，项忠单骑直入，把满璥抓了带回。其后，他吩咐兵士，每人带了一袋子土，填了壕堑，用铜炮仰攻，一共打了三百多次仗，活捉满俊，攻下石城砦。

成化六年，荆襄一带的流民，在李原的鼓动之下，也大造其反。李原自称"平王"，绰号"李胡子"，本是流民首领刘通的部下。刘通是河南西华人，绰号"刘千斤"，到了这荆襄一带，于成化元年造反，自称"汉王"，被白圭活捉。所谓荆襄一带，是陕鄂交界的森林区，明朝政府划为禁地，不许人民居住，但是"窜"进来的一年一年增加，自成团体，没有官吏管束。这地方在平时可称为世外桃源，在乱时便成了反抗分子的根据地。

项忠凑足了二十五万兵，分八路对李原进攻，大战于竹山，活捉李原，先后招抚了流民九十几万。

这是明朝的一件大事。倘若不是项忠恩威并施，可能这九十几万便变成反抗明朝的武装，那李自成与张献忠的起事，早就提前出现了。

白圭此时已任兵部尚书，嫉妒他，说他的坏话。宪宗在成化八年将项忠召回，与李宾协掌都察院。过了两年，调他为刑部尚书。又过了两个月，成化十年十二月，白圭病故，宪宗叫他接任兵部尚书。

项忠在兵部尚书任内，看不惯太监汪直凭借"西厂"鱼肉大臣，便在十三年五月附和大学士商辂对汪直的攻击，联合其他五部尚书，共同上一个奏章，请宪宗取消西厂，获准。

不久，宪宗又把西厂恢复。汪直唆使锦衣卫的千户吴绶，诬告项忠。宪宗把项忠付"廷鞫"，项忠侃侃而谈，抗辩不屈，虽不曾定罪，却被宪宗"罢斥为民"。

等到汪直在成化十九年真正下台，项忠才被"复原官"，他不肯就职，请求退休。从此，他在家中闲住，闲住了二十六个年头，在孝宗弘治十五年去世，享寿八十五岁。

七二　王越

王越，是河南浚县人，景泰二年进士，历官御史、山东按察使、右副都御史巡抚大同，在成化三年受任赞理抚宁侯朱永军务，讨伐北元君主毛里孩，兼抚宣府（宣化）。

成化五年，他奉诏西行延绥，帮助当地的巡抚王锐，抵御入据河套的阿罗出等人，获胜于黎家涧、崖窑川、镇羌等处。次年，又顺利地阻挡了敌军一万多人的五路来攻，并且追击敌人，连胜于开荒川及牛家寨。宪宗升他为右都御史。

成化七年，朱永被召回。成化八年，武靖伯赵辅被拜为平虏将军，节制陕西宁夏延绥三镇。王越受任在赵辅之下"总督军务"，地位与实权均比今天的"参谋长"高。那时候，三镇所集合的兵，号称八万，事实上能作战的才有一万多人。敌方的兵员，总数不及八万，但是人人能战，而且皆是骑兵。当时的兵部尚书白圭，主张"搜套"：采取攻势，肃清入居河套的蒙古人。王越认为，要搜套，就必须调动十五万精兵，一切粮饷刍草的开销绝非政府的财力所能办到。因此，他主张采取守势。赵辅支持王越的看法，宪宗将赵辅召回，改派宁晋伯刘聚为平虏将军，仍留王越为"总督军务"。

成化九年，王越会同刘聚，小胜于漫天岭。敌方满都鲁、孛罗忽与乩加思兰等人把眷属牲畜留在红盐池（鄂尔多斯右翼前旗王府的西南），率领精锐"西行"，深入甘肃中部的安定（定西）与东南部的秦州（天水）。王越当机立断，也率领骑兵五千，由榆林北上，深入沙漠，经红儿山、白盐滩，在两天两夜之间奔驰了八百里，到达红盐池，捣毁满都鲁等人的老巢，斩杀与活捉三百五十人。就人数而论，这不是一次了不起的大战。但在心理作战上，这是一次很大的成功。满都鲁等人没想到明军能采取攻势。他们感觉到河套并不安全，于是相属渡河北徙，使得套内得到好几年的安宁。余子俊因此才能够在成化十年筑起清水营与花马池之间的"边墙"。

宪宗任命王越"总制三边"，开府固原，令三边的总兵巡抚等官悉听节制。所谓三边，指延绥、甘肃、宁夏。成化十一年，王越还朝，以左都御史的身份与李宾同掌都察院事，兼督团营，不久，升任兵部尚书，仍掌都察院事，已先后加官由太子少保至太子太保。成化十六年，奉命提督军务，随成国公平虏将军朱永北征，掩击敌军于威宁海子（在绥远兴和县），因功晋封为威宁伯。次年，受拜为平胡将军，充宣府总兵官，兼镇大同，也立了一些功。可惜，由于和太监汪直颇有交往，在汪直于十九年失宠之时，他也受了牵连，"夺爵除名，谪居安陆"。到了孝宗弘治七年，他才被放还，以"左都御史"的官职告老。十年，重行"总制三边"。十一年，病故任上，享寿七十四岁。

七二　王越

七三　余子俊

余子俊是四川青神县人,景泰二年进士,历官户部主事,员外郎,西安知府,陕西右参政、右布政使,浙江左布政使,在成化六年受任"右副都御史""巡抚延绥"。

他就任以后,便上疏请求建筑"边墙"。他的前任王锐,也做过如此的建议,然而未能实现。他一再上疏,痛陈利害,而且开出一张账单,说,以成化八年一年的开支而论,为了供给延绥驻军的人马,需要九十四万两银子的米与豆、六十万两银子的草(人吃米,马吃豆和草),与八百二十五万两银子的运费。合起来,近乎一千万两银子(九百七十九万),真是朝廷的一大负担。宪宗时中央的岁入,无考。孝宗弘治年间的收入,约为:

夏税	米麦	4 625 000石
	钱钞	2 815 000两
	绢	202 000匹
秋粮	米	22 166 000石
	钱钞	1 095 000两

总数,倘以米麦一石折银一两,绢一匹折银五两,也不过是三千一百七十一万两银子而已。

建筑边墙,也是花钱的事,但在余子俊看来,这是值得的。保障了边墙以内的军屯与农户,便可以增加当地的粮食,免掉不少的运费。他的计划是，役使现有的"运粮民"五万人，用两个月的工夫，把边墙筑成。

宪宗接受他的建议，叫他快做。恰好，王越在成化九年捣毁满都鲁等的红盐池老巢，余子俊便在成化十年很顺利地完成了他的伟大工程。所役使的运粮民仅有四万人，而所花的时间也不过是两个多月而已。

这边墙，便是今日万里长城的中段。东起绥远的清水营、西抵宁夏绥远之间的花马池（盐池县），全长一千七百七十里。沿着这边墙，有十一个城堡、十五个边墩、七十八个小墩、八百一十九个崖砦。

墙内的官地，分给军人屯垦，每年生产军粮六万石，足够驻军之中两三万人的粮食。

更大的收获是：陕北与宁夏东南以及甘肃东北，均获得了保障。其后，在成化十八年敌军进攻延绥，王越全靠这边墙挡住了大部分敌军；少数窜进来的，由于有这个边墙阻碍了归路，被许宁杀得落花流水。

余子俊于筑好边墙以后，于成化十二年改任陕西巡抚，成化十三年升任兵部尚书，成化二十年一度兼左都御史、总督大同宣府军务。次年，建议延长边墙，西起黄河，东达"四海冶"（延庆县东），共长一千三百余里。这一段新的边墙，其后于成化二十二年兴筑，筑成。他在弘治二年病故，享寿六十一岁，追赠太保，予谥"肃敏"。

七四 马文升

马文升是河南钧州（禹县）人，景泰二年进士，历官御史、福建按察使、南京大理寺卿、右副都御史，巡抚陕西；助项忠平定满俊之乱，升左副都御史，仍旧巡抚陕西；在成化十一年继王越"总制三边"，同年回京，充任兵部右侍郎；次年，"转左"（转任兵部左侍郎）。

马文升在陕西巡抚任上，颇有军功，但是他在宫廷中没有什么"奥援"，因而并未获得若何重赏。到了担任兵部侍郎，又为了辽东巡抚陈钺的事，与太监汪直发生正面冲突。陈钺是汪直的私人，毫无能力，只知道滥杀少数民族来冒功，几乎酿成巨变。马文升亲自到辽东去宣读皇帝的玺书，慰抚少数民族，才转危为安。结果，汪直反而在成化十五年诬告马文升"行事乖方，禁边人市农器，致怨叛"。宪宗耳朵软，竟然将马文升捕下"诏狱"，充军到重庆卫。陈钺于是又可以滥杀邀赏，获升为户部尚书，于十七年二月改任兵部，在十八年三月垮台，削职为民。

到了成化十九年，汪直也垮了台。马文升被放回，恢复原职。次年，出任左副都御史，巡抚辽东，极受当地汉人与少数民族的爱戴。二十一年回京，升为右都御史，总督漕运。这一年的冬天，再升为兵部尚书。

马文升一生的官运，时起时伏。起，由于确有被朝廷需要的能力。伏，由于到处遇到小人为敌。当年汪直恨他，一方面是由于他不肯同陈钺"合作"，一方面也是由于他胆敢与汪直分庭抗礼，而且"奴视其左右"。现在，汪直早已完蛋，而另一个小人李孜省，偏要说他的坏话，以致宪宗在成化二十二年又外调他为"南京兵部尚书"，虚有其名。过了一年，宪宗去世，孝宗即位，他才被"内调"，担任左都御史，做都察院的负责人。其后，从弘治二年到弘治十四年，他再任兵部尚书，为时甚久，孝宗对他言听计从。他公忠体国，不仅把兵部本身应办之事，办得很好，而且对兵部以外的事他也不避嫌怨，知无不言、言无不尽。孝宗一朝之所以治绩远胜宪宗，马文升的关系很大。因为，他在当时的大臣之中，年最高而德最劭，确是一支柱石。

弘治十四年，孝宗叫他转任吏部。吏部，正如我在以前所说，是各部之中最重要的一部，也是整个政府之中最重要的一个机构。马文升才兼文武，在吏部尚书的任上也是卓有表现，虽则年事已高。武宗即位以后，太监王瑞容不了他，逼得他在正德元年退休。那时候，他刚好是八十岁。三年以后太监刘瑾诬告他在吏部任上"朋党"，叫武宗除他的名（所谓除名，便是削去他的官爵，他是以太子太师吏部尚书的官衔退休的，被除名以后便不许再挂如此的官衔了）。又过了两年，他才去世。刘瑾失势以后，朝廷追复他的官衔，加赠"特进光禄大夫、太傅"，予谥"端肃"。

七五　纸糊阁老

宪宗在成化十一年，命令刘吉、刘珝二人入阁。这两人，加上万安，是其后内阁之中仅有的三人。在这三人之中，刘吉完全是一个依违取容的官僚。刘珝稍好，但也无甚作为。万安呢，是道地的小人。当时京内京外，称他们三人为"纸糊三阁老"，与所谓"泥塑六尚书"凑成一对很流行的口语。

作为国家栋梁的最高官吏竟是纸糊的、泥塑的，明朝的危险可以想见。

刘吉是北直隶博野县（河北蠡县）人。此人之无聊，可以下边这几件事为例：(1) 他在成化十八年因丁忧而必须离职（这是规矩），宪宗令他"起伏"（不等到终制，便出来复职），他一面再三恳辞，做出一副淡于名利的孝子面孔，一面却暗托万贵妃的娘家人万喜，影响宪宗，叫宪宗不准他辞。(2) 孝宗即位以后，一时颇有朝气，有十个好人，如贺钦、强珍等人孝宗已决定重用，他听到消息便连忙上了一本，推荐这十个人。(3) 左庶子张昇、庶吉士邹智、御史姜洪、南京给事方向（姓方名向）等等，先后在孝宗面前弹劾过他，他慢慢找了机会，使得孝宗把他们一概放逐，弄得"台署为空，中外侧目"。

刘珝是山东寿光人，在入阁以前做过翰林院编修、侍读学士，讲起书来倒"词气侃侃"。入阁以后，当商辂在朝之时，和刘吉、万安皆能随着商辂，对汪直作战，把汪直的西厂拉垮。然而商辂一去，不仅刘吉噤若寒蝉，这曾负一时之望的刘珝也坐视西厂复设，汪直再度得势了。

最后将汪直打倒的，却是万安。此人功不抵罪，卑鄙无耻，论人品似乎还抵不上汪直呢。他是四川眉州人，外像很好，内心甚为龌龊。他和汪直的冲突，并不是制度之争或原则之争，而是"同行相嫉"，均想独占万贵妃的宠信。他并非万贵妃的本家，而自称"子侄"，硬拉关系。万贵妃也乐得有一个大学士在内阁供她御用。宦官之中，也有不少人被万安结为朋友。例如，李永昌。李永昌自己是宦官，不能生儿子，收养了一个儿子，叫李泰。李泰官居詹事府詹事，年纪比万安小，万安却尊之为兄。专干坏事的左道妖人李孜省，迷住了宪宗，万安也不惜以大学士之尊，和他勾结。介绍他与李孜省相识的彭华，被他一再提拔，也在宪宗末年入了阁。

总之，这三个"纸糊阁老"对国家的大事虽则像纸糊的一样，在谋求个人的利益上却一点儿也不像是纸糊的。

七六　泥塑尚书

从成化十三年六月起，内阁仅有万安、刘珝、刘吉这三个纸糊阁老。刘珝在二十一年九月退休，过了三个月内阁补进来彭华。次年九月，又加了一个尹直。彭、尹二人也是纸糊的。

尚书，从十三年九月至二十三年九月宪宗去世，是下列的几人：

吏部：尹旻、耿裕、李裕。
户部：杨鼎、陈钺、翁世资、余子俊、殷谦、刘昭、李敏。
礼部：邹干、张文质、周洪谟。
兵部：余子俊、陈钺、张鹏、马文升、余子俊。
刑部：林聪、张荣、杜铭。
工部：王复、刘昭、李裕、谢一夔、贾俊。

在这些人之中，余子俊、马文升、王复、林聪、邹干是例外。其余的，被老百姓称为泥塑，并不冤枉。

论才具，余马二人当尚书有余，王复、林聪、邹干，虽也是贤者，却嫌不足。尹旻以下，都真正是一些泥塑的偶像、会说话的人而已。他们获得如此的高位，全靠"夤缘"二字，而夤缘的对象又大率是太监。

最坏的一人，是陈钺。他简直是太监汪直的门下。他在辽东当巡抚，滥杀邀功，引起少数民族的叛乱，结果，他非但无罪，反而当了兵部尚书。

其次，是尹旻，位居冲要而尸位素餐，毫无建树。但是，他"做官"

的本事却不小，当吏部尚书当了十三个年头又一个月，从成化九年三月到成化二十二年四月，屡进屡退，笑骂由人。

周洪谟，依照《明史》的本传，不像是一个坏人，只是好出风头，专做无关宏旨、人云亦云的"建言"而已。然而，这样的人岂是做尚书的材料？实际上，他之"不学无术"，正如明清两朝极大多数所谓"进士"：背"四书"的机器，抄八股的工匠，说废话的专家。周洪谟之直上青云，全靠与万全是小同乡。

对于历史上当尚书的，我们本毋庸太过苛求。从秦汉到明清，位为宰相或虽非宰相而握有相权的人，其人数之多，堪称"车载斗量"，其中能有几人值得今天的追崇？他们的姓名，也早就如水纹竹影，消失于人类记忆之外了。何况等而下之，宰相之下的尚书之流！为若干成化年间的尚书之不肖而生气，太不值得。

然而，现在我们是在研究明朝，明朝之由盛而衰固非一朝一夕，而宪宗本人吃喝玩乐，太监专横，阁老纸糊，尚书泥塑，人民困苦颠连于旱灾、蝗灾、河患、倭寇、瑶民反叛、苛捐杂税、通货膨胀、严刑峻法、贪官污吏之下，我们自不能免于深慨。

七七　孝宗

孝宗朱祐樘，即位时年十八岁，去世时年三十六岁。父亲是昏君宪宗，儿子是昏君武宗，他是两个昏君之间的一个比较好的皇帝。

首先，在即位以后的第五天，成化二十三年（1487年）九月丁未日，他一举而贬逐了妖人礼部右侍郎李孜省、万贵妃的弟弟都督万喜、揽权的太监梁芳。

其后，他罢免了宪宗所不依手续而任用的"传奉官"、通政使任杰等两千多人，法王、佛子、国师等七百八十几人，禅师、真人等二百四十几人；也斥逐了无耻的大学士万安，罢免了阿附万安的尹直，选拔了徐溥与刘健二人入阁。

刘吉却被留用，此人在弘治五年八月告老。继任的是邱濬，邱濬在八年二月病故，继邱濬之任的是李东阳，增加一个谢迁。

徐溥、刘健、邱濬、李东阳、谢迁，都是贤相。

六部尚书，除了兵部余子俊以外，孝宗也在即位以后的一两年间都换了人。曾经因弹劾万安而失职的王恕，被召来京师，担任吏部尚书。其他四部是：户部，李敏；礼部，耿裕；刑部，何乔新；工部，贾俊。这六人都够得上称为"一时之选"。兵部余子俊在弘治二年二月病故，由马文升"回任"。马文升曾经从成化二十一年十一月到二十二年九月，担任过这个职务，后被挤到南京去，当"南京兵部尚书"。孝宗于即位不久，便在成化二十三年十一月把他召回来，担任"左都御史"。

继马文升的左都御史之任的，是屠滽。屠滽于弘治四年二月生病，由白昂继任。白昂在六年八月转任刑部尚书，屠滽官复原职。屠滽于九年二月转任吏部尚书，其后的历届左都御史，是闵珪、佀锺、戴珊等人。这些人，也都是很好的。中央政府到了孝宗之时，面目一新。各省的大吏也颇有更动。全国上下，充满了朝气。

孝宗本人，年纪虽轻，却很有章法，一意求好，而并无急躁、轻信、易改等等青年人常有的毛病。这确是明朝之幸，也是中国人民之幸。倘若没有他，而宪宗之后接着便是武宗，则小人必然依旧盘踞要津，贤人依旧放逐在外，国家的大局真是不堪设想。

可憾的是，他寿命太短。

七八　弘治贤相

徐溥是宜兴人，景泰五年进士及第（状元），历官翰林院编修、左庶子、太常卿、翰林学士、礼部右侍郎、吏部右侍郎。孝宗叫他兼文渊阁大学士，入阁，不久加礼部尚书衔，又加官少傅、太子太傅。

他为人"凝重有度"。凝，是有含蓄；重，是厚重，不轻浮；有度，是有权衡，能包容。这些美德，使他成为一个理想的宰相。然而，他并不仅如汉朝三公之坐而论道，在消极的意义上"守正"而已，遇到该争的事他未尝不争。钦天监的革职监正李华，会看风水，替皇后的父亲张峦选择坟地，孝宗把李华官复原职，他（徐溥）上疏反对，请孝宗收回成命。孝宗命词臣撰《三清乐章》，他说："汉祀五常，儒者犹非之。况三清乃道家妄说耳，一天之上安得有三大帝？"这两件事，孝宗均因他反对而作罢。孝宗而且因此召见阁臣，共同处理章奏。阁臣自从宪宗成化年间以来，已经有很多年没有和皇帝交谈的机会了。

徐溥在内阁十二年，刘健等人和他同心协力。刘健是洛阳人，天顺四年进士，历官翰林院编修、修撰、少詹事，以礼部右侍郎兼翰林学士入阁。其后也屡屡加官，至礼部尚书、武英殿大学士、少傅兼太子太傅，于弘治十一年徐溥退休之时，继为"首辅"（所谓"首辅"，便是名次列在最先的大学士。明朝从洪武十三年起，在礼制上不设宰相，首辅云云并非正式的官名）。他为人刚强，与徐溥的性格不同，却相得益彰。他对孝宗敢于犯颜直谏，知无不言。孝宗对他"初或有从有不从；既，乃益见信，所奏请无不纳"。孝宗的祖母太皇太后周氏（英宗之妃、宪宗之母），当年于万贵妃多方迫害孝宗生母纪氏之时，保护养育孝宗，因此而于即位以后对她十分孝顺,她和孝宗的嫡母王皇太后均喜欢佛老两教,孝宗为了她们而命令所谓"灌顶国师"设坛,命令宦官"赍真武像,建醮武当山"。刘健对这两件事,坚决表示反对。孝宗又曾经叫词臣写一篇《释迦哑塔像赞》,派人在朝阳门外造"延寿塔",下诏升道士杜永祺等为"真人"。这三件事,刘健也反对。结果,这几件事统统作罢。

最重要的一件,关系国家安危的是:孝宗在弘治十七年听了宦官苗逵的话,想对"小王子"达延汗御驾亲征,倘不是刘健与兵部尚书刘大夏力谏,明朝几乎再吃一次"土木之变"的亏。

谢迁是余姚人,成化十一年进士及第,历官翰林院修撰、左庶子、少詹事兼侍讲学士,在弘治八年入阁,升詹事。十一年二月,升太子少保、兵部尚书兼东阁大学士。

他见事明敏,长于口才,然而并不"恃才傲物"。在担任讲官之时,每逢进讲的前夕,他"必正衣冠,习诵",细细地准备一番。和他同在内阁的刘健、李东阳,各有所长,刘长于决断,李长于谋略,他周旋其间,侃侃而谈,使得刘李二人的考虑得以面面俱到。当时朝中的积弊已深,例如"御马监"的"龙骧四卫",由于不归兵部统辖,吃空额、造假账成为惯例。孝宗想下诏旨申禁,谢迁便说,"虚言设禁无益",必须命令主管的单位一一列举各种弊端,明白严定条规,犯了条规的必杀。

李东阳是茶陵人,天顺十八年进士,历官翰林院编修、左庶子、侍讲学士、太常少卿,与谢迁同一年入阁,其后加官太子少保、礼部尚书兼文渊阁大学士。

他勤政爱民,与刘健、谢迁相同。所不同的是他既长于谋略,文章又特别好。他在弘治十七年奉旨去山东曲阜祭孔子,回京之时,上疏一道,借机会向孝宗进言,痛陈人民疾苦。这一篇写得极好,一时京内京外,纷纷传诵。我们在今天仍应一读:

臣奉使谯行，适遇亢旱。天津一路，夏麦已枯，秋禾未种。挽舟者无完衣，荷锄者有菜色。盗贼纵横，青州尤甚。南来人言，江南浙东流亡载道，户口消耗，军伍空虚，库无旬日之储，官缺累岁之俸。东南财赋所出，一岁之饥已至于此。北地呰窳，素无积聚，今秋再歉，何以堪之？事变之生，恐不可测！

臣自非经过其地，则虽久处官曹，日理章疏，犹不得其详。况陛下高居九重之上耶？

臣访之道路，皆言冗食太众，国用无经，差役频繁，科派重叠。京城土木繁兴，供役军士财力交殚，每遇班操，宁死不赴。势家巨族田连郡县，犹请乞不已。亲戚之藩，供亿至二三十万。游手之徒，托名皇亲仆从，每于关津都会大张市肆，网罗商税。国家建都于北，仰给东南，商贾惊散，大非细故。更有织造内官，纵群小掊系，闸河官吏万不惊骇，鬻贩穷民所在骚然，此又臣所目击者。

夫间阎之情，郡县不得而知也。郡县之情，庙堂不得而知也。庙堂之情，九重亦不得而知也。始于容隐，终于蒙蔽。容隐之端甚小，蒙蔽之祸甚深。臣在山东，伏闻陛下以灾异屡见，敕群臣尽言无讳。然诏旨频降，章疏毕陈，而事关内廷贵戚者动为掣肘，累岁经时，俱见遏罢。诚恐今日所言，又为虚文。乞取从前内外条奏，详加采择，断在必行！

七九　弘治能臣

弘治年间的六部尚书，前后共有二十五人：

吏部：王恕、耿裕、屠滽、倪岳、马文升。
户部：李敏、叶淇、周经、佀钟、秦纮、韩文。
礼部：周洪谟、耿裕、倪岳、徐琼、傅瀚、张昇。
兵部：余子俊、马文升、刘大夏。
刑部：何乔新、彭韶、白昂、闵珪。
工部：贾俊、刘璋、徐贯、曾鉴。

在这二十五人里面，除了屠滽、徐琼、白昂、徐贯以外，其余的二十一人皆在《明史》有传。其中比较差劲的，惟有周洪谟而已。周是宪宗遗留下来的礼部尚书，到了弘治元年十月便退休了。

建树最多的是王恕、李敏、马文升、刘大夏、何乔新、贾俊、曾鉴。

王恕是陕西三原人，正统十三年进士，历官大理寺左评事、左寺副、扬州知府、江西右布政使、河南左布政使，以右副都御史巡抚南阳荆襄、巡抚河南，升左副都御史，内调为刑部右侍郎，外调以本官总督河道，转任南京户部左侍郎；又以右都御史巡抚云南，改任南京都察院"掌院"（右都御史），改任南京兵部尚书，改任右副都御史巡抚南畿，于成化二十年复任南京兵部尚书，在成化二十三年十一月被孝宗召回京师，任为吏部尚书。次月，加官太子少保。

他在巡抚南阳荆襄之时，帮助了白圭打平"大盗刘通"；在总督河道之时，疏浚了高邮湖与邵伯湖，修理了雷公塘、陈公塘与勾城塘的水闸；巡抚云南之时，对镇守中官钱能一点儿也不客气，一连参了钱能很多次，"直声动天下"；在巡抚南畿（南直隶，江苏安徽两省）之时，以常州的羡米（积余的税粮）六万石代补当地人民所缴的夏税的不足之数，又用其他各府的盐钞积余之数，"补"了六百万贯（？）。南畿有些地区这时候有水灾，他奏准宪宗，豁免了秋粮六十万石。宦官王敬，带了一个妖人王臣，到南畿来采买"药物珍玩"，又叫苏州的秀才抄写妖书（炼丹术之类），并且诬控了常州知府孙仁，把孙仁抓下牢里。王恕上疏救孙仁，告王敬、王臣。结果王敬坐了牢，王臣被斩首，孙仁被释放。

他回任南京兵部尚书以后，又上疏救林俊。林俊是刑部员外郎，因反对妖僧继晓而下狱。王恕在疏中向宪宗说："天地止一坛，祖宗止一庙，而佛至千余寺，一寺立而移民居且数百家，费内帑且数十万。此舛也。俊言当，不宜罪。"结果林俊被打了若干棍，从轻发落。全国人心大快，流行了一句话："两京十二部，惟有一王恕。"

王恕在孝宗朝中担任吏部尚书，从成化二十三年十二月到弘治六年五月。他悉心整饬吏治，在弘治六年一举而罢黜了全国大小官僚两千人左右。当时的大学士之一邱濬，颇不以为然，选了其中的九十人，请孝宗特旨保留。理由是，这九十人"非贪暴有显迹者"。孝宗准了邱濬的奏。王恕因此而一再辞职，孝宗准他退休。继任的耿裕、屠滽、马文升，均能遵守成规。

户部尚书李敏，是河南襄城人，进士出身，历官御史、巡抚、漕运总督。他在成化二十三年至弘治四年的户部任内，也做了不少事。其中最重要的一件，是把北方的北畿（河北）、山西、陕西这三省的夏秋两税，以银折粮，按照每石一两计算。山东、河南二省的输边之饷，亦已在他巡抚大同之时，实行了这个以银折粮的办法，省掉了公家的浮费，免除了运卒的劳苦。此外，他又请准了孝宗，把充公的罪人庄田，招老百姓承租，每亩收租银三分。他颇想把当时所有的在北畿的皇庄（皇家的庄田）一万二千八百顷，与勋戚及宦官的官庄三万三千一百多顷，一概革除皇庄的名目，斥逐鱼肉农民的"庄头"（管庄），改为官田，招老百姓承租，每亩收租银三分；官庄由政府代收租银，转交田主。这一个建议，孝宗由于缺乏魄力，未肯接受。

继任的户部尚书叶淇，是山阳（淮安）人，干到弘治九年，改变了"盐商开中"的办法，准许盐商用银子交到京师的太仓库，代替米粮。这件事，利害参半。所谓"盐课"是增加了，但是边军所需要的粮食却受影响。本来，在明朝初年，边军有所谓"军屯"供应粮食，此时的军屯业已腐化。叶淇以后的户部尚书，周经、倪锺、秦纮，均想有所作为，可惜都斗不过外戚宦官的恶势力，整顿不了明朝的财政。外戚，是孝宗皇后的两个弟弟张鹤龄与张延龄；宦官，以李广为最坏。孝宗对张皇后专爱，连带地也姑息了鹤龄、延龄，准他们滥请"官地"与民地为庄田，准他们擅请长芦场的盐引（运盐的执照）十七万引之多，每引只出价银五分，以致后来的"奸商"纷纷援例，请去了两淮的所谓"旧引"一百六十万引之多。这是孝宗一生，最令人惋惜的美中不足之处。两浙的盐引，孝宗也准许管织造的宦官，每年拨走五千引。李广在盐的方面所获的收入，传说有一亿两以上。他常常矫旨发表"传奉官"，接受文武百官的馈赠，使得孝宗的政府几乎重蹈宪宗的覆辙。孝宗以为他深通画符念咒与风水之术，听他的话，造毓秀亭在宫城内的万岁山，却死了最小的一位公主；不久，太皇太后周氏所住的清宁宫又失了火，太皇太后大怒，说："今日李广，明日李广，果然出事！"李广畏罪自杀，孝宗却颇想替他立一个祠堂，赐匾。大学士刘健竭力反对，才作为罢论。但是，孝宗仍隆重地祭了李广一番。

礼部的尚书，从弘治元年十月开始，到正德二年闰正月，先后为耿裕、倪岳、徐琼、傅瀚、张昇。耿裕为人方正，劝孝宗驱逐番僧，孝宗虽则未能完全接受他的意见，却也只准一百八十二人留下，把成千的番僧逐走。倪岳于继任礼部尚书以前，先做了若干年礼部右侍郎与左侍郎，对明朝的制度典章十分熟悉。当了尚书以后，他奏准孝宗规定王府建筑的格式，不许僭越，略为纠正了当时朝野的奢侈之风。礼部奏陈"灾异"一向是每年一度的例行公事，倪岳把这些灾异按月按日排列，博引经史，让孝宗知道警惕。徐琼，不是一个正人，全靠与张皇后有亲戚关系，而获得了尚书的位置。傅瀚很好，但在任不到两年，于弘治十五年死在任上。张昇是成化五年的状元，他位卑职小，仅为詹事府庶子之时，便敢于上疏直指大学士刘吉之奸。当了礼部尚书以后，勇气不减当年，终于在孝宗死后斗不过刘瑾，在正德二年告老回家。

兵部的三位尚书，余子俊、马文升、刘大夏，最了不起。关于余马二人，笔者已经写了专节介绍。余在弘治二年二月病故，马文升在兵部主持了十二年又八个月，到弘治四年十月转任吏部。刘大夏做到正德元年五月，退休。

马文升才兼文武，历任封疆，对当时兵政的症结，了然于胸中，颇想大有作为，虽由于明朝积弊已深，不能一一照他的理想去做，却也保住了边界，整饬了军队。达延汗对他无可奈何，吐鲁番侵略哈密，被他派遣许进、彭清等人申讨，予以膺惩。他对于培养民力，十分关心，劝孝宗节用薄税。

刘大夏也是出身进士，他在兵部先当小官，由职方主事（管地图等项工作的科员）做到郎中（司长），被余子俊倚为左右手。其后，由于一时气愤，打了宦官阿九，被宪宗关下诏狱，几乎送命，为另一位（好的）宦官戴怀恩所救，罚打二十棍了事。再其后，历官福建参政、广东布政使，于弘治六年以右副都御史的官职，到河南治河。那时候，黄河在张秋镇决口。他先疏浚了贾鲁河、孙家渡与四府营的上流，分掉水势，然后又在胙城至徐州之间，造了三百六十里长的河堤。在明朝的历史之中，他是治河最成功的一人。孝宗升他为左副都御史，转户部左侍郎，又兼左佥都御史，到宣府整理兵饷。最后，于升任兵部尚书以前，被任命为"右都御史，总制两广军务"。

刘大夏在兵部尚书任内，颇想痛施一番改革。他坦白地告诉孝宗，天下已经民穷财尽。孝宗大为惊讶，问他说："祖宗以来征敛有常，何今日至此？"他回答："正谓不尽有常耳。如广西岁取铎木，广东岁取香药，费固以万计，他可知矣。"孝宗又问他军人的情形。他说："穷与民等。"孝宗说："居有月粮，出有行粮，何故穷？"他回答："其帅侵克过半，安得不穷。"

于是，孝宗下旨严禁军帅的侵克。

以前汪直所赖以跋扈的御马监，养着四个卫的"勇士"。这四卫的"虚额"最多，刘大夏便从这四卫下手，同时也请孝宗停办了不少的"织造"与"斋醮"。他向孝宗上疏痛陈"兵政十害"，把漕军、番上（轮流入京侍卫的兵）、边军，各方面的积弊一一报告。孝宗接受了他的很多建议。不过，凡是牵涉到权贵与近幸的，大都"留中"（搁在宫中，没有批示下来）。

他主张把布在各地的"镇守中官"，一律撤召回京。孝宗不肯。武宗即位以后，他参劾最贪残的几个镇守中官（在江西的董让、在苏州的刘琅、在陕西的刘云、在山东的朱云），碰了武宗的大钉子，告老退休。

刑部的尚书是何乔新、彭韶、白昂、闵珪。何乔新是一个正人，不见容于刘吉，被刘吉的党羽御史邹鲁诬告受贿，而孝宗竟然准他辞职。这是孝宗糊涂的地方。彭韶也是一个正人，也是被刘吉挤走的。白昂在《明史》之中无传。闵珪敢于向孝宗犯颜直谏，执法不阿不苛，倒始终获得孝宗的优容，到了武宗正德二年才致仕还乡。

工部的尚书是贾俊、刘璋、徐贯、曾鉴。贾俊很知道节用，也敢于反对当时动辄调用京军做工的陋例。他认为政府的大工程，应以修造仓库与城池为限。诸王的府第与坟墓，应由诸王就自己的收入担负费用的一半。过去，全部是由政府担负。刘璋继任，对贾俊颇能萧规曹随。徐贯在《明史》中无传。曾鉴的作风，与贾俊、刘璋相仿，也是一个替国家省钱的人。宫内的针工局，要招收"幼匠"一千名，他竭力反对，向孝宗说：尚衣监、军器局、司设监，都已经收了一千名匠人，兵仗局而且收了二千名，现在针工局又来援例，这样下去，"其流无已！"孝宗因此而只准针工局招收五百名。（其实，五百名依然太多。）孝宗在弘治十六年一度召还所有的"织造中官"，不久却又听了邓镕的话，恢复这些中官的织造使命。曾鉴拼命反对，孝宗才勉强减少了织造的名额三分之一。

八〇　白沙先生

明朝由于太祖与马后注重教育，普设学校，读书的风气维持了二三百年，直至清兵入关为止。虽则留下的特别好的著作不多，却不足为病。大抵明朝的学者，努力于实践的多，致意于撰述的少。所撰述的也常常是发挥程朱的陈说，甚鲜新义，然而为学的要点本在于行。能够行，也就值得我们钦佩了。

成为明朝在中国思想史上的巨擘的，除了明末的顾炎武、王船山、黄宗羲三人而外，似乎仅有陈献章与王守仁二人，这两人也不是离开躬行而空谈性理或其他的。徐光启介绍了西洋的学术到中国来，另树一帜，其言行一致亦不亚于陈、王。

陈献章是广东省新会县白沙乡人，各方的学者尊称他为白沙先生。他是明宣宗、英宗与孝宗时代的人，生于宣德三年，卒于弘治十三年（1428－1500年），离开我们已经有了四五百年，然而他一直影响了若干世代的中国学人。梁任公先生便是其中的一个。

任公先生说："白沙方法，与程朱不同，与（陆）象山亦不同。程朱努力收敛身心，象山努力发扬志气，俱要努力。白沙心境与自然契合，一点不费劲。"又文兄说："余固夙持实生主义者，初时虽非源出于先生之学，但自闻其'洒然自得'、'自得自乐'之教，及高吟其'我得此生真得矣'之句，亦乐于自许为其五百年后之私淑弟了，良以吾心亦有所自得于其'自得'也。"

白沙先生一生不曾做官，以教书为业，晚年被封疆大吏（总督朱英、布政使彭韵）逼着荐至京师。皇帝（孝宗）要他到吏部去"应试"，他上疏称病，终于被孝宗硬送了一个"翰林院检讨"的虚衔。他带着这虚衔还乡，仍旧做他的读书教书的事。

他不曾写过一部书，只是随时信笔写了若干首的诗，与若干篇的短文。后人把这些诗文凑合起来，刊行了《白沙子集》。学问，在他是一种"受用"。别人接受了他的教导，也"受用"无穷。他把自己放在大自然与人群之中，真是"无往而不自得"。后生小子一时摸不着入门的途径，他便教他们于"静中养出端倪"。有人批评他近于佛家的参禅，其实他的学说与禅大有分别。他是"有所得"的，禅是"无所得"的。在"主静"这一点上，他差不多是王守仁的先驱；所不同的是，他于程朱象山之间并无成见。

八一　武宗

　　武宗朱厚照，是孝宗的独子，为张皇后所生，年十五岁即位，在位十六年欠两月，咯血而死。享寿三十一岁。

　　此人投错了胎。倘若他生在老百姓的家中，可能张大门楣；倘若他生在勋戚之家，更可能立功边徼，加官晋爵，可惜他贵为皇帝之子，又为皇帝的独子，不得不嗣位为皇帝，君临天下，却又耐不住深宫的形似拘囚的生活，自恨发挥不了他的手格猛兽的勇力与奔驰草原的骑术。

　　一个十五岁的孩子，陡然做了皇帝，苦不堪言。大学士与六部尚书以及都御史、给事中等等群臣的奏疏，所谈的都是枯燥无味、头绪纷繁的国家大事，牵涉到许多他从未见过面的人，许多他从未到过的地方，而且文字典雅深奥，又不加圈点。对于这些奏疏，他认为只有完全不理是最干脆的处理办法。群臣而且"迂腐"到硬要他天天读书、听讲，这些人哪有身边的几个宦官好？宦官在东宫侍候了他很多年，玩得很熟，而且他们懂得玩很多样的游戏，例如踢线毽、捉蟋蟀、赶兔子、唱戏、摔角、叫姑娘、逛窑子。

　　父亲孝宗留下的一批老臣，个个"讨厌"。最"可恶"的是户部尚书韩文。韩文在正德元年（1506年）十月叫户部的一个"小官"、郎中李梦阳，起草了一篇奏疏，纠合了若干大臣联名请求把八个他最亲信的宦官一网打尽。这八个宦官，是马永成、谷大用、张永、罗祥、魏彬、邱聚、刘瑾、高凤。这八人是他一刻也离不了的伴儿，倘若把他们都抓去杀了，叫他如何活得下去？

　　于是，他急得哭了起来。马永成等八人，也跪在他的周围，一齐大哭。哭了一阵，他决定摆出皇帝的威风，不仅不把这八人"明正典刑"，而且故意提拔其中的刘瑾为司礼监太监，任命马永成提督东厂、谷大用提督西厂。

大学士刘健、谢迁、李东阳，因此而一齐辞职。刘瑾拿起笔来，便准了刘、谢二人的辞，留下一个李东阳。李东阳不再坚辞，自愿留在内阁里鬼混，可能是为了顾全大局，随时对武宗与刘瑾的胡作非为加以补救。刘、谢二人的遗缺，由焦芳与王鏊填充。焦芳是一个小人，王鏊是一个君子。王鏊是大臣公推的；焦芳却是刘瑾塞进来的。韩文被勒令退休。

刘瑾做了司礼监太监，又提督十二团营，于东西厂以外创设内厂，加上有焦芳在内阁和他狼狈为奸，便为所欲为。吏部的马文升与兵部的刘大夏，已经先被挤走。户部韩文，在焦芳入阁以后的一个月，被"削籍为民"。

从此，直至正德五年八月刘瑾事败被杀之时，武宗等于是把皇帝让给刘瑾做。刘瑾最喜欢叫群臣罚跪听他"宣旨"，更喜欢"收礼"。凡是在外镇守的中官，照例要每人送他一万两银子；中官是他的同辈，尚且如此，那些担任尚书、总督、巡抚的，可想而知。他把整个的明朝政府，变成贪污的政府。

老百姓在求生不得的高压之下，便向往于造反的人。于是大规模的民变于正德四年发生在湖北的沔阳，四川的保宁，江西的东乡、桃源洞（万年）、华林山（高安西北）、大帽山（寻邬东南）。这些乱子，闹了一年多。

皇帝的本家、住在宁夏的安化王朱寘鐇，也在正德五年四月造起反来，杀了巡抚安惟学与来到宁夏勘查田亩的大理寺少卿周东（这两人本就该死），发布檄文，以清君侧为名（当时的君侧，早已该清）。武宗与刘瑾慌忙请出了一位确能打仗的杨一清，作为"总制军务"，派太监张永为监军，到宁夏去抵御。所好，当地有一个游击将军仇钺，不等杨张二人兵到，已经把朱寘鐇抓了。

杨一清是云南安宁人，生长在湖南巴陵（岳阳），在成化八年考中进士，由中书舍人官至陕西巡抚，被刘大夏保荐为"三边总制"，颇立战功；一度想建筑西段的长城，已经开工，被刘瑾从中破坏，作罢，而且被刘瑾诬控为贪污，下狱，靠李东阳、王鏊两人救了出来，告老家居。

这一次，杨一清有机会与太监张永共事，便说动了张永，叫张永解决刘瑾。张永原为刘瑾一伙，刘瑾得意以后，不买张永的账，两人之间生了嫌隙。杨一清不单纯用大义感动张永，主要是用"取刘瑾而代之"的一套说法。因此，张永果然在回京复命之时，就把刘瑾如何胡作非为，都告诉了武宗。事实上，刘瑾确也颇有"谋反"的倾向："家"里私藏了玉玺、衮衣、弓弩、五百件穿宫牌；他所常用的两把扇子，都夹着小匕首。

武宗大怒，下旨将刘瑾凌迟处死。这是正德五年八月间的事。

杨一清被任命为户部尚书；次年正月，改为吏部尚书。他竭力整顿，举贤退不肖，朝廷面目一新，但是新不了多久，武宗又被一个钱宁与一个江彬迷了心窍。

钱宁是太监钱能的家奴，刘瑾的私人，武宗的干儿子，官居"左都督，掌锦衣卫事，典诏狱"。他专引诱武宗"微行"，又劝武宗建造了一所"豹房"、一座"西寺"，伙同一批番僧荒淫无度。此人而且暗中勾结在南昌的宁王朱宸濠，替朱宸濠请准了恢复"护卫"，使得朱宸濠有了可用以造反的兵。

朱宸濠在正德十四年造反不成，钱宁连带倒霉。出卖他的，是江彬。江彬本和他沆瀣一气，然而究竟是势利之交，未能持久。江彬把钱宁的种种不法，向武宗和盘托出。武宗将钱宁逮捕，抄钱宁的家，他家里竟有黄金十几万两、白银三千箱、胡椒几千石、玉带二千五百捆。后来，世宗即位，把钱宁从牢里提出来，凌迟处死。

江彬是宣府人，原为蔚州卫指挥佥事，于正德六年被调来内地剿匪，脸上中了一箭，其后因钱宁而获武宗召见。武宗见到他的箭伤，便升他为指挥佥事,陪武宗在豹房玩耍,有时候也一同下棋。有一次,武宗想捉老虎,几乎被老虎吃了,江彬上前,救了武宗的命,因此武宗对他更加喜欢,收他为干儿子,准他将宣府、大同、延绥、辽东四镇的边兵调来京师,成立"义子府四镇军",由他统率,作威作福。武宗而且又在正德十二年听他的话,微服出居庸关,畅游塞外,征歌选色,与北元的入侵之军遭遇,损了几百名官兵,只杀死对方十六人。

武宗不以损失了几百名官兵为耻,而以杀死对方十六人为荣,不惜以天子之尊,自拜为"总督军务、威武大将军、总兵官",改名朱寿;拜江彬为"威武副将军"。

正德十三年正月,武宗回京,在京内住了十四天,又溜去了宣府。这一次,不能玩儿个畅快,因为祖母(太皇太后王氏、宪宗之妻)在二月间病故,他不能不回来主持丧事。但是到了七月间,他又和江彬溜去了宣府。这一次,他由宣府而大同,而榆林,而绥德,再经偏关回到太原,下旨封自己为"镇国公"。敕文是:"总督军务、威武大将军、总兵官朱寿,统领六师,扫除边患,屡建奇功,特加封镇国公,岁支禄五千石。"江彬,被封为"平虏伯"。

次年(正德十四年)二月,他才从大同回京。又下敕给吏部,说"镇国公朱寿宜加太师"。四个月以后,宁王朱宸濠造反,江彬又怂恿武宗借此大举南征,到江南去选美。

宁王朱宸濠在正德十四年(1519年)在南昌造反,第四天攻下九江,向东进攻安庆。王守仁从吉安向北打,在七月二十日袭得南昌,朱宸濠回师遇伏,在二十六日被王守仁活捉于新建县西北的樵舍镇。

武宗在八月二十二日由京师出发,二十六日到达涿州,接到王守仁的捷报,秘而不宣,继续南下,于十二月十二日到达扬州。在扬州,江彬"遍刷寡妇处女",供武宗享乐。"遍刷",是"一个不留"。遍刷了二十四天,武宗和江彬才渡江去南京。到了南京,昏君奸臣又游荡了八个多月，才在十五年闰八月懒洋洋地启程北返。

在北返的中途，他们停留在清江浦，忽然想当渔夫。武宗自己单独驾了一条小船去捉鱼，翻了船，泡在水中，被侍卫救起。虽则是救起了，却因受寒太甚，得了重病。

十月间，到达通州，江彬仍想叫武宗暂不回京，扶病北出长城，到宣府去抵御小王子。然而武宗病得太厉害，只好回京。回京以后，武宗挨到正德十六年（1521年）三月十四日，咯血而亡。

他一死，江彬失了靠山，被大学士杨廷和奏请皇太后张氏（孝宗之妻），召进宫中，予以逮捕。世宗即位以后，下旨将江彬凌迟处死，家产充公。他的家产，除了各项珍宝以外，有黄金七十柜、白银二千二百柜。

和江彬一党的神周（姓神名周）、李琮以及江彬的儿子江勋、江杰、江鳌、江熙，同时皆被斩首。另一个同党许泰，也遭了同样的命运。神周、李琮、许泰，都是武宗的干儿子，与江彬、钱宁一样，也都曾赐姓朱。（许泰于武宗南征之时，充任"威武副将军"。）

杨廷和是四川新都人，成化十四年进士，历官翰林院检讨、翰林院修撰、左春坊左中允、大学士、南京吏部左侍郎、南京户部尚书，于正德二年八月入为文渊阁大学士；其后转为（京师）户部尚书，加少保兼太子太保，又改吏部尚书兼武英殿大学士；再改少傅兼太子太傅、谨身殿大学士、少师兼太子太师、华盖殿大学士；最后于正德七年十二月李东阳告老退休之时，代李东阳为"首辅"。

他的作风，与李东阳相仿佛，混在小人之群，虚与委蛇，随时就能力所及，对国事稍加补救。武宗去世之时，他认为机会难得，便说服了当时的司礼太监魏彬，联络皇太后张氏，把江彬等人解决。

武宗不曾生下儿子，杨廷和坚持以世宗入继大统，获得张皇太后同意，全国转危为安。世宗朱厚熜是与武宗血统最近的一个堂弟，为宪宗之孙，兴献王朱祐杬之子。

八二 阳明先生

王守仁，字伯安，浙江余姚人，早岁筑室于阳明洞读书，因此后来被他的学生们尊称为"阳明先生"。

他的父亲王华，是成化十七年的状元，官至南京吏部尚书。他自己是弘治十二年的进士，"历"官刑部主事、兵部主事、南京刑部主事、（北京）吏部验封主事、考功郎中、南京太仆寺少卿、鸿胪寺卿、右佥都御史巡抚南赣汀漳等处，以原官兼抚江西，南京兵部尚书；世宗嘉靖六年，以南京兵部尚书总督两广兼巡抚。嘉靖七年（1528年）病故，享寿五十七岁。

阳明先生虽则是典型文人，却颇能用兵，而且善骑善射。在巡抚南赣之时，他肃清了大帽山的詹师富、桶冈的谢志山、浰头的池仲容，费时仅有一年（从正德十二年〔1517年〕正月到十三年正月），平了数十年的"巨寇"。宁王朱宸濠在正德十四年六月造反，声势浩大，一举而占九江南康，攻安庆，有顺流而下夺取南京之势。阳明先生那时候已经奉命去福建勘查叛军，行至中途丰城，听到消息，很迅速地回到吉安，檄调了八万兵，袭占朱宸濠的根据地南昌，迎击朱宸濠于黄家渡、八字脑、樵舍，于朱宸濠造反的第三十五天将朱宸濠活捉。

立了如此的大功，阳明先生的处境反而更加困难。武宗自己已经以自封的"威武大将军"名义，带了威武副将军、干儿子朱泰（许泰），浩浩荡荡，御驾亲征。武宗在走到涿州之时，接到王守仁的捷报，秘不发表，仍旧继续向南进发。副将军朱泰与太监张忠，带了若干万"边军"与若干万"京军"在前面走，一直开到南昌，似乎以为朱宸濠仍在南昌一样。

王守仁带了朱宸濠，想迎接武宗，献俘，却不敢去。因为，武宗根本还没有承认他已捉得了朱宸濠。王守仁只得来个迂回，由江西到浙江，顺富春江而下，到了钱塘，找太监张永。张永曾经听杨一清的话，除了刘瑾，王守仁认为在太监之中，只有张永可以去碰一碰面。果然，张永对他表示好感，他就把朱宸濠交给张永，请他代献给武宗，自己转回江西任所。

恰好，这时候朝廷叫他"兼抚江西"，他便去南昌，与那已经开到了南昌的朱泰、张忠打交道。朱泰与张忠质问他："朱宸濠的金银珍宝，到了哪里去了？"他回答："早就花光，运到京师送给若干要人了，有底账可查。"朱张二人听到了"底账"二字，心里明白，便不再追问。

武宗叫阳明先生重新递上一张报捷的奏表，里面强调"奉威武大将军方略，讨平叛乱"，而且加进武宗左右的若干小人的姓名，说他们有功。

武宗死后，世宗即位，才发表阳明先生为南京兵部尚书，阳明先生不肯到任，请求回家乡省亲。到了这一年（正德十六年）十一月，世宗又封阳明先生为"新建伯"。次年二月，阳明先生丁父忧，退居家乡。

他在家乡一住便是六年，朝廷对他十分冷淡。主要的原因是，大学士杨廷和对兵部尚书王琼有意见，认为阳明先生是王琼的人。（当年保荐他充任南赣巡抚的，是王琼。）

到了嘉靖六年，思恩与田州的"土酋"卢苏与王受二人造反，朝廷这才任命阳明先生以左都御史总制两广江西湖广军务兼巡抚，对卢苏、王受用兵。阳明先生到任以后，不费一兵一卒，将这两人招降，安抚了两人的兵卒七万。思田两州的善后事宜，他也处置得很妥当。

断藤峡的瑶民，占据着三百多里的地域，"上连八寨，下通仙台花相"，造反了几十年。阳明先生出其不意，把瑶洞瑶寨一一"削平"。为了这一件事，阳明先生几乎获罪。原因是，吏部尚书桂萼对大学士刘瑰有意见，以为阳明先生只肯听刘瑰的话，不肯听他桂萼的话。（他曾经暗示阳明先生去打交阯，阳明先生不肯。）于是，他就向朝中的诸大臣说："王守仁把不该招降的（卢苏、王受）招降了，把不该征讨的（瑶民）征讨了。"

这时候，阳明先生已经病得很厉害，一面上疏请求辞职回乡"省亲"，一面把公事交给在身边的郧阳巡抚林富，请林富代理，不等到朝廷准辞便启程东归。

这最后一点，确是阳明先生的错。于是，虽则他走得不多远，便病故在南安，桂萼却不饶他，振振有词地参他一本，说他"擅离职守"。世宗很受桂萼的影响，叫廷臣公议对阳明先生死后的处分。桂萼却又做了好人，说阳明先生"功有足录，宜免追夺伯爵，以章大信"。但是，他又说："守仁事不师古，言不称师。欲立异以为高，则非朱熹格物致知之论。知众论之不予，则为朱熹晚年定论之书。号召门徒，互相倡和，才美者乐其任意，庸鄙者借其虚声。传习转讹，背谬弥甚。"桂萼的结论是："宜禁邪说以正人心。"看样子，他是希望世宗把阳明先生的著作一概焚烧、毁版。

世宗根本不懂得桂萼所痛斥的，是怎么一回事，因此也就未加理会，仅仅不让阳明先生的儿子袭继伯爵之位。

其后，穆宗追赠阳明先生为新建侯，准许阳明先生的子孙世袭伯爵。

神宗在万历十二年依照大学士申时行的请求，以阳明先生、白沙先生及胡居仁，从祀文庙。（另一位儒者薛瑄，已于隆庆二年由穆宗下旨从祀文庙。）

阳明先生的事功，比起诸葛亮来，毫无逊色。他的德行与学问，可说是上追孔孟，与朱熹相比肩。

想详细研究他的思想，必须读他的全集（《王文成公全书》，明穆宗隆庆六年刻本，收在商务印书馆《四部丛刊》初编）。

阳明先生是"诗礼家庭的宠儿"，幼年没有衣食之虞，加以天性豪迈，很想做世间"第一等事"，做世间第一等人。成年以后，接触到当时士大夫的以程朱为道统的气氛，努力于"格物致知"。曾经用了七天工夫，"格"庭院前的竹子，格不出一个所以然的道理来，于是，在回到家乡以后，便住到阳明洞里去，出入于释老二氏（研究佛家与道家的书，并且打坐、导引）。那时候，他的年龄是三十一岁（弘治十五年）。他学仙学佛不到一年，由于割舍不了对祖母与父亲的孝心，便毅然决然放弃了做仙做佛的想头，重行研究儒家的道理。

此后，他颇劝人"立志"。从弘治十八年起，便有人愿意执贽受教，使得他开始了二十三个年头的授徒讲学的生活。古语说，"教学相长"。他一面教人，一面也教了自己。

老天爷似乎也特别看中了他，送给他若干艰难、挫折、委屈，以"苦其心志，劳其筋骨，饿其体肤，空乏其身，行拂乱其所为"，无非是为了动他的心、忍他的性，补充他以他一向所尚未曾有的本事。武宗正德元年，他以兵部主事的资格上疏请求释放被刘瑾滥捕的南京给事中戴铣等二十余人。疏中说："铣等以言为责，其言如善，自宜嘉纳；如其未善，亦宜包容。……伏愿追收前旨，使铣等仍旧供职。扩大公无我之仁，明改过不吝之勇。"末了一句之中的"改过"二字，稍许重了一些，使得武宗与刘瑾有借口把阳明先生也关下了诏狱，打四十下棍子，贬到贵州龙场驿当驿丞。龙场是今天修文县的县治，在当时还是一个充满了"蛇魅魍魉，蛊毒瘴疠"，很不卫生的所在，居民也什九以上是苗胞，言语不通。全场连一座房子也没有。阳明先生到了那里，真是苦不堪言，却能慢慢地从苦中获得磨练，找到出路。他教导苗民识字读书，也教了他们架木盖屋。更重要的是，他悟出了"知行合一"的大道理。

这知行合一的大道理，发前人所未发，帮助了他自己后来为人为学，立功立德，也影响了几百年来中国与日本的政治家及学人。

所谓知行合一，便是"知即是行，行即是知"，"知是行的主意，行是知的功夫"，"知是行之始，行是知之成"，"知而不行，只是未知"。

阳明先生的这种发明，在伦理的范围内容易讲得通。譬如，孔子说某人知礼，绝不是说某人单单懂得条文，而是说某人在实践上合乎礼的要求。我们说，某人懂得了孝道，也是在说某人已经在行为上尽到了一个"孝"字。

阳明先生不仅是要人行善，也要人"不行不善"："今人学问，只因知行分作两件，故有一念发动，虽是不善，然（自己）却（以为是）未尝行，便不去禁止。我今说个知行合一，正要人晓得一念发动处，便即是行了。发动处有不善，就将这不善的念克倒了，须要彻根彻底，不使那一念不善潜伏在胸中。此是我立言宗旨。"

阳明先生在江西平了朱宸濠之乱，几乎反而招祸，忧谗畏讥，在思想上多了一番磨练，才把"知行合一"的观念，发展为"致良知"的教训。"致良知"，是除去"不善的念"，也就是"去人欲"。去了人欲，天理自现。这天理，便是"良知"，也就是我们通常所谓"良心"。"知是心之本体，心自然会知。见父自然知孝，见兄自然知弟，见孺子入井自然知恻隐，此便是良知，不假外求。……然在常人不能胜私意障碍，所以须用致知格物之功，胜私复理，即心之良知更无障碍，得以充塞流行，便是致其知，知致则意诚。"

可见他对于《大学》一书之中"格物致知"四字的解释，与晦庵先生（朱熹）的迥不相同。晦庵先生认为格物致知，是"即物穷理"："格，至也；物，犹事也。穷至事物之理，欲其极处无不到也。"阳明先生似乎是把"格"字当作"去"字讲，"物"字当作"欲望"讲。关于"理"字，晦庵先生以为是"事物之理"，阳明先生则以为是"天理"也就是"良知"；"心即是理"，这便是朱王二家相异之处。

阳明先生因此而颇受朱派的人攻击，被批评为立异鸣高。他愤而抄集了晦庵先生晚年的若干话语，题为"朱子晚年定论"以证明他自己的思想与晦庵先生晚年的并无十分抵触之处。例如，晦庵先生在《答吕子约》的信中说："文字虽不可废，然涵养本原而察于天理人欲之判，此是日用动静之间，不可顷刻间断底事。"这样看来，朱王一家，形虽小异，实则大同。

八三　世宗

世宗朱厚熜，在明朝的所有皇帝之中，是在位最久的两个之一。他在位四十五年，神宗在位四十七年。以享寿的长久而论，他也仅次于太祖成祖。他死时年已六十，太祖死时年七十一，成祖死时年六十五。

他生于湖北安陆，父亲兴献王朱祐杬的府邸之中。十三岁，袭封为王；十五岁，被迎到京师，入承大统。祖母，宪宗的贵妃邵氏，这时候还活着，眼睛已瞎，很高兴孙儿当了皇帝，把他从头顶到脚跟摸了一遍。他尊她为皇太后（应该称为"太皇太后"才对），次年（嘉靖元年，1522年），加号为"寿安皇太后"。她在当年的冬天病故。

世宗的母亲、兴献王的王妃蒋氏，被接了来，尊为"兴献皇后"。至于孝宗的皇后张氏，原已于武宗即位以后，尊称为"慈寿皇太后"，世宗再给她加上两个字："昭圣慈寿皇太后"。此人死于嘉靖二十年。

武宗的皇后夏氏，在辈分上是世宗的堂嫂，被世宗尊为"庄肃皇后"。此人死于嘉靖十四年。

祖母与寡嫂，均不曾给世宗惹出任何麻烦。成为问题的，是伯母与母亲之间的地位的高下，连带地也牵涉到伯父孝宗与父亲兴献王之间的地位的高下。

这问题，在世宗即位以后的第六天便发生了。他下诏给群臣，共议如何尊崇本生的父母。大学士杨廷和引据汉哀帝与宋英宗的故事，认为世宗既已做了孝宗的嗣子，应称孝宗为"皇考"，本生父兴献王为"皇叔父"，本生母为"皇叔母"。世宗懂不了这个大道理，说："伯父母变成了父母，父母变成了叔父母，要换得这么多吗？"下旨叫群臣再议。

杨廷和坚持自己的主张，多数的大臣也附和他，世宗只是一个十五岁的孩子，无可奈何。母亲蒋氏北来，中途留在通州，不肯进京，向人家说："他们怎么可以把我的儿子，算作别人的儿子呢？"世宗在宫里也向孝宗的皇后张氏（昭圣慈寿皇太后）说："我情愿回安陆，仍旧做一个兴献王，皇帝的位置请您另找别人。"于是，礼部尚书毛澄商得杨廷和的同意，上疏请以"昭圣慈寿皇太后"的懿旨，尊兴献王为"兴献帝"，蒋氏为"兴献后"，世宗觉得"兴献帝"与"兴献后"缺少了一个"皇"字，仍旧感到有点儿遗憾，但也只得姑且答应。到了嘉靖三年正月，终于把这个"皇"字加上。杨廷和便在加了"皇"字以后的次月，请求退休，获准。

杨廷和之因"议礼"而去，是世宗的极大损失。

杨廷和本人，也未免太固执了一些。兴献王只有世宗一个儿子，世宗改做了孝宗的儿子而称兴献王为叔父，岂不是弄得兴献王绝后？为了贪恋皇帝的位置，而使得父亲绝后，世宗的少年天真之心，如何能安。

话说回来，世宗一朝只有在杨廷和主政的头二年又九个月，有过几件好事。武宗刚死，杨廷和便以武宗的名义，颁布了一个遗诏：罢"威武营团练"，遣散边军回镇，在"威武大将军"的所谓"军门"办事的一切军官都饬令各归本卫，不许留在京城。武宗所经营的、不成体统的"皇店"一概关门，成千成百的番僧、少林寺僧、教坊的戏子婊子以及专供游乐的南京"快马船"的船夫，与全国各地送来的美女，也一概遣散。而且停止了京城的若干不急之务的营造，送走了滞留在京城的哈密、土鲁番、佛郎机（葡萄牙）等国的贡使。宣府行宫的所有金宝，也统统运回京城，存入内库。

除掉江彬的，是杨廷和。主持迎世宗入继大统的，也是杨廷和。

在世宗即位的前夕，杨廷和起草登基诏书，乘此机会，用世宗的名义大行改革：裁去了宫内与锦衣等卫的冗员十四万八千七百人，减免了各地方运往京师的漕粮一百五十三万二千多石。

杨廷和去职以后,首席大学士的位置轮到费宏。费宏虽是一个正人,却没有杨廷和的魄力。费宏在嘉靖六年二月退休,老臣杨一清继为首辅,敢于和张璁、桂萼摩擦,胜得了桂萼,胜不了张璁。

张璁(其后改名"孚敬")与桂萼始则朋比,继则相攻,俱不是好人。张璁当首辅,从嘉靖八年九月当到十四年四月,中间有一年半失位,地位被王守仁(阳明先生)的学生方献夫占了去。

嘉靖十四年四月以后、二十三年八月以前,当首辅的先后为李时、夏言、翟銮,这三人都好,但是都不能怎样挽救世宗的日趋下流。

再其后,当政的便是大奸臣严嵩和他的儿子严世蕃。严嵩是首席大学士,严世蕃在名义上是太常卿,在事实上是幕后的宰相。世宗一直沉沦下去,到死。

死前,在嘉靖四十四年三月,世宗竟然有力量杀掉严世蕃泄愤。愤是泄了,明朝的天下已经被他的几十年的昏愦贪横的统治,弄得空虚得只剩下一个躯壳。明朝竟然没有立刻结束,又拖了近八十年,确是奇迹。

世宗一生最大的兴趣,不是国家,不是人民,而是自己的生命。他希望长生不老,成仙。

最初引诱他走上这条路的是"暖殿太监"崔文。那时候,是嘉靖二年,他的年纪才有十七岁,他实在只是贪看"打醮"的热闹而已。玩儿了一个月左右,抵不住给事中郑一鹏的苦谏,也就"暂停"。

次年,他又玩儿起这把戏来,特旨召龙虎山的道士邵元节来京,晤谈之下,对邵元节大为佩服。他叫邵元节求雨、求雪,均很灵验。本来,雨到了该来的时候,大概虽不求也迟早要来的。雪,也是如此。邵元节因此而受封为"清微妙济、守静修真、凝元衍范、志默秉诚、致一真人",统辖朝天宫、显灵宫、灵济宫三个道教的庙宇,"总领道教"。

过了三年,邵元节更加得宠,获赐紫衣玉带,赏建"真人府",拨校尉四十人，供真人府洒扫，加赐庄田三十顷，免租免税，外给禄米每年一百石。邵元节感恩图报，自愿为世宗打醮求子。

果然，到了嘉靖十五年以后，世宗便一连生了几个儿子。邵元节的功劳，在世宗看来，确是太大。他的官阶，被升至一品，挂上"礼部尚书"的虚衔。不过，邵元节福薄，当这空头尚书当到嘉靖十八年便死。

继邵元节之任的，姓陶名仲文，原为八九品的小官（当过辽东的库大使），和邵元节是朋友，也会画符念咒，能够"除妖"、"治痘"、预言火灾。世宗先封他为"神霄保国高士"，不久便升他为"神霄保国、弘烈宣教、振法通真、忠孝秉一真人"。世宗有一次想听他的话，把政务交给太子以"监国"的名义处理，自己静居修炼，太仆卿杨最上疏反对，被世宗廷杖杖死。

陶仲文于两个年头之中，平步青云，升到"少保，兼礼部尚书"。其后，再升为少傅，而仍兼少保。又其后，升为少师，仍兼少傅少保。以一人而兼为"三少"，在明朝或任何一朝的历史之中仅他一人，他死在嘉靖三十九年；正如邵元节一样，也没有成仙。

但是，嘉靖帝始终执迷不悟，尤其是在嘉靖二十一年十月受了宫婢杨金英的刺激以后。杨金英乘他睡得很熟之时，用绳子套在他的颈子上打了一个结，使得他昏了很久才被救活。从此，他便搬到"西苑"里去住，不和任何妃子或宫女见面，也不和严嵩以外的任何文武大臣见面，只和几个道士与宦官打交道，更谈不上视朝听政了。严嵩之所以"得君甚专"，也全靠和道士们勾结在一起。说来奇怪，严嵩后来在嘉靖四十一年倒霉，却也是倒在一个道士蓝道行之手。倘若没有蓝道行利用扶乩的机会接近世宗，向世宗说严嵩是奸臣，仅仅有御史邹应龙的弹劾，世宗未必肯听。

严嵩虽则倒霉，一时不过是罢斥回乡而已，未曾被杀。他的爪牙满朝满宫，很快地反告蓝道行一状，说蓝道行"怙宠招权"，于是蓝道行就

八三　世宗

被捕下狱,死在狱里。毕竟道士斗不过奸臣。

其他的道士,皆没有蓝道行那么傻。例如钱柱观的蓝田玉,见到严嵩业已罢斥,却仍肯把所画的符箓送给严嵩,让严嵩献给世宗讨好。结果,严嵩虽讨不到多少好,蓝田玉因此有了机会被召进京,向世宗表演"召鹤"之术。(实际上,这些鹤可能是蓝田玉早就养畜着,训练好了的。)

蓝田玉不该于召鹤得宠以后,又假传圣旨征取各地水银,准备用水银炼出丹来,献给世宗吞服。大学士徐阶向世宗说:"水银服不得,假传圣旨的罪太大,更不能不办。"这蓝田玉于是便以假传圣旨的罪名,下狱,处斩。(嘉靖四十四年的事。)

徐阶是在嘉靖四十一年继严嵩而为首辅的。他是松江府华亭县人,很会做官:出身是嘉靖二年的探花(一甲第三名进士),历官翰林院编修、延平府推官、黄州府同知、浙江按察使司佥事、江西按察副使、司经局洗马兼翰林院侍讲、礼部吏部侍郎、礼部尚书。他为人颇知是非,却有本事与小人周旋,不甚遭忌,又懂得迎合皇帝的癖好,把献给神仙的"青词"写得很好。

他在嘉靖三十一年以东阁大学士的名义入阁,在严嵩的下面挨了十年,挨到严嵩下台,才升为首辅。做了首辅以后,他便施展出一番作为,使得嘉靖一朝的最后五年稍许有点儿像样。

世宗对徐阶的信任,超过当年对于严嵩,公事多半听徐阶安排。在私生活的方面,世宗一如往昔,拜神、吃药,求长生不老,终于吃药吃得太多,不治而死。

世宗之死,给了徐阶一个起草遗诏的机会。假传活着的皇帝的圣旨,叫作矫诏,罪很大;假传死了的皇帝的圣旨,叫作奉命颁布遗诏,不仅无罪,而且可以立功。于是,徐阶便依照杨廷和替武宗颁遗诏的榜样,一举而把王金、申世文等五个妖人关下诏狱,判以死罪。所有的设斋打醮、造庙、造宫殿、取珠宝、织绸缎等等不急之务,一概停止。凡是自从世宗即位以来，因争议大礼（是否应该追尊兴献王为帝为皇，称孝宗为父亲或伯父，替兴献王立庙，搬走孝宗的牌位，腾出地方来安置世宗的孝烈皇后方氏）或争议大狱（其中最有名的是白莲教首张实一案）而被拘囚或判罪的，一概释放。

八四　兵的演变

嘉靖年间的内忧外患,相当严重。其中最值得我们注意的,是兵变。至于白莲教、"套寇"、倭寇,似乎还是次要的。国家少不了军队,军队的内部溃烂,危险之至。

军队之所以溃烂,原因很多。就制度而言,明太祖的军民分籍,解决了一时的财政困难,而不足以奠定长治久安。把人民分为两种,以其一种担负全部军事任务,另一种完全不担负军事任务,根本是不合理。

具有军籍的人,又分为两种:军官与兵士,两种都有军田,两种都是世袭。军官世袭,变成了贵族;兵士世袭,变成了农奴。作为世袭贵族的军官,生活太有保障,一代一代地懒惰下去,很像清朝的八旗子弟。作为世袭农奴的兵士,终身听人驱使,前途毫无希望,能逃的逃,不能逃的也一代一代地混日子,不知有国家,更不会爱长官。

从洪武元年(1368年)到嘉靖元年(1522年),明朝已经有了一百五十四年的历史。所打的硬仗,寥寥可数。太祖打了几次,成祖打了几次,都没有元明之际对陈友谅的战争那样激烈。成祖以后,只是边疆上对北元常有小规模的接触(土木之变,死的人虽多而不配称为战争),在内地对苗人、瑶人等有过几次行动而已。王守仁打朱宸濠,也算不上怎样大的战争。

太平久了,武器会生锈,军官与兵士也会生锈。这是中国历史上每一个朝代由盛而衰的关键。一个朝代,老是对外找仗打,可能弄得民穷财尽,大损国力;反过来说,一个朝代,老是对外敷衍,弄得将不像将、兵不像兵,将与兵都毫无作战经验,也未尝不是自种祸根。

明朝政治的绝症，是太监当国。从宣宗的时候起，直至崇祯帝即位，表面上的大官是大学士、尚书、总督、巡抚、布政使等等，实际上的大官，在中央是司礼太监，御马监太监，东厂、西厂、内厂的提督太监，在各省各重要地点，则是所谓"镇守中官"。尤其要不得的，是军队中有所谓"监军太监"。这些太监，总而言之，都是只知道要钱。好的固然有，但百不得一。

总督与巡抚的地位，在镇守中官之下。"总兵官"在明朝初年，相当于整个战役的"总司令"；中叶以后，由于逐渐添设了总督、巡抚与镇守中官，就缩低为一个单位的部队长（以至于到了清朝只是一镇的指挥官而已）。总兵官丧失了统辖部队的全权，照顾不了兵，也就管不了兵；上边的总督、巡抚，以及高而至于兵部尚书、五军都督府都督，也都照顾不了兵、管不了兵。兵没有人照顾，没有人管，怎能不变？

明朝属于军籍的兵额，不为不多。洪武二十六年，定制全国有三百二十九卫，与六十五个独立的所。平均每卫有五千六百人，每所有一千一百二十人，包括军官在内。合计起来，该有官兵一百九十一万五千二百人。其后，卫与独立所的数目均逐渐增加，到了明朝末年，共有四百九十三个卫、三百五十九个独立的所。倘若这些卫所，皆达到平均的员额标准，便一共该有官兵三百一十六万二千八百八十人。

在孝宗弘治年间，依照兵部侍郎李孟旸的说法，全国官兵的总额，是"二百七十余万"。

这二百七十余万官兵，分散在全国各地，能打仗的极少。其中有一部分，只是虚额，有额无兵。额之所以变虚，或是由于"绝嗣"：老兵死了，不曾留下儿子；或是由于逃亡。逃亡的，照例由主管的人行文"跟捕"（到家里或其所逃亡之处捕捉本人），或"勾捕"（捕捉本人的儿子或兄弟）。也是额已成虚，而主管的人不向上边陈报以便吞吃的，叫作"隐占"。

最初，军官取兵士当勤务兵（仆役），政府限定指挥、同知、佥事只

八四　兵的演变

能取四人，千户只能取三人，百户与镇抚只能取二人。其后，所有的兵都变成了军官的勤务兵。各级衙门遇有什么运粮等差使，都调动兵士去做工。最后，不仅军官与文官可以使唤他们，连一个秀才也可以使唤他们了。

平时，各级军官注意于操练的极少，甚至有一年两年不下操的。到了战时，这些兵怎能作战？

笼统言之，淮河以南的各卫各所都失掉了军事作用。"京军"略胜一筹，比较可靠的是"边军"。

京军在景泰以前，分作"三大营"：即所谓五军营、三千营、神机营。五军营是"五军都督府"所直辖的京师及京师外围各地的卫所的兵，加上山西、河南、山东等省轮流调来京师的"番上军"。三千营，原由降附的三千个蒙古人所构成，全为骑兵，其后也不限于蒙古人了。神机营全用火器，相当于北洋时代的各处军阀的所谓"手枪队"；所不同的是，武器并非手枪，而是铳子。

景泰年间，于谦选用上述三个单位的精锐十万人，成立十个新的营，称为"团营"，由于认真操练而作战能力颇强。于谦也从河南等处招募了很多壮士。不属于军籍的这些壮士，是否也纳入了团营之中，待考。

景泰以后，团营时废时复。营数也扩充到十二万。然而其逐渐腐化与沦落为奴工，正与"老家"（三大营）相同。

"边军"，在原则上是散布在北边各地的卫所的兵。事实上，即使没有虚额，这些卫所的兵也不足以捍卫边疆，虽则他们在体质上较之内地的兵优良，究竟人数太少，不敷分配。

明朝初年，河套尚未被北元侵占，北边边疆上只有四个镇：辽东（辽阳）、宣府（宣化）、大同、延绥（延安绥德）。其后，增设蓟州、宁夏、甘肃、偏头关（简称偏关）、固原五个镇。一共是九个镇，称为"九边"。九边之中的所谓"三边"，指延绥、甘肃、宁夏，设了"三边总制"。三边总制的衙门设在固原。

九个镇，各设总兵官一人（简称总兵）。各镇所统辖的卫所的兵额，有多有少，平均是十万人左右。实际上的人数，那就大成问题。以宣府为例，在洪武年间确有十万，到了武宗正德年间便只有六万六千九百多人。而且，在这不足七万的人数之中，倒有一半不是来自卫所的正规军，而是所谓"土兵"与所谓"募兵"。土兵，其实也是募兵，"土"的意思，指"本地"而言。边郡之有"土兵"，始自宪宗成化二年。在此以前，政府不过是准许边地居民自备军械，自行组织以各保乡里而已，政府不出饷，这些类似乡勇的队伍也没有受调到别处作战的义务。

明朝之有"募兵"，以补军籍兵源之不足，严格说来，不是从景泰年间于谦招募壮士之时开始，而是从英宗正统二年开始。英宗下旨，招募各地的"军余"（军籍人家的多余子弟）与"民壮"（民籍的壮丁），每人给布两匹，月粮四斗。陕西一省，应募的有四千二百人。

从孝宗弘治二年开始，明朝有了所谓"佥兵"。佥兵不是募兵，而近于"征兵"。有七八百个里以上的州县每里佥五人为兵，五百个里以上的每里佥四人，三百个里以上的每里佥三人，一百个里以上的每里佥二人。对这些"佥兵"，政府不给月粮，只在调遣的时候给以"行粮"。被佥为兵的人，如果有钱而不愿意服役，可以出钱，交由政府募人代役。于是本来可以做得好的新的兵役制度，又变质为一种新的税捐。

边疆的生活苦，本地的居民之应募为土兵的还可以勉强受得了，内地的募兵肯去的不多。每每走到半途，便开了小差。犯罪的，常有被"发往边卫为兵"的，这便是苦上加苦了。怀着一肚皮的委曲，如何打得了仗？

从军官到兵士，打仗只是虚应故事。成化年间以后，能杀得三五个敌人的军队，便算是好军队，便有资格向朝廷报功领赏。多数的官与兵，虽则是身在边疆，却并无保卫边疆之意，只是按时领粮领饷，混混日子

八四 兵的演变

而已。粮饷发生问题，便要闹兵变。

粮饷二者之间，粮的问题比饷严重。原则上，边地卫所的粮，由屯垦的田地供给。然而，不够，必须由内地产粮的地方运去，政府所费很大。中盐法实施以后，商人始则输粟换盐，继则自行招工到近边之地开垦，就近纳粟以省运费，最后则因朝中的大官喜欢有银子经手，改叫商人缴银于库，再由政府代买粮食运边。这么一来，边军便常常有缺粮的恐怖。政府而且又常常折发现银代金，所定的折合比率低于当地的市价。

在嘉靖以前，也有闹兵变的，规模不大。嘉靖年间，却一闹再闹，闹了五次大的兵变，其中有四次是在边地。

第一次，嘉靖元年正月，驻在甘州的兵领粮食代金，请求巡抚许铭提高折合的比率。许铭不肯，这些兵就一闹而杀了许铭。总兵官李隆一向与许铭有意见，因此就犯了在幕后鼓动的嫌疑。朝廷派陈九畴继任巡抚，负责查办这件事。陈九畴参了李隆一本，李隆被捕，斩首。

第二次，嘉靖三年八月，驻在大同的兵恨巡抚张文锦与参将贾鉴待他们太苛，督责他们造五个新的堡垒，又叫他们住到这些堡垒里去。他们便一闹而杀掉张文锦与贾鉴，并且把前任的总兵官朱振从监牢里放出来，奉为首领，占据了府城，对抗朝廷派去平乱的"京军"。朝廷叫蔡天佑继任巡抚，又叫朱振官复原职，接现任总兵官苗勇的事。这件事闹到次年春天才告平息，斩杀了乱兵首领三十几人。

第三次，嘉靖十二年十月，驻在大同的兵，因总兵官李瑾督责他们挖壕，太急，一闹而杀了李瑾与千户张钦，从监狱里放出前任参将黄镇，指挥马昇、杨麟，奉为首领。朝廷派了杨源清去打，无功。

其后，马昇、杨麟二人不愿意造反到底，杀了黄镇，对朝廷效忠，乱子才告平息。

第四次，嘉靖十四年三月，驻在辽东的兵，因巡抚吕经把每个"正军"所带的余丁从三名减为一名，又收回了正军所领的牧地（每人五十亩），大闹，把吕经捉了，关起来，向朝廷告状。朝廷召回吕经，贬谪为兵，派巡按御史曾铣去查办。曾铣毫不客气，捕了几十个乱兵领袖，斩首示众。（正军所带的"余丁"，是伙夫马弁之类，也是军籍人家抽调出来的。）

第五次，嘉靖三十九年二月，驻在南京的（募兵）振武营，因为到期领不到饷，春粮（不论有无子女一律每月八斗）全被取消，照例应有的每年二次以银五钱代粮一石，又被减为一次，大闹，杀了总督粮储的侍郎黄懋官。守备太监何绶允许犒赏他们十万两银子，另一侍郎李遂颁发免死券给他们，风潮才算结束。结束了以后，李遂捉了二十五名兵变的首领，报告朝廷，朝廷叫把这二十五人只杀三人，事实上所指定的三人于诏书到达之时已经死在牢里。

八五　达延汗

在宪宗、孝宗、武宗、世宗，以及穆宗、神宗之时，北元对明朝的威胁一直是很大。

其中的关键，全在于丢了河套。英宗土木之变，使得"京军"的精锐化归乌有；复辟以后，元气始终未复。到了天顺六年，翁牛特部的部长毛里孩等人，便先后进出于河套（绥远黄河南岸，今天的鄂尔多斯各旗所在地）；其后，在宪宗成化五年，来了以后便不肯走。

王越在成化九年，突袭北元各首领留在红盐池的妇孺老弱，使得他们一时稍存顾忌。然而，未出十年，河套又成了蒙古人的牧地。

余子俊在成化十年所筑成的边墙，保障了今日的陕北。但是它的功用，是帮助守，不是帮助攻。以当时的情势而论，余子俊可谓尽了最善的努力。

北元的达延汗在成化十五年即位，年方五岁，国事掌握在他所接收的"太太"，亦即满都鲁可汗的寡妇之手。夫"妇"二人以太太娘家土默特部的兵为主力，对瓦剌作殊死战，战到成化二十一年瓦剌的领袖亦思马因去世，才获得胜利。

三年以后，明孝宗弘治元年，达延汗遣使与孝宗通好，自称"大元大可汗"。达延汗的"达延"二字便是这"大元"二字的讹译。明廷在答报的文书上，只肯称他为"伯颜·猛可王"。

《黄金史》与《蒙古源流》，均说他的父亲的名字是"巴延·蒙克"，而他自己是"巴图·蒙克"。是不是这两种史料有误，或明廷"父冠子戴"，待考。

我们有理由相信，在弘治元年和明廷建立友好关系的，是达延汗，而不是他的父亲孛罗忽。孛罗忽被逐于满都鲁可汗，是在明宪宗成化十一年；孛罗忽之为永谢布人所杀，是在成化十八年或其以前。

达延汗对明孝宗翻脸，是在弘治十四年。有一位火筛，邀了他，"大入延绥"。到了弘治十七年，两国一度言归于好。明廷准许他按照弘治十一年的例子，派遣二千名贡使来（据《明实录》，是年三月壬午日条）。

次年，达延汗在正月间围攻宁夏的灵州，打进花马池，劫掠韦州、环县，又占了清水营。其后，转而东向，横扫内蒙，在五月间到了宣府，饱掠一顿，又回师西向，骚扰大同。

明廷派去抵御他的主帅，正如在弘治十四年的一样，是朱晖。监军是宦官苗逵。朱苗二人只会报功领赏，保举亲戚朋友部下，不会打仗。上次杀了十五个敌人，保举了二百一十个官；这次杀了八十几个敌人，保举了一千五百六十三个官。

达延汗在弘治十八年的正月劫掠宁夏，五月劫掠宣府大同，十月又回到甘肃。他来去自如，如入无人之境。唐朝设在黄河北岸的三个受降城（东边的在托克托，中间的在五原，西边的在临河），久已成为废墟。明朝的所谓九边，除了辽阳、宁夏以外，其余七个皆在长城之南，以守待攻，分散了兵力，丧失了主动。而且这七镇的总兵官只有"延绥"的一个驻节于长城边上的榆林，别的都驻节于离开长城有相当距离的"安全所在"。

达延汗于明孝宗之时，借着对明友好，赢得了充分时间，把蒙古各部一一征服，也胁从了一向最忠于明的朵颜三卫与远在松花江与辽河之间的若干蒙古部落。

因此，他在明武宗之时，便能以全力对明侵扰，极占上风。明武宗在位十六年，差不多每年均有边患。本来，达延汗在弘治十四年曾经放弃河套，把套内的蒙古人带走。现在他又把一万户的蒙古人于正德六年带进套内长住,称为鄂尔多斯部,与绥北的土默特部的一万户,与察中及热南的永谢布部的一万户,合称"右翼",交给第三个儿子巴尔苏·博罗得管辖,封巴尔苏·博罗得为副王(济农,即《明史》上的"吉囊"。明朝官史误以吉囊两字为人名)。左翼也有三个万户,由他自己直接统率。这三个万户,是察北的察哈尔部,热东的兀良哈部,辽河与松花江之间的喀尔喀部。

外蒙古的户数不详,人民也分作三部,称为车臣部、土谢图部、札萨克图部,都交给另一个儿子(可能是第八个)格呼森札管辖。

他如此措施,为的是防免子孙因争夺汗位而内讧。事实上,他给蒙古建立下一个维持了几百年的封建制度。游牧的部落,由于得到了固定的活动范围,开始和土地发生关系,渐渐地生了根。

到了明世宗之时,达延汗的江山久已坐稳,对明朝的进攻也较前更加猛烈。前后死在他刀下的明朝军官,有指挥使殷隆、都指挥王纲、参将王经、参将关山、指挥赵源。

他死于嘉靖十二年。继他而作为入侵明边的北元首领,是"吉囊"与吉囊的儿子俺答。

八六　俺答

达延汗的长子图噜·博罗得，死得很早。次子乌鲁斯·博罗得为仇人伊巴里（亦不剌）所害。四子阿尔苏·博罗得被谷应泰误认为俺答的父亲。

俺答的父亲是达延汗的第三个儿子，巴尔苏·博罗得。此人勇敢善战，受封为右翼三个万户之长，赐号济农，《明实录》与《明史》，以为他的名字便是所谓"吉囊"。吉囊比不上达延汗，对明军作战有胜也有败：他的军队杀了指挥赵镗、参将张国辅、都指挥周冕、指挥周岐、参将郑东，却也一再败于王效、梁震、任杰、鲁纲、姜奭、刘天和、周尚文、赵卿等人之手。

吉囊驰骋于明朝北疆之上，前后有八九年，从嘉靖十二年到嘉靖二十年。

他的长子，叫作衮·毕里克，袭位为济农，在《明史》中被称为"吉能"。次子阿勒坦，比吉能厉害，在《明史》与《明实录》之中被称为"俺答"。俺答是明朝的劲敌：一度在嘉靖二十九年兵临京师（北京）城下，饱掠而去。另一次，在嘉靖二十一年，进雁门关，捣穿了山西省，兵锋及于太原、潞安、沁州、襄垣、长子、临汾。风驰电掣，很像后来的多尔衮与阿巴泰，使得山西的人民吃了很大的苦，也使得明朝的朝廷大官相顾失色。

俺答的其他活动，和这两次入侵比起来，反而算不了什么了。石州（灵石）、朔州、宣府、大同、宁夏（银河）、延绥（榆林）、松子岭、清平、怀仁川、灵丘、广昌、广武、古北口、蓟州、土木堡、万全、隆庆，都被他占领过；其中以大同遭殃的次数为最多。其次，是宣府。明朝重要军官之死于他的军队之手的，单就世穆二宗的本纪所标出的而论，计有：

总兵官四人——张达、李涞、岳懋、郭江。

副总兵二人——林椿、郭都。

参将六人——张世忠、史略、冯恩、赵倾葵、李光启、崔世荣。

指挥二人——顾相、董旸。

指挥佥事一人——王恭。

游击四人——高极、张宏、董国忠、梁平。

守备四人——张文瀚、鲁承恩、祁谋、韩尚忠。

俺答在最后受封，与明廷言归于好，是在穆宗隆庆年间，张居正当国之时。

张居正于穆宗隆庆元年（1567年）以吏部左侍郎兼东阁大学士入阁。到了隆庆二年十一月，便有宣府总兵官马芳，连败俺答于长水海子及鞍子山的胜利。次年正月，大同总兵官赵岢又大败俺答于弘赐堡。四年四月，俺答攻大同与宣府，均被马芳与赵岢挡住。

半年以后，俺答的孙子把汉那吉，带了部下阿力哥等十人，到大同来投降。巡抚方逢对予以接受，报告总督王崇古。王崇古向明廷建议，封把汉那吉以官爵，让俺答知道，如果俺答肯归顺，便叫他把赵全等九个奸贼捆了送过来；如果俺答不肯归顺，便说要杀他的孙子把汉那吉，来恐吓他。

明廷批准王崇古的建议，封了把汉那吉为指挥使，阿力哥以下十人也分别封了千户等等官爵。

把汉那吉为什么离开了俺答，向明朝投降呢？因为，他的未婚妻"三娘子"被俺答霸占了去。论辈分，这三娘子还是俺答的外孙女呢。

在把汉那吉降明受封以后，俺答约集了各部人马，大举压境，见到明方有备，便派了一个使者来见王崇古，王崇古也派了一个翻译官鲍崇德去答拜，把归顺的利与不归顺的害，向他说明。

俺答听了，很高兴。他向鲍崇德说："我本不想作乱，是赵全等人教我的。倘若皇帝封我为王，镇守北方的各个部落，有谁再敢作乱呢？我死了以后，我的孙子继位受封，衣食仰给于中国，也不会忘恩背德的。"

王崇古把交涉的经过报告明廷，同时也提出具体的封赏与贡市的办法。明廷照王崇古的办法实行，于隆庆五年三月封俺答为"顺义王"，他的部下与儿子等人，如昆都力哈（老把都）、黄台吉、宾兔台吉等十人，那木儿台吉等十九人，打儿汉台吉等十八人，阿拜台吉等十二人，恰台吉等二人，都分别授了官爵。昆黄二人，授为都督同知，宾兔等授为指挥同知，那木儿等授为指挥佥事，打儿汉等授为正千户，阿拜等授为副千户，恰台吉等授为百户。到了秋天，俺答的哥哥吉能，也被授为都督同知。

赵全等九个奸贼，都已经在隆庆四年十二月被俺答捆了送来，斩首。把汉那吉也被明廷送给俺答，祖孙二人晤面以后亲爱如旧。

入贡的办法是，每年贡使不得超过一百五十人，其中许六十人进京，其余的只准留在边境等候。所贡的马，每年以五百匹为限，分为上中下三等，按等给予马价，准许贡使以所得的马价购买缯布等项物品。互市的地点，除了陕西三边原有的以外，指定大同市场在左卫威远堡的边外，宣府的在张家口边外，山西在水泉营边外。互市的时期，定为每年以一个月为限。互市的物品，在蒙古人的一方，可用金、银、牛、马、皮张、马尾；汉人的一方可用绸缎、布匹、铁锅、铁釜。市场由明军五百人保护，蒙古兵可以驻三百人于市场之外。从此，俺答不再扰边。明朝的西北方得到安宁，直至他的另一孙儿撦力克之时。

八六　俺答

八七　乞庆哈、撦力克、卜失兔

俺答在万历十年去世，他的儿子黄台吉继位，袭封为"顺义王"。"黄台吉"三个字，正如清朝顺治皇帝父亲皇太极的名字一样，是"皇太子"三个字的译音：从汉文译过去，又从蒙文译回来，走了样。黄台吉的本名，可能是"乞庆哈"。《明史·鞑靼传》说他在受封以后才改名为"乞庆哈"，可能是传闻之误。

乞庆哈在位三年而死。儿子撦力克袭封。三娘子于俺答死后，曾再嫁给乞庆哈；乞庆哈死后，又嫁给了撦力克。这是当地的风俗，并不足怪。她一向主张对明廷保持和平，明廷很感谢她，封她为"忠顺夫人"。

撦力克管不住自己的部下，包括他的一个孙儿卜失兔。他因事离开了河套之北，到西边去出巡。他的部下、在河套的庄秃赖，与他的孙儿卜失兔便骚扰起甘凉洮岷与西宁了。明神宗大怒，在万历十九年停止对撦力克的赏赐与互市。八个年头以后，明神宗才对他恢复了赏赐与互市。

撦力克在万历三十五年去世，诸部各不相下。到了万历四十一年，明廷才封卜失兔为继任的顺义王。这时候，卜失兔已经对明廷表示服从，而且娶得了三娘子为妻。

三娘子嫁了卜失兔不久，便因老病而与世长辞。

卜失兔虽则受封为顺义王，而仍无统驭诸部的力量。他仅能驻牧于山西大同之北，割据一方。到了崇祯元年，东边的博迪一系君主所统辖的蒙古人，在林丹·呼图克图的指挥之下向西发展，把卜失兔及其直属部落击溃。卜失兔逃奔到河套以内（黄河以南）苟延残喘。

他在何年去世，由何人继位，《明史》并无交代。蒙古人自己的史料

《黄金史》与《蒙古源流》，也没有交代。我们仅仅知道，在他以后，不再有什么"顺义王"而已。

他的父亲是谁，我们也无从查考。其实，他是不是撦力克的孙儿，也是问题，只是《明史·鞑靼传》做了如此记载而已。

他可能是撦力克的儿子，或兄弟，或堂兄弟。总而言之，史无明文。

从俺答到卜失兔，均不是整个北元的正统君主。正统君主是博迪、达赍孙、图们、布延、林丹·呼图克图，亦即《明史》上的卜赤、打来孙、土蛮、卜言台周、虎墩兔。

八八　图们可汗

达延汗死时，由于长子图噜·博罗得先死，图噜·博罗得的儿子博迪·阿拉克（卜赤）年幼，整个北元的领导权落入达延汗的第三个儿子，亦即俺答的父亲巴尔苏·博罗得之手，虽则巴尔苏·博罗得仅是一个济农（"吉囊"，副王）而已。

博迪·阿拉克成年以后，就可汗之位。然而他所能控制的，只限于左翼（东边）的三个万户；做可汗也只是做了四年。

他的儿子库登可汗达赍孙（打来孙），据《明史·鞑靼传》说，本来驻牧于宣府塞外（张家口的北边），因为畏惧俺答的兼并而向更东的地区移动，移动到辽河上游，收福余（扶余）杂部。这就与泰宁及朵颜二部接壤了。

达赍孙在位九年。死后，他的儿子图们可汗，给了明廷以极多的麻烦，从嘉靖三十七年闹起，一直闹到了万历初年。明廷的君臣称他为"土蛮"。

最厉害的一次，是在隆庆元年。他在九月二十一日穿进长城，由蓟州转掠卢龙、昌黎，到了抚宁，才被总兵官李世忠挡了一阵。明廷宣布京师戒严，戒严到十月初五，他退出长城之时。

他同泰宁卫的部长速巴亥与炒花，朵颜卫的部长董狐狸与长昂，都连在一起。这泰宁与朵颜，加上福余，原是明成祖所设置的三个羁縻卫，称为"大宁三卫"，亦名"兀良哈三卫"，而讹称为"朵颜三卫"。朵颜位于热河东南，泰宁位于辽宁的西部，福余位于辽宁的北部。

图们可汗有两个弟弟，叫作大委正与小委正；一个叔父，叫作黑石炭；两个堂兄弟，叫作煖兔与拱兔。这五个人，都是很活跃的分子。图们可汗的儿子也有好几位，其中最有名的叫作卜言台周，便是其后的布延可汗。

在明神宗万历初年，图们可汗闹得最凶。明廷幸亏有李成梁与戚继光，才守住了东北边疆。否则，便会在万历三年失掉沈阳，在万历四年失掉锦州义州，在万历五年失掉耀州，在万历七年失掉海州（海城），在万历八年失掉松山杏山，在万历九年失掉广宁（北镇）或辽阳。

速巴亥在万历十年于义州镇夷堡之战，死在李成梁部下的参将李平胡与苍头李有名之手。

图们可汗死于万历二十年。到了万历二十五年之时，他的儿子布延可汗（卜言台周）与李成梁的儿子李如松对垒，用埋伏击杀了李如松。

八九　林丹·呼图克图

布延可汗的儿子，林丹·呼图克图，被明人称为虎墩兔。他即可汗之位，在万历二十七年，去世于崇祯七年。关于他的事，我们不妨现在一口气地说下去，论次序，原应等到说了嘉靖隆庆年间其他的事以后。

"呼图克图"这个名词，原意是"活佛"。（林丹是一个虔诚的佛教徒，正如俺答在其晚年一样。）明人省掉了"林丹"二字本名，而把"呼图克图"缩成了"虎墩兔"，可谓匪夷所思。这还算是客气的呢。普通，在官方文书上，只称北元的君臣人民为"虏"。虏这样，虏那样，不写出对方君主或将帅的名字，不仅蒙胞读了会生反感，我们汉人读了也觉得刺眼。这一方面，显出明人的小气；另一方面，也暴露了明人对北元的内情茫无所知。知己而不知彼，焉得不败？况且，明人连自己的国力与兵力也同样地不知！

林丹·呼图克图给予明廷的打击，虽不如图们可汗之甚，却也够受。最凶的两次，似乎是在万历四十一年与四十三年。在四十一年，他与泰宁卫的炒花"三犯辽东"；在四十三年，他"掠义州，攻大安堡，兵民死者甚众"。

林丹和明廷的关系，发生在万历四十七年。这一年，努尔哈齐灭了叶赫，杀掉叶赫的君主金台什。金台什的孙女是林丹的媳妇。于是，努尔哈齐与林丹之间也结了仇。明廷见到有机可乘，便拉拢林丹，给林丹四千两银子表示好感，请他联络炒花等人，与明方一致，共同对付努尔哈齐。次年，明光宗泰昌元年，银子加送到四万两。林丹也正式宣告，此后要帮助明，对付努尔哈齐的金（后金）。

泰昌四年，为了林丹的一个亲属歹青，被明方的边境人民杀了，银子增加到"每年"一万三千多两，称为"偿命银"。这一年，炒花为后金击溃，他的残部有一半都归入了林丹属下。

崇祯元年，林丹攻破了哈剌嗔（喀喇沁），又攻破了卜失兔所统率的一部与白言台吉所统率的一部，势力顿形庞大，便对明廷翻脸，向宣府大同之北的长城进攻，明廷把"赏银"增加到每年八万一千两，和他讲和。但是，次年他又"拥众至延绥红水滩，乞增赏，未遂，即纵掠塞外"。这一次，他被延绥的总兵官吴自勉赶走。不久，他竟然转到后金的一边，帮助皇太极攻打龙门。但是，他大吃后金的亏，后金不仅不领情，而且击破他的兵。崇祯六年，他撤出在热河的部众，向西逃。崇祯七年，他死在中途；崇祯八年，他的儿子额尔克·孔果尔（额哲）在上都被后金的兵追到，只得投降，献出元顺帝当年从大都带走了的秦始皇帝的传国玺。

九〇　倭寇

倭寇的入侵，在洪武年间便已开始，但到了嘉靖之时，才成为严重的祸患。

太祖称帝以前，便已有方国珍、张士诚的余党领了倭人来骚扰沿海。太祖在洪武二年三年，先后派了杨载与赵秩前往日本，质问当时的世袭宰相足利良怀。良怀派了一个和尚祖来，作为使臣，向太祖称臣纳贡，送还明台二州被掳去的男女七十余名。就在这一年，温州又来了倭寇。次年，海盐、澉浦与福建的沿海几处地方，也来了倭寇。其后，良怀常常派人来进贡，太祖也常常拒收他的贡，倭寇也照样常常来，不过人数皆不甚多。太祖在洪武二十年命令周德兴与汤和在福建、浙江的沿海，造了几十座防倭的城，布置了六七万兵。倭寇敢来的，便较前更少了。

实际上，这些倭寇并非良怀所派遣，亦非良怀或他的世袭的宰相足利义满所能防止。割据各方的藩镇，想怎样便怎样。那不属于藩镇的"无主武士"（浪人）更是无拘无束的极端自由的分子。况且，所谓倭寇，有十分之七八是华人！

足利义满在晚年改名"道义"，复姓源（足利氏本为源氏的一支）。他在永乐元年向明成祖上表进贡，受到成祖的优礼。次年，他捕杀了对马、台岐等岛的若干海盗，于永乐三年派使臣押了二十名解到南京。成祖不收，叫使臣将这二十人带回本国，自行治罪。使臣走到宁波，于上船以前，用蒸锅把这二十人活活蒸死。

永乐六年，源道义去世，成祖赐祭赐谥，而且封了他的儿子源义持为"日本国王"。虽则，当时以及其后，日本始终另有一个天皇，而源义持在本国的正式爵位不过是"征夷大将军"，这"大明日本国王"的封导，源义持却毫不迟疑地接受了。

源义持，正如他的父亲一样，仅能捕捉他力量所及的地区内的零星海盗，没有办法禁止其他的日本人到中国沿海做倭寇。在永乐十七年的时候，竟有几千个倭寇乘了二十条船开进辽东的王家山岛。这几千个倭寇不久便被刘荣击溃于樱桃园，杀了七百四十二名，活捉了八百五十七名。

宣宗即位以后，进贡的"日本国王"叫作源义教。宣宗把贡使随员的人数，由永乐年间的二百人放宽为三百人，贡船由二艘放宽为三艘。

源义教，也如同他的祖父与父亲一样，管不住倭寇。到了英宗正统四年五月，竟有装满了四十船的倭寇，来抢劫浙江沿海，攻破了两个千户所（台州的桃渚千户所与宁波的大嵩千户所），又攻破了一个卫（昌国卫，今天的定海县城）。

有些贡使及其随员，也渐渐染上了倭寇习气，夹带了十倍于贡品的私货，在中国市场卖出，换买中国商品回国。在卖私货与买商品的时候，每每很不客气，强卖强买，甚至抢了东西不给钱。他们人人均带有武器，船上的武器更多。遇到中国的官军，他们便拿出贡物，说出贡使或随员的身份，不遇到中国官军而有机可乘之时，他们就使用武器，为所欲为。

贡使随员的人数与船数，没有一次不超过三百人与三条船的限制。

在景泰四年的时候，临清地方的指挥使，为了劝阻贡使抢老百姓的东西，几乎被贡使当场打死。事情被报告到景帝那里，景帝主张宽大，不予深究。

英宗复辟以后，源义教的儿子源义政派了使臣来谢罪。但是，到了宪宗成化四年，源义政的贡使又在某一城市打人，把人打伤。

孝宗之时，进贡的"日本国王"是源义高。源义高的贡使也在弘治九年闹事，在济宁杀人。孝宗发了脾气，下旨：此后日本的贡使只许有五十人进京，其余的都必须留在"舟次"。

九〇　倭寇

武宗之时，进贡的"日本国王"是源义澄。源义澄的贡使宋素卿，根本是一个中国人，姓朱名缟。依照法律，中国人私自通番，而且冒充番人，做番邦的使者，应该处死。这宋素卿送了刘瑾一千两黄金，逍遥自在。

世宗嘉靖二年，宋素卿又以贡使的身份来到宁波。另有一位贡使，叫作宗设，是一个道道地地的日本人，比他先到。宋素卿说宗设是假贡使，宗设也说宋素卿是假贡使。

宁波市舶提举司的主管人、太监赖恩，请他们二人吃饭，把宋素卿的座位排在宗设的上边。（原因是，赖恩已经收到了宋素卿的贿赂。）赖恩而且提前把宋素卿的货物验放。宗设气不过，动起武来，杀了和宋素卿同来的日本人瑞佐，追击宋素卿，从宁波一直追到绍兴城的城边。从绍兴回宁波，沿途烧房子、抢东西，而且架走了指挥袁琎，偷了一条官船出海，扬长而去；浙江都指挥刘锦，带了兵去追，追到他，打了一阵，刘锦阵亡。

宋素卿逃到绍兴城内或城外附近的地方，不曾被宗设追着。后来，他被明廷的官吏抓住，治罪，死在牢里。

明廷通知日本的"国王"源义晴，叫他交出宗设来。源义晴办不到。于是，明廷便拒绝了源义晴的请贡，一直到了嘉靖十八年七月，贡使硕鼎来到宁波之时。硕鼎却被准许进京，于十九年二月到达，明廷仍一面叫他转达源义晴，把宗设押解来华，一面准日本恢复入贡，贡使随员的人数以一百名为限，船只以三艘为限，贡期则以每十年一次为限。

没有等到十年，日本的贡使又在嘉靖二十三年七月到了宁波。这固然是日本不对，明廷的限制也根本太不合理。当时的皇帝与大官，都不懂国际贸易对两国彼此均有好处，只是一味地想省事。于是，明廷振振有词地又拒绝了日本的贡，而且治了沿海文武将吏的罪，严禁老百姓与日本贡使交通。事实上，尽管禁令皇皇，老百姓之中有力量的仍旧和贡使暗暗交易。

十年一次的限期，在嘉靖二十八年轮到（是从嘉靖十八年算起的）。源义晴派了一位周良做贡使，于嘉靖二十七年秋冬之际到了宁波，带来六百名随员，分乘四条贡船，向地方官要求暂在宁波停泊，等候明年的贡期，地方官呈报中央，中央请示皇帝（世宗）。皇帝在十一月间下敕书，叫地方官勒令周良带领随员与贡船回国。周良只得怏怏而去。

次月，十二月，便有了若干倭寇，大掠温州、台州二府。这些倭寇，是否为周良的随员，史无明文。

周良在嘉靖二十八年六月，又遵旨如限而来。巡抚朱纨替他请准，带一百名随员入京。到了京城以后，周良向明廷诉苦，说：贡船高大，原限的随员百人不够驾驶，必须有五百名才够；贡船原限三艘，但是沿途有海盗，必须再加一条船护航，因此才带了四条船来，并非敢于"违制"。

周良走了以后，巡抚朱纨杀了若干私行贸易的中国人。这些人，多数都极有钱，在朝廷中也有奥援。于是，朱纨被朝廷降为"巡视"，不久又被免职，而且背了若干洗不清的罪名，愤而自杀。

朱纨死后，他留下遗缺，"巡抚浙江，兼制福、兴、漳、泉、建宁五府军事"，有四个年头不曾补人，"海禁复弛，乱益滋甚"。

明廷在嘉靖三十一年复设浙江巡抚，以王忬充任。王忬的运气不好，在次年三月便遇到海盗汪直勾引倭寇、大举入侵的事。

汪直与宪宗时候的一位坏太监姓名相同。太监汪直是广西大藤峡的瑶人。这一个海盗汪直，是安徽徽州府歙县人。他亡命在海外很久，有海岛根据地，在日本也有家。他的养子叫汪滶，原姓毛，名海峰，是他的得力助手。和他一伙，而势力相伯仲的大海盗，另有徐海、陈东、麻叶等人。

汪直与他的同伙，以及真正的倭寇，一共集合了几百条船，"蔽海而至"。他们在嘉靖三十二年三月攻破昌国卫（定海县）。次月，骚扰太

九〇　倭寇

仓,攻破上海县城,抢掠江阴、乍浦。八月,抢掠金山卫、崇明、常熟、嘉定。

次年,嘉靖三十三年,他们在正月间从太仓进犯苏州,抢掠松江,转而北向,渡过长江,抢掠南通州、泰州。其后,又转而向南,再渡长江,于四月间破嘉善县城与崇明县城,再攻苏州,进了崇德县城。六月,从吴江出发,抢掠嘉兴,然后,屯扎在柘林镇。

明廷在沿海的卫所,久已"船敝伍虚",无力作战,王忬所倚靠的只是一些渔船,与一些临时招募的兵,坐视汪直等人东驰西突,如入无人之境,而一筹莫展。

明廷把王忬调走,换了李天宠,加派兵部尚书张经到浙江来"总督军务"。一时,汪直等人依旧横行无忌。到了嘉靖三十四年五月,才在王江泾吃了张经与李天宠一个苦头,被杀了一千九百余人。

昏愦的明世宗,却又听信佞臣赵文华的话,颠倒功罪,把张经与李天宠逮捕下狱,改以周玠为总督,胡宗宪为巡抚。周玠干了不过一个月,被杨宜所替代,杨宜干到三十五年二月,被胡宗宪所替代。胡宗宪的巡抚一缺,由阮鹗接充。

胡宗宪是安徽绩溪人,他人极聪明,懂得应付赵文华,也懂得迎合明世宗的癖好(例如:献白鹿)。他的打仗本事,很平常,却有一个极大的长处:知人。《明史》对他的批评很坏。其实,他能选拔出戚继光,而予以信任,使得戚继光终于替国家平定倭寇,功罪相较,他已经足够留名青史了。

在杨宜与胡宗宪分任总督巡抚之时,倭寇横行无忌。有六七十个人从杭州北边的新关镇,向西,抢掠淳安、歙县、绩溪、旌德、泾县、芜湖、太平府(当涂)、江宁镇、南京大安德门、夹冈、秣陵关、溧水、溧阳、宜兴、武进、无锡的惠山、浒墅、杨林桥,才被明军剿灭,世是他们蹂躏了几千里,杀戮了几千老百姓。另外有一批,不到二百人,在浙江乐清登陆，抢掠黄岩、仙居、奉化、余姚、上虞，到了嵊县，才被消灭。这一批，走过的地方虽只有三个府，但残害的老百姓之多，更甚于杭州新关镇的那一批。

胡宗宪当了总督以后，一面从山东、山西、河南、广西，调集强厚兵力，一面派遣间谍，分化倭寇的首领。这些首领，几乎完全是中国人。胡宗宪骗徐海，叫他捆送陈东和麻叶。徐海中计，果然就把陈麻二人捆了送来。于是，桐乡之围，不解自解。胡宗宪随即追击陈麻二人的余党，毁掉他们扎在乍浦的巢穴。然后，胡宗宪又出其不意，包围徐海于平湖县的沈庄与梁庄，恶战七日，把徐海及其二千余众也完全杀了。这是嘉靖三十年五月到八月间的事。

胡宗宪派在沈庄与梁庄前线的指挥官，是俞大猷。俞是福建泉州府晋江县人，世袭百户，于嘉靖十四年参加"武会试"，中了武举，升为千户，守御金门，其后历官至苏松副总兵，于嘉靖三十三年在张经的指挥之下大破倭寇于王江泾。又其后，他连胜倭寇于陆泾坝、三丈浦、莺脰湖、马迹山、茶山、老鹳嘴，在三十五年三月受任为"浙江总兵官，兼辖苏松诸郡"，归胡宗宪节制。

俞大猷于歼灭徐海一支的倭寇以后，奉命进剿在舟山群岛的倭寇老巢，获胜，被升至"都督同知"，仍以都督同知的官阶，充任"浙江总兵官，兼辖苏松诸郡"。戚继光这时候，是浙江的"宁绍台参将"。参将之上为副将，副将之上为总兵。

胡宗宪对于汪直，也用了一套权谋。汪直在倭寇首领之中，是最厉害的一个，绰号为"老船主"，所盘踞的大岛有五个之多。胡宗宪先把汪直的母亲与妻儿，从金华的牢里释放出来，养在杭州，然后派人向他劝降。汪直在原则上答应，要求胡宗宪派一位"贵官"当人质。胡宗宪便派遣一个官居"指挥"（比千户高一级）的夏正，到了汪直的岛上。果然，汪直把夏正留下，交给养子汪滶（毛海峰），自己来见胡宗宪。胡宗宪招待他一番，叫他去见巡按御史王本固。王本固毫不客气，一见面，便立刻将汪直逮捕下狱。

汪直的养子汪漱（毛海峰），听到消息，就把夏正"肢解"（裂开四肢而死），率领五百名死党占了（定海县西北的）岑港。胡宗宪派俞大猷和戚继光等人去打，打了快一年，从嘉靖三十六年十月打到三十七年七月，打不下来。敌人从容不迫地离开岑港，移屯柯梅，到十一月造好若干艘船，搭上帆，扬长而去，去到福建，占住浯屿（在金门之南、大担岛之西）。

胡宗宪被御史李瑚等一再弹劾。李瑚是福建人，和俞大猷同乡。胡宗宪怀疑俞大猷，以为俞供给了李瑚以军情内幕，便奏上一本，说岑港之败，全由于俞大猷作战不力。于是，俞大猷被逮捕审问。不久，俞大猷的好朋友陆炳私下向严嵩的儿子严世蕃送了一些钱，俞大猷才被释放，派往大同，在巡抚李文进指挥之下戴罪立功。

本来，俞大猷早就在岑港之战未了以前，和戚继光、张四维都革了职（和清朝的所谓"革职留任"相同），限一个月把岑港打下。岑港虽不曾如期打下，过了几个月敌人溜走，俞戚二人也可算是有功，所以革了的职就复任。偏有御史李瑚等人一再弹劾胡宗宪，又恰巧李瑚是俞大猷的同乡，因此俞大猷才仍旧倒霉。

戚继光的运气，也不比俞大猷好多少，他祖籍安徽定远，世袭山东登州卫指挥佥事，父亲戚景通官至大宁都指挥使、神机营副将。他自己嗣职以后，做过山东都指挥使司的佥事，负责"备倭"。调到浙江以后，升到参将，防守宁波、绍兴、台州三府。打岑港打不下来，革职留任；敌人走了以后，复职。但是，又有别股的倭寇在台州登了陆，他被给事中罗嘉宾参了一本，就真的丢了官，在胡宗宪面前当了一名闲人。这是嘉靖三十八年七月的事。到了三十九年二月，他才又因胡宗宪的保荐，重新做了参将，防区改为台州、金华、严州。

他在赋闲的一段时期，曾经被胡宗宪派往义乌县，帮助县知事赵大河选兵练兵。他见到义乌人"性杂于机诈勇锐之间，尤事血气，一战之外，犹能再奋，但不听号令，胜则直前不顾"，认为他们是好材料，便决心把义乌人练成精兵。他说义乌人"不患其不强，而患其不驯；不患其不胜，而患其骄"。这骄气不难消除，所需要的只是严格的训练与军法而已。

义乌附近的东阳、金华、浦江各县，人民的性格大致与义乌人相同。

胡宗宪授权给他，招募义乌及其邻县的壮丁四千人。

戚继光把招募来的四千名"义乌兵"，带到台州，练成了一支劲旅：在编制、武器、战术、军法等等方面均有彻底的革新。编制方面，他以十二人为一队，比起明朝原有的兵制增加了一个人。这个人，便是"火兵"（伙夫）。有了这"火兵"，全队的人走到某处，便可以在某处吃饭，也就可以住在某处了。平时行军，毋庸赶到城市，赶到乡镇村庄；战时更可随处扎营，行动自由得多。

每队有一个队长，亦称旗总。四个队合成一哨，有哨长，亦称百总。四个哨合成一司，有把总。三个司，合成一营，有千总。五个营合成一军，有主将。这便是所谓"戚家军"的编制。

武器方面，他发明了"狼筅"，用以对付倭寇的倭刀。倭刀长大而锋利，每每一砍便可以砍掉明军的花枪杆子好几条。戚继光研究出来，用毛竹做花枪杆子，便不是倭刀所容易砍的了。而且，倘若把毛竹尖端，留下两三尺长的枝叶，更可以抵御倭刀。这尖端再加上刺刀，就成了戚继光的"新武器"。

每一个司，有百总所直接指挥的"火枪队"。每一个营，也有把总所直接指挥的"火炮队"。这也是过去明军普通部队中所没有的。

每一队兵，分作两组；每组五人，最前边的一人左手执"长牌"或"藤牌"，右手执短刀，第二人用狼筅，第三第四两人用加长的花枪，第五人

九〇　倭寇

用"钯叉"。全队的序列,是队长在前,两组纵列左右:这叫作"鸳鸯阵"。或是队长居中,两组横列左右,以钯叉压阵:这叫作"三才阵"。

队是作战的小单位。队长的责任,是向前冲。兵的责任是跟着他冲,保护他。队长不退,兵先退,或是队长前进,兵不进,以致队长阵亡,全队的兵皆斩。一队陷入重围,队长之上的哨长不下令救援,或同哨的其他三队的队长不依令去救援,则哨长或三队队长之违令的,也斩首不留。哨长是全哨之首,哨长不退而阵亡,所有的四个队长皆要斩首。扩而充之,哨长(百总)之上,统率四个哨(一个司)的"把总",以及把总之上,统率三个司(一个营)的千总,如因不退而阵亡,则把总之下的四个哨长(百总),或千总之下的三个把总,皆要斩首。这叫作"连坐法"。

营之上的主将,统率五个营,分别称为左右前后中。进退之际,各营均按固定的左右前后中的次序。进退的号令,操于主将,一概不用口传,而用锣鼓。敲锣是退,敲鼓是进。听了锣声而不退,听了鼓声而不进,都要以抗令论,军法从事。

作战之时,某队有一人阵亡,但也获得了敌人首级一颗,免罚。兵士负伤的,有赏。倘若伤口是在背后,则不但没有赏,而且要罚。同袍之间,互抢敌人的首级或财物,可以由哨长以上的军官当场下令处死。

戚继光练兵,最重军法,然而他并非以军法为万能。他说:"威严不能自行永守,保无阻坏。而所以使威严之永行无阻坏者,恩与信也。"严厉的军法,可以化部队为机器,要推动这部机器,必须驭之以恩,励之以信。

他在受任为金严台三府的参将以后,便把这一支义乌兵带去台州,继续训练,留作御倭之用。倭寇一直到了嘉靖四十年四月才来,足足给了他以一年多的训练时间。

一小股的倭寇,在四月十九日登陆于奉化。奉化不是戚继光的防区,他偏要带领义乌兵去救。作用是，为了引诱倭寇的主力"乘虚"袭击台州。果然，就有了两千倭寇又在桃渚登陆，向着台州的方向杀人放火而来。戚继光得到消息，便从桐岩岭折回，于半天的时间急行了七十里，赶到台州城下，转向花街，迎击倭寇，倭寇排开了一字阵，被戚继光施展出鸳鸯阵，杀得两千名倭寇大败全输。

这一仗打完以后，又有两千名倭寇于四月底在宁海县的圻头登陆，向着台州府城而来，在五月初一日到达大田镇。戚继光也把义乌兵开到大田镇。两军对峙了一天半，倭寇在雨中溜走，企图经由仙居，袭攻处州（丽水）。戚继光也就转军向着仙居急进，抢先占了白水洋镇附近的上峰山，居高临下，以逸待劳。这一仗，又挫了倭寇凶锋，却被逃出了主力，窜至白水洋乡的朱宅。戚继光追到朱宅，将他们包围，杀光，只剩下三个活的，作为俘虏。

从此，倭寇不敢再向台州进犯。戚继光被朝廷升为"都指挥"。

这一年（嘉靖四十年）冬天，戚继光被调往江西，剿当地的"土匪"。他五战五胜，将"土匪"肃清，于次年三月回到浙江。

自从汪漖（毛海峰）的一股窜据福建金门的浯屿以后，便有一批一批的"新倭"涌到福建，攻破了寿宁、政和、宁德三个县城，与元钟一个千户所，糜烂了福清、长乐、龙岩、松溪、大田、古田、莆田、兴化这八个县的属境，而且扎了一个坚强的营垒在三都澳的横屿岛。

于是，在四十一年七月，戚继光又奉命到福建去作战。这时候，他的部队早已不止有三四千义乌兵了。他带了六千人去。胡宗宪又加拨了一千六百人，交由戴冲霄率领，归戚继光节制。戴冲霄的官阶，也是都指挥，与戚继光相等。

戚继光率领不足八千人的部队，于八月初六到达宁德。宁德这时候已经是一片废墟。他略事休息，便在初八日黎明以前，乘着潮退之时，命令三分之二的兵士，每人带一捆草，越过大陆与横屿之间足有十里宽

九〇　倭寇

的沙滩上，突袭敌人最坚强的堡垒。这一仗，杀死倭寇六百多人，救出八百名以上的被倭寇拘囚的中国老百姓。其余的倭寇狼狈而逃，死在水里的极多。（朝廷升戚继光的官阶为都督佥事。）

戚继光转军南下，又在九月初一黎明以前对福清县的圮寨夜袭，杀尽那里在酣睡之中的七百多倭寇，当天，光复牛田镇，击溃倭寇五千人之多。不久以后，他进一步肃清倭寇在兴化县林墩镇的另一堡垒，斩了九百六十人，俘了一千人以上，救出二千一百名被拘囚的中国老百姓。

他见到大功告成，便收兵回浙。福建的文武官吏要留他，却留他不住。他的军官与兵士，经过了这几次的战役，虽则阵亡不多，仅有六十九名，但是伤残的与患病的，几乎已及全军的半数。他必须回浙，一面给伤病的官兵以疗养的充分时间，一面向胡宗宪请示，倘若福建仍需要他再去，可否增募若干兵丁。

不料，在他回到浙江之后，胡宗宪已经丢官被捕。罪名是阿附严嵩。（严嵩是在四十一年五月被免职的。胡宗宪被押解进京以后，一度被明世宗释放。其后，大概是在四十四年三月严嵩的儿子严世蕃被杀之时，他又因被御史汪汝正指为与严世蕃交通，关进牢狱，病死在牢里。）

胡宗宪的总督一缺，并未补人。当时的巡抚已不是阮鹗，而是赵炳然。赵炳然并不因戚继光之曾经受知于胡宗宪，而对戚继光歧视。他准许戚继光增募新兵，也同意福建文武官吏之请戚再度入闽的要求。

事实上，自从戚离开福建以后，又有成万的新倭蜂拥而来。兴化府于十一月被攻陷，烧杀一空。各地的山寇（土匪）纷纷揭竿而起，与倭寇相勾结，打家劫寨，无恶不作。

明世宗下旨，调升俞大猷为福建总兵官，戚继光为福建副总兵，又加派广东总兵刘显，到福建对兴化府城的倭寇会剿。

戚继光带领一万六千名新旧的募兵，于嘉靖四十二年三月开拔，四月初八日路过建宁（建瓯），十九日到达兴化前线。俞大猷与刘显也均已在那里了。戚继光地位低，不能指挥他们两人。但是，他已经迎了福建巡抚谭纶来，作为俞戚刘三人之上的共同主帅。

嘉靖四十二年四月二十一日，谭纶下令，戚继光居中，刘显居左，俞大猷居右，三军一齐发动，进攻兴化平海卫的渚头许家村赤崎山倭巢。戚军先到，击败倭寇的马队，与倭寇的步兵肉搏，登上赤崎山，进逼许家村。刘、俞两军从两翼包来，把许家村合围，这一仗，是自有倭患以来，最猛烈一次的战斗，斩杀了倭寇二千二百人；释放了被拘囚的中国老百姓三千人。兴化城与各村镇余寇纷纷逃走。

明世宗接到捷报，升戚继光的官阶为都督同知，派他做福建总兵官，调俞大猷为南赣总兵官。

于是，他留在福建，把闽南闽北的"山寇"以及沿海各地的零星倭寇，一一肃清。其中，较重要的一役，是在嘉靖四十三年二月打垮包围仙游县城的倭寇一万多人，又连胜他们于王仓坪及漳浦县的蔡丕岭。从此，福建也不再有大批倭寇入侵之事了。

倭寇的目标移向广东。广东有一个大海盗，姓吴名平，一向与倭寇勾结，引狼入室，帮助倭寇劫掠福建与广东沿海的各县。

明世宗在嘉靖四十三年把俞大猷从南赣调往广东，充任广东总兵官。到了四十四年秋天又叫戚继光去，与俞大猷会师，解决吴平。吴平这时候，已被戚继光在福建打得站不住脚，逃到南澳岛扎了营垒。

戚俞二人会师以后，一鼓攻下南澳岛，歼灭了吴平部属一万余人，烧了他的几百条船。但是，吴平溜走。

吴平溜去了饶平，号召当地土匪，占住凤凰山。俞大猷派部下的将官汤克宽去打，打了几仗，都打不赢。最后，又被吴平从凤凰山再溜了走，抢了渔船，出海而去，不知所终。

俞大猷因此而被革了广东总兵官之职。（后来，他擒斩了翁源的"巨匪"李亚元，才复了职，调任广西总兵官。）

九〇　倭寇

戚继光留在南澳岛一个短时期，防备倭寇或吴平再来。结果，不见他们来，便回到福建原防。事实上，福建也不再有多少倭寇敢来了。

到了穆宗隆庆二年，张居正感到北方吃紧，便把戚继光调到蓟州，以都督同知的原官阶，"总理蓟州、昌平、保定三镇练兵事"。

他在蓟州，又有一番轰轰烈烈的作为。那是后话。

九一　穆宗

穆宗朱载垕，是世宗八个儿子之中的第三个。

世宗的长子朱载基，是阎贵妃所生，生下了两个月，得病而死。次子朱载壑，是王贵妃所生，生于嘉靖五年，在嘉靖十八年被立为太子。到了嘉靖二十八年，也得病而死。

穆宗生于嘉靖十六年（1537年），母亲是杜康妃。他和世宗的第四个儿子、卢靖妃所生的载圳，均于载壑被立为太子之时，同日受封为王。他被封为裕王，载圳被封为景王。世宗的四个别的儿子，都是生下不到一年便死。

世宗听信道士的话，以为自己命中克子，便在太子死后不仅迟迟未立太子，而且不与穆宗（裕王）和景王见面，叫他们搬出宫中，分别住在裕王府与景王府。穆宗比较浑厚，景王却野心勃勃，于言谈之间盼望越次被立为太子。世宗得到情报，就在嘉靖四十年命令景王离开京城，搬到湖北德安所谓"封地"去住。四年以后，景王在德安病死。然而，世宗依然不肯立穆宗为太子。

到了嘉靖四十五年（1566年），世宗自己去世之时，剩下的活的儿子只有穆宗一人。于是大臣们秉承"遗诏"，便立了穆宗。这时候，穆宗的年纪已有三十。

穆宗是一个贤君，可惜享祚不久，到了隆庆六年（1572年）便短命而死。

他即位之时，内阁的大学士是徐阶、李春芳、郭朴、高拱这四位，都是正人。李春芳是扬州府兴化县人，嘉靖二十六年的状元，性情和平，操守廉洁。他竭力折冲于徐阶、高拱之间，无甚效果，在隆庆五年辞职回家，侍奉双亲，享受天伦之乐。郭朴是安阳人，嘉靖十四年的进士，选庶吉士（翰林），历官礼部吏部侍郎、吏部尚书，为人忠厚，被徐阶引入内阁，在感情上与高拱比较接近。高拱和徐阶合不来，他被卷入漩涡，却能见机而作，在隆庆元年九月便辞职回家，在家中颐养了二十几年才死。

高拱是新郑人，中进士，选庶吉士，比郭朴晚六年；与郭朴同时入阁，也是徐阶所荐。他忠于谋国而度量不足，不能与徐阶始终合作。徐阶写世宗的遗诏，不和他商量，他怀恨。他因一件小事而被徐阶的一个同乡、官居给事中的华亭人胡应嘉所弹劾，又以为这胡应嘉是受了徐阶指使，一怒而使得胡应嘉被贬为民。因此之故，弹劾高拱的人更多，他只得在隆庆元年五月挂冠而去。两年七个月以后，他被召回内阁，兼掌吏部，到了隆庆六年六月，穆宗去世之时，他又因为和张居正不能协调，被神宗的嫡母与生母罢黜回家，郁郁而死。

九二　张居正

张居正是江陵人，生于嘉靖四年（1525年），卒于万历十年（1582年）。他在十二岁时"进学"（当了秀才），十六岁中举（当了举人），二十三岁成为进士，选庶吉士，受教于徐阶。（那时候，徐阶是吏部侍郎"兼翰林院学士、教习庶吉士"。）两年以后，散馆（毕业），张居正被任命为翰林院编修。

他当了编修七年，感觉到"京师十里之外，大盗十百为群，贪风不止，民怨日深"，"非得磊落奇伟之人，大破常格，扫除廓清，不足以弭天下之患"。然而"世虽有此，人未必知，即知之未必用"。因此之故，他毅然决然，称病辞职，回到家乡，种了半亩竹子，闭户读书。

读书又读了整整六年。他的父亲（张文明）"郁郁不乐，日见憔悴"；父亲向朋友说："吾生平志愿未遂，望斯儿树立，用显吾祖。今顾若此，吾复何望！"

张居正只得又进京城，做官。这一次所做的，是右春坊右中允、国子监司业。高拱和他同事，是国子监祭酒。祭酒等于今日大学校长，司业等于是教务长。

高拱于嘉靖四十五年三月以"礼部尚书兼文渊阁大学士"入阁。十二月，世宗去世，徐阶写遗诏，邀张居正参加意见。次年，隆庆元年，二月间，张居正也以"吏部左侍郎，兼东阁大学士"入阁。

半年以后，他上给穆宗一封"陈六事疏"，穆宗——允行。

所谓六事，是：（1）省议论。部院等衙门"一切章奏，务从简切；是非可否，明白陈直。毋得彼此推诿，徒托空言"。（2）振纪纲。"伏望皇上备乾纲之断，普离熙之明，张法纪以肃群工，揽权纲而贞百度。刑赏予夺，一归之公道，而不必曲徇乎私情。政教号令，必断于宸衷，而毋致纷更于浮议。"(3)重诏令。"伏望敕下部院等衙门，凡大小事务既奉明旨，须数日之内即行题复。其有合行议勘问奏者，亦要酌量事情缓急，道里远近，严令限期，责令上紧奏报。该部（院）置立号簿，登记注销。如有违限不行奏报者，从实查参，坐以违制之罪。吏部即以此考其勤惰，以为贤否。"(4)核名实。"凡京官及外官，三、六年考满，毋得概引复职，滥给恩典。须明白开具'称职'、'平常'、'不称职'，以为殿最。若其功过未大显著，未可遽行黜陟者，乞将诰敕勋阶等项酌量裁与，稍加差等，以示激劝。"(5)固邦本。"伏望皇上轸念民穷，加惠邦本，于凡不急工程，无益征办，一切停免，敦尚俭素，以为天下先。仍乞敕下吏部慎选良吏，牧养小民。"(6)饬武备。"今京城内外守备单弱，臣常以为忧。伏乞敕下戎政大臣，申严军政，设法训练。每岁或间岁季冬农隙之时，恭请圣驾亲临校阅：有技艺精熟者，分别赏赉。老弱不堪者，即行汰易。"

张居正在隆庆元年二月入阁，两个月以后就升为"礼部尚书兼武英殿大学士"。次年正月，加"少保兼太子太保"。四年十二月，升"太子太傅，吏部尚书"，加"柱国"；几天以后，加"少傅"，改"建极殿大学士"。六年正月，改加"少师兼太子太师"。六月，穆宗去世。八月，加"左柱国"，改"中极殿大学士"。

高拱于隆庆元年五月辞职，三年十二月再度入阁，六年六月被罢免。他被罢免以后，张居正成为"首辅"，直到万历十年六月病故之时。在这十个年头之中，他只有三个月（万历六年三月至六月）给假回籍葬父，不在京城，但是重要的公事仍旧有人送到江陵，请他裁决。他的加官，由少师而改为太傅，又由太傅而改为太师，均仍兼太子太师，可谓位极人臣。他不曾被封为侯伯，因为明朝的规矩不封文臣（除了外戚以外），但是他在万历四年十月被改为太傅之时，已经被特许"俸如伯爵"。

他生平颇爱权力，而且定要全部权力。神宗从十岁即位，到二十一岁张居正死，始终只是一个名义上的皇帝而已。两宫太后，神宗的嫡母仁圣太后陈氏与慈圣太后李氏，由于有司礼太监冯保替张居正左右其间，也一直对张居正言听计从。

以施政的成绩而论，他不仅是明朝的唯一大政治家，也是汉朝以来所少有的。诸葛亮和王安石二人，勉强可以与他相比。诸葛亮的处境比他苦，不曾有机会施展其经纶于全中国。王安石富于理想，而拙于实行，有本事获得宋神宗的信任，而没有才干综核僚佐与地方官的名实。

谷应泰在《明史纪事本末》中对张居正的作风颇有批评，却不能不承认，在张居正执政期间，"十年来海内肃清。用李成梁、戚继光，委以北边，攘地千里，荒外警服"。南方少数民族"累世负固者，次第遣将削平之。力筹富国，太仓粟可支十年。囧寺（太仆寺）积金至四百余万。成君德，抑近幸，严考成，核名实，清邮传，核地亩，一时治绩炳然"。

明朝自从成祖、宣宗以后，朝野泄沓成风，政以贿成，民不聊生，张居正能以超人的铁腕，把政风士习扭转，做到令出必行、有功必赏、有罪必罚，边境相当太平，国内家给户足，转贫为富，化弱为强，真令人心向往之。

他忠君守法，敢于负责，因此也就免不了得罪很多人。中国的社会，几千年来重人情而不重法律，重私谊而不重公义。于是，张居正一死，他的家属就遭受奇祸。

张居正的治绩，在《明史》本传中仅有寥寥数语，在《明史稿》中更少，而且贬多于褒。写《明史》与《明史稿》的人，囿于书生之见，视儒法为截然不同的二家，他们看不出张居正的难能可贵处，正如有些人之讥诸葛亮为"外儒内法"，讥王安石为"急功近利"，而茫然于孔子当年不谈政治则已，一谈政治即强调"足食足兵"与"富而后教"。孔子诚然以"道之以礼，齐之以乐"为提高社会水准的途径，但是也从来不曾主张过以姑息为政，像汉元帝以后的所谓儒臣。

张居正大权独揽，是事实。他却未包而不办。国家的大小政务，他处理得井井有条，真是所谓纲举目张。他也颇能分权给主持各部的尚书、御寇平乱的将领、通漕治河的文臣。凡是负责办事的人，他都能让他们放手干，虽谤书盈箧而他绝不轻易换人。

在他执政的期间，六部尚书的更迭很少：

吏部——张瀚、方逢时、王国光。

户部——王国光、殷正茂、张学颜。

礼部——万士和、马自强、潘晟。

兵部——谭纶、王崇古、方逢时。

刑部——王之诰、王崇古、刘应节、吴百朋、严清。

工部——朱衡、郭朝宾、李幼滋、曾省吾。

在这些尚书之中，只有张瀚一人是被免职的。王国光先任户部，后调吏部。马自强离任，是由于入阁。谭纶与吴百朋死在任上。殷正茂等所有的其余人，都是在告老退休之时，才去职的。

戚继光在蓟州十六年，先当蓟州、保定、昌平三镇练兵的总理，不久兼为蓟镇总兵官，差不多与张居正在内阁的时间相终始。（张居正入阁在隆庆元年二月，戚继光由闽北调，在隆庆二年五月，到了张居正去世以后才又被调往广东。）倘若不是有张居正在朝中替戚继光撑腰，戚怎么样也干不到那么久，因此也就练不成守边的精兵，修不好沿边的"敌台"（小部队可以集中防守的堡垒），发展不了"车战"的战术，挡不住最足以震撼京畿的土蛮，也就无法保得住东起山海关、西至居庸关的一大段长城内外的土地。

李成梁能久于其任在辽东，也全靠张居正对他信赖不疑。

李成梁是铁岭人，世袭铁岭卫指挥佥事，积功升至辽东镇的险山参将。他因救援永平而由参将升为副总兵，是在隆庆元年，亦即张居正入阁以后；因击斩张摆失而进秩一等，是在隆庆三年；因辛爱大举入寇，需他抵御而由副总兵升为都督佥事、辽东总兵官，是在隆庆四年。

次年（隆庆五年），他大胜土蛮，斩其部长二人，被升为都督同知，赏一子世荫千户。他在隆庆六年与万历元年，又连胜土蛮，于是又增秩二等。万历二年，他击斩建州都指挥王杲；三年，他击走土蛮于长勇堡，击走炒花、黑石炭、黄台吉、卜言台周、以儿邓、煖兔、拱兔、堵剌儿等人的联军两万多于沈阳西北，张居正给他以"太子太保"的加官，增荫一子千户。万历四年，他再破黑石炭于大清堡，袭击土蛮于辽河之东。万历五年，他捣破速巴亥与土蛮于劈山。他有这几项功劳，张居正更进一步，把他的加官由"太子太保"而升为"太保"，赏一子世荫铁岭卫的指挥使。

这一年（万历五年）的十二月，速巴亥、土蛮、炒花、煖兔、拱兔、黄台吉、大委正、小委正、卜儿亥、慌忽太等等，又集合了三万人以上的联军，深入到耀州。李成梁一面留兵扼守，一面自己提兵出塞二百余里，直捣敌后的圜山，斩其部长九人、部兵八百四十人，使得对方的联军不得不由耀州撤退。张居正于是也不惜爵赏，奏准神宗，封他为宁远伯。

万历七年，土蛮以四万骑来攻，屯聚在锦川营。李成梁挡住了他。恰好，戚继光奉命率兵来救，土蛮又不得不撤退。退了不久，纠合了速巴亥卷土重来，宣传即将分别攻取海州、锦州、义州。李成梁不理他们的宣传，率兵正面迎敌，又出塞二百多里，到了红土城，找他们打，打了一个胜仗。他们狼狈而散。

万历八年，李成梁两御"迤东都督"王兀堂于宽甸，连败土蛮于大凌河及锦州。

万历九年正月，李成梁大破土蛮、黑石炭、大委正、小委正、卜言台周、脑毛大、黄台吉、以儿邓、煖兔、拱兔、炒户花（炒花？）等人于塞外四百余里的袄郎兔。张居正增加他的伯爵岁禄，由八百石改为九百石。四月，黑石炭等深入辽阳，李成梁派副将曹簠迎敌，小胜，追击至长安堡，遭遇埋伏，大败，损失了千总陈鹏以下三百一十七人。张居正将曹簠逮捕下狱。十月，土蛮纠合了十万人以上围攻广宁（北镇），攻不下来，转掠团山堡、盘山驿、十三山驿，攻义州，都被李成梁击退。

万历十年三月，在张居正去世三个月后，速巴亥进犯义州，被李成梁的参将李平胡射中而被苍头李有名斩首。神宗大喜，让李成梁在京师有一个"甲第"，加赏一个儿子锦衣卫指挥使。

张居正去世以后，李成梁继续镇守辽东，到了万历十九年十一月，因贪利、行贿，掩败为功、杀民冒级等等恶行，被谏官一再弹劾而不得不辞职。倘若张居正尚在，他绝不敢如此，自己固可以保全始终，国家也不致遭受他卵翼努尔哈齐的养痈之患。他作战的能力很高，威望亦重，其后在万历二十九年东山再起，"复镇八年，辽左少事"；所需要的只是在他上边必须有一个能够驾驭他、维持他，像张居正这样的人而已。

明朝正北的边疆，也就是沿着今天的长城，东段从山海关到居庸关，有了戚继光，高枕无忧。中段宣府大同，西段延绥宁夏，均由于王崇古在隆庆年间，赖有高拱、张居正从中主持，而安抚了俺答和俺答的哥哥吉能，不仅在万历初年汉蒙相安无事，而且一直相安到明朝结束之时。

王崇古的功劳，不在戚继光之下，更不在享有赫赫之名的李成梁之下。他是蒲州人，嘉靖二十年进士，历官刑部主事、郎中、安庆与汝宁二府知府、常（州）镇（江）兵备副使、陕西按察使、河南右布政使、宁夏巡抚、陕甘宁总督（总督陕西延〔绥〕宁〔夏〕甘肃军务），于隆庆四年调任宣大山西总督（总督宣府、大同、山西军务），毅然决然做成了安抚俺答与吉能之事。俺答去了赵全所奉他的帝号而受封为顺义王，吉能受封为都督同知，俺答所筑的开化府改名为"归化"。王崇古奏准明廷，让汉蒙人民互市，一举而奠定了两族之间的和平与相互依存。他"广召商贩，听令贸易布帛、菽粟、皮革。远自江淮湖广，辐辏塞下，因收其税，以充犒赏。……自是边境休息，东起延永，西抵嘉峪，七镇数千里军民乐业，不用兵革，岁省费什七"。

王崇古在万历元年九月，被召入京，督理军营；三年九月，受任刑部尚书；五年四月，被调到兵部，继谭纶之缺。十月间，他告老退休。

继王崇古宣大山总督之任的，是方逢时。其后，继他的兵部尚书之任的，也是方逢时。方逢时为湖北嘉鱼人，与王崇古同年中进士，历官知县、郎中、知府、辽东巡抚，在隆庆四年调任大同巡抚。俺答的孙子把汉那吉向他投降，他报告王崇古，和王崇古"定计挟把汉以索叛人赵全等"，终于完成了安抚俺答与吉能的大工作。王崇古内调以后，他在总督任上，颇能萧规曹随，功绩也不算小。其后，继王崇古做兵部尚书，做到了万历九年四月才退休。

在张居正当国的期间，内乱不是没有，但张居正皆能选用将才，予以"平定"。

内乱之中，最厉害的是四川的"都掌蛮"、广西的"古田壮"与广东的"罗旁瑶"。"都掌蛮"的首领叫"阿大"，据有兴文县东南的九丝山，称王。另一头目，叫作"阿苟"，据有凌霄峰，和阿大相掎角。张居正派曾养吾当巡抚，留刘显为总兵官，拔郭成为副将。那时候（万历元年），有很多朝臣攻击刘显，张居正一概不听。果然，刘显感恩图报，很愿意接受曾养吾的节制，而曾养吾又是一位驾驭武人的能手。刘显等人诱擒了阿苟，夺回凌霄峰，随即围攻九丝山，攀登绝壁，斩杀阿大，取得土地四百余里，掳获了九十二只铜鼓。

"古田壮"的首领，叫作韦银豹。他的父亲韦朝威在孝宗弘治年间造反，杀了副总兵马俊，其后降而又叛，叛而又降。韦银豹本人之叛，是在世宗嘉靖末年。他和另一头目黄朝猛两度抢劫广西省城的银库，杀了参将黎民衷，声势浩大。

张居正在隆庆三年叫殷正茂当广西巡抚，负责剿办。殷正茂到任以后，便调集了土兵汉兵十四万人，交给俞大猷。俞大猷那时候是广东总兵官，被调来广西帮忙。以俞大猷之才，对付韦银豹与黄朝猛，游刃有余。他分兵七道，连破几十个寨子，只有最后的一个潮水寨比较费力，打了几十天才打了下来。黄朝猛被自己的部下杀了；韦银豹诡计多端，用了一个与自己面貌相同的人替死，但是，在逃走不久以后，也被捉住。

不久，殷正茂被升为"提督两广军务"。于是，惠州的蓝一清与赖元爵，潮州的林道乾、林凤、诸良宝，琼州的李茂等等，也都被殷正茂调兵遣将，一一"荡平"。

万历三年，殷正茂受任为南京兵部尚书，遗下的"提督两广军务"之缺，由凌云翼接任。凌云翼在万历四年秋天调遣张元勋、李锡等将领，大举进攻广东"罗旁瑶"，打了四个月，打到万历五年的春天，瑶人首领潘积善投降了。"罗旁瑶"所住的地区，在德庆州上下江，东西两山之间，有七百多里。韩雍在宪宗成化年间把西山的一部分镇压下去，剩下的是这些东山的部落。他们深处林莽，常常出来活动，兵来则退，兵去又来。

张居正能重用戚继光、李成梁、王崇古、方逢时、曾养吾、殷正茂、凌云翼等等，确有知人之明。

外患与内患之外，另一种患是水患。

明朝初年，黄河在洪武二十四年决口。决口的地点在河南原武县境。洪流泛滥到安山湖，把会通河淤塞了三分之一。所谓会通河，便是元朝所修筑的山东省一段的运河。明成祖有意迁都北京，对运河十分重视，派了宋礼去浚。宋礼用了二百天的工夫，完成任务。

此后，河患虽则常有，皆不甚大。到了嘉靖年间，它便严重起来。嘉靖六年，黄河溢出堤外，流入沛县之北的庙道口，淤了运河几十里长。

明世宗派盛应期去办，盛应期开了一条新河，从昭阳湖东北到留城口，约长一百四十余里，用六万五千个伕子、二十万两银子，做了六个月，未能如限完工。谏官认为这是劳民伤财，世宗便命令盛应期停止工作。盛应期要求再做一个月，世宗不许，于是功败垂成。

嘉靖四十四年，黄河又发脾气，在沛县飞云桥决口，流进了昭阳湖，又把运河淤了一百多里。世宗派朱衡去办理。朱衡也开一条新河，长一百九十四里，总算是筑成了。然而，这只是治标而已。

隆庆四年，黄河在邳州与睢宁决了口。穆宗派潘季驯去治。潘季驯把所决的口子堵住。

万历五年，黄河在崔镇决口，向北流，淤塞了清河口，逼得整个的淮河向南搬家，冲坏了高堰（高家坝），弄得高邮宝应等县成为一片汪洋。负责治河的"河漕尚书"吴桂芳与"总河都御史"傅希挚意见不合，吴主张疏浚老黄河故道，傅主张堵住决口，"束水归漕"。迁延到了次年的夏天，张居正派潘季驯去负专责。潘季驯在过去也只是一个懂得治标的人，但是他有了经验，又肯实地研究，把他的心得报告张居正作为建议，说黄河"故道久湮，虽浚复，其深度必不能如今河"，应该"筑崔镇以塞决口，筑遥堤以防溃决。又淮清河浊，淮弱河强。河水一斗，沙居其六，伏秋则居其八，非极湍急，必至停滞。当藉淮之清，以刷河之浊，筑高堰，束淮入清口，以敌河之强，使二水并流（为一），则海口自浚"。张居正接受他的建议，让他放手去做。果然，做到了万历七年冬天，潘季驯把黄河与淮河同时治好。

在潘季驯尚未完工以前，也有不少的人攻击他，正如当年戚继光等人之被攻击一样。但是，张居正给予潘季驯以大力支持，对一切闲言闲语置之不理。

治水成功，水患变成水利。张居正特地把水退了以后的荒地，按户分给江北各县灾民，三年以后才征赋。明朝自从中叶以来，政府不做该做的事，而收不该收的钱。农民在种种高压之下，也就无精打采，把该垦的地不去垦，该种的田不去种了。再加上，土豪劣绅与贪官污吏相勾结，有田而不报，即使报也以多报少。在洪武二十六年的时候，全国已垦已种的田地，有八百五十万零七千六百三十二顷。到了弘治十五年，就只剩下四百二十二万八千零五十八顷。经过张居正一番整顿与鼓励，万历九年的数字竟然一跃而为七百零一万三千九百七十六顷。比起洪武年间的情形，虽仍有不及，但是比起弘治年间的情形，真是进步得太多。

万历九年的数字，是经过三个年头的严格丈量而来。有人怀疑这数字的确实性，说张居正"尚综核，颇以溢额为功。有司争改小弓以求田多。或掊克见田（苛征暴敛现有的田）以充虚额，北直隶湖广大同宣府，遂先后按溢额田增赋云"。说这种话的人，不知是何居心？依他们的意思，最好田地不必丈量，办事不必综核，因为一丈量综核就难免有少数的坏官"争改小弓以求田多"，倒不如因噎废食，大家省事，大家静候亡国，饿死！至于说，因为有了"溢额"就免不了"遂先后按溢额田增赋"，似乎田亩尽管溢额，而所溢出的田亩绝对不可以征赋。这是一种什么想法？

《明史·食货志》却也保存了几句公道话："帝用大学士张居正议，天下田亩通行丈量，限三载竣事；用开方法，以径围乘除，畸零截补。于是豪猾不得欺隐，里甲免赔累而小民无虚粮。"

明朝初年，各府州县本有记载田地的"鱼鳞册"，与记载户口的"黄册"。这两种册子，由于中叶以后上下官吏的偷懒与舞弊，久已与事实不符。张居正大刀阔斧，不怕得罪人，才把事实重新弄个清楚。（他有没有采用当时福建所已用的经册、纬册与"归户册"，待考。）

田亩的数字，或可用大田化小的办法变多；户的数字，却没有办法化一人为两人来变多。洪武二十六年的户口，是六千零五十四万五千八百一十二人。弘治四年，降为五千三百二十八万一千一百五十八人。张居正在万历六年所查出来的，是六千零六十九万二千八百五十六人，不仅比弘治四年多，也比洪武二十六年稍稍多了一些。这倒未必是因为有他当政，而人民立刻乐观，于短期内纷纷增加生育（或减少杀婴与打胎）。主要的原因是：在他综核之下，经手调查的人不敢马虎从事。

张居正生平自称别无他长，只是耐得了烦。"耐烦"二字真能做到，并不容易。古今乐于做官的多，而舍得下功夫去办事的少，张居正倘若没有忠君（爱国）的心，没有视匹夫匹妇之疾苦为自己的疾苦之同情心，没有恒心与毅力，就一定耐不了总揽全国行政工作的烦。

儒家的理想宰相，是一个雍容大度、提纲挈领、对天子坐而论道、调理阴阳的人。下面各部门的麻烦的事，让下面的人去管。这样的宰相只适合于天下已定的太平时代。乱世或衰世，像明朝正德以后，迄于嘉靖年间的情形，就必须有张居正那样的一个火辣辣的角色，事必躬亲，才能拨乱反治。

他注重行政的系统，可见他不是不懂得分层负责的道理。他所不同于以前的若干大学士的，只在把"负责"二字做到名副其实。他自己负责，也要求下面的人负责。他不许六部的尚书分他的大权，老实不客气地让他们知道：在他们之上有一个内阁，而内阁的负责人是他自己。王夫之说得好，明朝政治的最大缺陷，是太祖在洪武十三年废掉丞相。太祖与成祖二人雄才大略，直接指挥六部，确有"皇帝而兼宰相"的资格。仁宗宣宗，能力虽差，幸有三杨在阁，仍旧办到了小康。此后皇帝不如太祖成祖，阁臣不如三杨，国事安得不坏！张居正断然确定内阁的地位，把太祖废相的失着补救了过来。可惜，他一去世，人亡政息，明朝又走回下坡的老路。

他并未把六部的权力剥夺净尽。事实上，他给了他们以应有的充分权力：命令各省的抚按（巡抚与巡按御史），必须秉承六部。对于抚按，他也让他们有权督责各府州县。这样，全国上下各级衙门，才形成了一个整体。他自己之所以能够在极短期间，完成极大改革，指挥灵活，运用自如，也全靠有了这个整体。

在内阁及其以次一层一层的各级衙门之间，公文的来往必须迅速。因此，他特别注意驿递（谷应泰所谓"邮传"）。去掉驿站方面的小腐败，在他，可谓牛刀小试，很快地便办到了。还有，公事经办人的故意拖延，改革起来就比较费事。所好，他有严刑重罚作为后盾。拖延以外，如诬报、虚报、瞒报、夸大其词的妄报等等，他都有办法查出来，弄得没有人敢欺骗他、蒙蔽他。谁能比得上他精明呢？

张居正办事严格，但对人并不苛酷。人有小过，他写一封私函加以规劝或申斥。有了大过，他才依法办理。他把赏罚看得很重要。没有赏罚，的确也办不了事。然而他一向是赏得重、罚得薄。

不讲道理的人，也未尝没有他们的所谓赏罚。张居正的赏罚，除了极少数的例外，一秉至公。他尊重明朝已有的考绩制度，而加以认真执行。京内之官六年一考，京外之官三年一考。过去，常常只是例行公事。他呢，毫不客气：特别好的升，好的留，不好的降，太不好的去。可是，他不像某些大官之以给人痛苦为乐。他在原则上，是让胜任的人久于其任。

胜任的人，却不易找。风气好，好人多；风气坏，好人少。在少数的好人之中，能办事的人更少。张居正懂得"不求全"。用人，只是用其所长。此人的短处，倘与所任之事无关，不必计较。

他勇于自任，而律己未尝不严。反对他的人，说他接受贿赂，说辽王朱宪㸅被废之时，王府的金宝都被他吞了。神宗因此而在他去世以后的第二年，抄他的家，却只抄得了十万两左右的银子而已（他家里原本是盐商，有钱）。

中国的社会，尤其是在明朝，是一个只讲私情、不讲国法的社会。谁要执法严明，谁就免不了得罪人。官位愈高，得罪人的机会便越多。

想升官的升不到官，怕丢官的丢了官，说人情的说不到人情，借钱的借不到钱——如何不恨？恨张居正的人，实在是太多了。

他在世，大权在握，没有人奈何得了他。他一死，仇家对于他的家属，对于他的身后令名，就可以为所欲为，弄得他在死后的第一年官爵被"追夺"，在死后的第二年家产被充公，家属被充军，在家属之中，有若干人死在牢狱，长子张敬修被逼得自杀。

在他未死以前，便已有很多人想借他丁忧而"夺情"（不去职）的一件事，造成轩然大波。其实，"夺情"是两位太后与神宗叫他如此，不许他因丁忧而沿例去职，要他留在任上办事。他自己未尝没有一再恳请去职"守制"。那时候，万历五年，他的改革的大事业刚刚做了一半；如果两位太后与神宗真让他走了，这大事业一定半途而废，明朝也绝不能够再撑上六十二年。反过来说，倘若在他死后，继起有人，像他一样地综核名实，替国家办事，明朝也不至于在六十二年以后便亡。

九三　神宗

神宗朱翊钧在明朝的皇帝之中，享国最久，从隆庆六年（1572年）六月到万历四十八年（1620年）七月，有四十八个年头加一个月。

即位之时，他仅有十岁，张居正去世之时，他已经是二十岁。在这十年之中，由于生母慈圣皇太后陈氏管教甚严，张居正大权独揽，司礼太监冯保又颇与太后及张居正合作，神宗除了读书以外，无所作为，因此也就没有什么不好。

张居正一死，继任的首辅（首席大学士）先后为张四维与申时行。张四维是山西蒲州人，当权以后，把冯保赶去南京，也把张居正的亲信王篆、曾养吾二人挤走。申时行是苏州府长洲县（现已并入吴县）人，嘉靖四十一年的状元，文章好，性情和顺，凭这两点，就很受张居正欣赏，被张居正提携进了内阁。申时行于万历十一年四月接张四维的事，到十九年九月退休。

君子外柔内刚，小人外刚内柔，申时行呢，是内外俱柔。万历一朝的政治之坏，此人的责任最大。第一，他把张居正的一套综核名实的办法，束之高阁。第二，他帮助神宗逃学，不反对神宗之"每遇讲期，多传免"，替神宗想出一个偷懒的办法，用进呈"讲章"（讲义）来代替讲授，在事实上永久停止了"讲筵"。第三，他帮助神宗拒谏，"令诸曹（各衙门的官吏）建言，各及所司职掌，听其长（官）执而献之"。第四，他又教了神宗，把不愿接受的奏疏，"留中"（留在宫中），不批不发，置之不理。

这时候，神宗久已成年，虽则还没有抽上鸦片，却已懂得纵情声色、饮酒使气、贪财好货。所信任的太监,是坏过冯保若干倍的张诚;所宠爱的女人,是极端自私的郑贵妃。有一位大理寺的评事,姓雒,名于仁,忠心报国,准备一死,在万历十七年冬天写了一篇大文章,题为《酒色财气四箴》,献给神宗。这一篇大文章,字数不多,而一字一泪,针针见血:"臣备官岁余,仅朝见陛下者三。此外,惟闻圣体违和,一切传免。郊祀庙享,遣官代行;政事不亲,讲筵久辍。臣知陛下之疾,所以致此者有由也。臣闻嗜酒则腐肠,恋色则伐性,贪财则丧志,尚气则戕生。陛下八珍在御,筋酌是耽,卜昼不足,继以长夜,此其病在嗜酒也。宠十俊(十个漂亮的小宦官)以启倖门,溺郑妃靡言不听,忠谋摈斥,储位久虚,此其病在恋色也。传索帑金,括取币帛,甚且掠问宦官,有献则已,无则谴怒,李沂之疮痍未平而张鲸之赀贿复入,此其病在贪财也。今日榜宫女,明日挟中官,罪状未明,立毙杖下,又宿怨藏怒于直臣,如范儁、姜应麟、孙如法辈,皆一诎不申,赐环无日,此其病在尚气也。"

雒于仁在《酒色财气四箴》中,继续侃侃而谈:"四者之病胶绕身心,岂药石所可治?今陛下春秋鼎盛,犹经年不朝,过此以往,更当何如?……陛下之溺此四者,不曰操生杀之权,人畏之而不敢言,则曰居邃密之地,人莫知而不能言。不知鼓钟于宫,声闻于外,幽独之中,指视所集。且保禄全躯之士,可以威权惧之,若怀忠守义者,即鼎锯何避焉?臣今敢以四箴献,若陛下肯用臣言,即立诛臣身,臣虽死犹生也!惟陛下垂察。

    酒箴 耽彼曲蘖,昕夕不辍。心志内惽,威仪外缺。神禹疏狄,
       夏治兴隆。进药陛下,酰醑勿崇。
    色箴 艳彼妖姬,寝兴在侧。启宠纳侮,争妍误国。成汤不迩,
       享有遐寿。进药陛下,内嬖勿厚。

> 财箴　竞彼镠镣，锱铢必尽，公帑称盈，私家悬罄。武散鹿台，八百归心，隋炀剥利，天命难谌。进药陛下，货贿勿侵。
>
> 气箴　逞彼忿怒，恣睢任情，法尚操切，政鳌公平。虞舜温恭，和以致祥，秦皇暴戾，群怨孔彰。进药陛下，旧怨勿藏。"

神宗接到了雒于仁的这篇《酒色财气四箴》，不知如何是好，摆了十天，刚好是元旦，便在百官朝贺以后召见了申时行等人，口口声声，说雒于仁冤枉了他，要把雒于仁严办。申时行建议，不必如此，因为传开来，老百姓一定会"信以为真"，最好是暂时置之不理，慢慢地叫大理寺卿把雒于仁赶走。果然，几天以后，雒于仁便称病请辞，被"斥为民"，了事。

申时行的如此作风，对雒于仁而言，可谓"保全善类"；对神宗而言，可谓"不忠"。

申时行以后的历任首辅是许国、王家屏、王锡爵、赵志皋、沈一贯、朱赓、李廷机、叶向高、方从哲，一共有九个人。

许国主政，仅有半年。他私德颇好，为人倔强，和"言官"（御史和给事中）合不来，终于因力争册立太子，被神宗准许辞职。（神宗的长子朱常洛，即未来的光宗，非郑贵妃所生，因此而迟迟未蒙册立。）

王家屏主政，也只有半年。他入阁甚早（在万历十二年十二月），中间丁忧了两年零三个月。当雒于仁几乎被神宗严办之时，他向神宗说：小官不会知道皇帝的饮食起居，规谏是我们辅弼大臣的事。"臣备位密勿，反缄默苟容，上亏圣明之誉，下陷庶僚蒙不测之威，臣罪大矣。尚可一日立于圣世哉！"

次年，万历十八年，他自己也向神宗明说："统计臣一岁间，仅两觐天颜而已。间尝一进謇言，竟与诸司章奏，并寝不行。"在万历十九年九月升任首辅以后，他也和许国一样，再三请求册立太子。神宗骂他"希名"。他说："名非臣所敢希。顾臣所希者，陛下为尧舜之主，臣为尧舜之臣，则名垂千载，没（死）有余荣。若徒犯颜触忌，抗争偾事，被谴罢归，何名之有？必不希名，将使臣身处高官，家享厚禄，主愆莫正，政乱莫匡，可谓不希名之臣矣，国家奚赖焉？使臣弃名不顾，逢迎为悦，阿谀取容，许敬宗李林甫之奸佞无不可为，九庙神灵必阴殛臣，岂特得罪于李献可诸臣已哉！"结果，神宗准他辞职。（李献可是礼科都给事中，在万历二十年正月因疏请"预教太子"，被斥为民。另有十人，因他而先后被贬被斥。）

王家屏走了以后，赵志皋做了九个月首辅。次年（万历二十一年）正月，王锡爵还朝，首辅的位置给王锡爵，直至万历二十二年五月王锡爵告老。然后，又由赵志皋做首辅，到二十九年九月病故之时为止。

赵志皋是浙江兰溪人，隆庆二年的状元。王锡爵是江苏太仓人，嘉靖四十一年的榜眼（与申时行同榜）。王锡爵性情硬，不怕得罪神宗，却也只办成了一件事：说服神宗，在万历二十二年二月，让"元子"朱常洛"出阁"读书，礼节依太子出阁的旧例。赵志皋性情软，连一件事也不曾办到，只会请病假，不办公，其后真得了麻痹症，便连写奏疏请辞。他一共写了八十几次这样的奏疏，而神宗偏始终不准他辞，直到他死在任上为止。

赵志皋以后的沈一贯，是宁波府鄞县人。在沈一贯手上，朱常洛终于在万历二十九年十月十五日被册立为太子，郑贵妃的儿子朱常洵同时被封为福王（老福王，其后在南京即位的福王朱由崧，是这老福王的儿子）。除此以外，沈一贯也是一事无成。他而且爱钱、记仇，受楚王朱华奎之贿，又欲置异己的礼部侍郎郭正域于死地。

沈一贯在万历三十四年七月退休，继他为首辅的是朱赓。朱赓是浙江山阴（绍兴）人，这时候已经七十二岁，没有多大精力来纠正神宗的种种恶习。平均,他上疏十次,批下来的难有一次。他在三十六年十一月死在任上。

次一首辅*,是福建福清人叶向高。叶向高挨到万历四十二年八月,也曾经写了若干慷慨激昂的奏疏,而神宗依然是"万事不理"。"六卿(六部尚书)止赵焕一人(原任刑部,后改吏部),而都御史十年不补。"全国的巡抚与巡按御史,尤其是各府州县的知事,缺了一半以上(职务均由别的官吏或不够资格的人署理)。叶向高向神宗说:"臣进退可置不问,而百寮必不可尽空,台谏(御史与给事中)必不可尽废,诸方巡按必不可不代。中外离心,辇毂肘腋间怨声愤盈,祸机不测,而陛下务与臣下隔绝。帷幄不得关其忠,六曹不得举其职。举天下无一可信之人,而自以为神明之妙用。臣恐自古圣帝明王,无此法也。"

叶向高的继任者方从哲,生长京师,在籍贯上属于锦衣卫,远祖是浙江德清人。他也是科甲出身,当过国子监的祭酒(大学校长),但生性胆小如鼠,贪禄恋位。遇到有神宗在上,刚好是昏君奸臣凑在一起,明朝的灭亡便注定了。

这时候,党争已经把朝廷弄得全无正人。方从哲在万历四十二年八月以后"独相",直到万历四十八年七月神宗病故,仅仅在万历四十三年五月至万历四十五年七月有一个吴道南在内阁里,陪陪他虚应故事。

神宗这时候越发荒唐。五十几个给事中,只剩下四个;一百多个御史,只剩下五个;六部的尚书侍郎也剩下四五个,都御史一缺仍旧虚悬;几千个大选、急选与待补的教官,聚集在京的等候不到"凭",上不了任,旅费用光,三餐不饱。神宗一概不管,方从哲在事实上也只是敷衍敷衍,想了事而一事不了。

努尔哈齐这时已经崛起,于万历四十六年四月打下抚顺,万历

---

* 朱赓的下一任是李廷机,万历三十六年十一月进,四十九年九月致仕。——编者注

四十七年击溃杨镐、灭掉叶赫。明朝剩下一个孤忠耿耿的熊廷弼，方从哲又用了小人姚宗文，把熊廷弼挤走，因此而又丧失了辽阳。

神宗去世，光宗在万历四十八年八月初一即位，把叶向高召回内阁。九月，光宗去世，熹宗即位。方从哲挨到十二月，告老。

九四　三大案

明末的三大案是：梃击、红丸、移宫。

梃击的案子发生在万历四十三年（1615年）五月初四。有一个姓张名差的汉子，手中拿了枣木棍，闯进皇太子所住的慈庆宫，打伤守门的宦官李鉴，走近大殿廊檐，被捕。巡按皇城御史刘廷元，审了他，向神宗奏报：张差"按其迹若涉疯癫，稽其貌实系黠猾"。刘廷元的真正意思，是说："虽则张差有狡猾的面孔，但在行动上却是一个疯子，没有什么政治作用。"有一个提牢主事王之寀，私下探询张差的口气，查出来张差是受了"马三舅"与"李外父"的指使，从家乡蓟州来到京师，随了一个老公公走进另一个老公公的大房子，吃饭。这第二个老公公给他一根枣木棍，领他进了宫，叫他逢人便打死，事成以后赏几亩地给他。于是王之寀便报告侍郎陆问达，托陆代奏神宗。

方从哲认为：王之寀胡说。御史过庭训（姓过，名庭训），主张赶快把张差杀了（以免露出真相）。过庭训而且行文张差原籍的地方官，调查张差得疯病的经过。果然，蓟州知州戚延龄，就回了文来，说张差如何如何地得了疯病。

刑部举行了一次"十三司会审"，十三个司的司官都出庭。张差供出：马三舅是马三道，李外父是李守才，第一个老公公是庞保，第二个老公公是张成。另外，还有一个姐夫，姓孔名道，也是同谋。他的任务并不是"逢人便打死"，而是专打"小爷"。（"小爷"在老公公们的口语中，是皇太子。）

案情揭露到如此程度，一切无可掩饰。张成是郑贵妃的侍者，以前已经有一次犯了诅咒皇太子的嫌疑。郑贵妃一向想把自己的儿子常洵立为皇太子；在皇长子常洛被立为太子以后，虽则她的儿子也被立为福王，但她并不甘心，始则留福王在京城，不放他到洛阳去就封，继则鬼鬼祟祟，要害死常洛，以便把福王常洵迎回来，入继大统。

糊涂的神宗，硬要袒护郑贵妃，把天大的案子放在自己的肩上。他召见方从哲与朝中文武诸臣，破口大骂，说他们意在离间皇帝与太子之间的感情。其实，何尝有人说他神宗是谋杀太子的主犯呢！没出息的太子常洛，这时候站在神宗的旁边，也顺嘴向文武诸臣申斥："我父子何等亲爱，而外廷议论纷如。尔等为无君之臣，使我为不孝之子。"

结果，张差仍以"疯癫之人"冒犯宫禁罪名，被凌迟处死，马三道与李守才、孔道，被从轻发落，充军了事。老公公庞保与张成，在宫里被皇帝秘密杀死灭口。郑贵妃依然住在乾清宫陪伴神宗，好像不曾有过梃击的案子一样。

红丸的案子，发生在万历四十八年（1620）八月二十九日。

朱常洛在八月初一日即位，改明年为泰昌元年。他在位仅有二十九天，死后谥为光宗。在明朝的皇帝里面，他是在位最短的一个，不能有所建树，原无足怪，但是就他在短短的一个月之中所表现的而论，即使他在位二十年、三十年，也必一无所成。

他即位到了第五天（据《明史·杨涟传》），便得了病。这病可能是肚泻或痢疾，然而肚泻、痢疾之所以能致他于死，主要的原因却是起居无节。他原已宠了两个"选侍"，均姓李，称为东李、西李。西李比起东李来，更加受宠。郑贵妃为了想笼络他，一举而送他四个美人（据《明史·崔文昇传》），他都收了。这四个美人，加上二李，便要了他的命。

从八月初五日病起，病到二十九日，病重。（在初五日吃宦官崔文昇的药，吃了以后，一天一夜要大便三四十次。）鸿胪寺丞李可灼献上一颗红丸，他吃了，获得暂时的安睡；黄昏时睡醒了，再吃一颗，睡到半夜，去世，享寿三十九岁。

这便是所谓红丸案。

方从哲要用皇太子（熹宗）的名义，赏李可灼五十两银子。御史王安舜提出抗议："先帝之脉，雄壮浮大，此三焦火动，宜清不宜助。红铅乃阴中之阳，纯火之精，投于虚火燥热之症，不速之逝乎？以中外危疑之日，而敢以无方无制之药，驾言金丹，轻亦当治以庸医杀人之条，而蒙殿下颁以赏格，是不过借此一举，塞外廷议论也。"方从哲吓得缩了回去，把赏银子的原拟，改为"罚俸一年"。

这么一来，朝廷的议论与民间的谣言更多。方从哲又只得用圣旨勒令李可灼回家养病（免职）。

西李姓李，李可灼也姓李。西李与神宗的郑贵妃一向很亲近，而郑妃在梃击一案早就有了嫌疑。用红丸把光宗弄死，莫非是为了要把福王朱常洵从洛阳请回来当皇帝？

郑贵妃本人，确也太不避嫌。在光宗未死以前，她向光宗建议立西李为皇后；西李也向光宗建议尊她（郑贵妃）为太后。这很像是她准备以"皇太后"的资格垂帘听政，甚至演出废君立君的把戏来。光宗也竟然扶病朝见群臣，假传神宗遗命，催大家快制定尊封皇太后的礼仪，礼部侍郎孙如游表示反对，说：要封，该先追封光宗自己的生母王贵妃，不该先封郑贵妃。

光宗一死，又发生了移宫的案子。

移宫的案子发生在光宗死后的次日，亦即万历四十八年九月初二日。（这一年，由于光宗等不到次年改元便死，群臣议定：八月以后，改称泰昌元年，以为纪念。次年，原定为泰昌元年，改称为天启元年。）

光宗既死，西李照规矩应该搬出乾清宫，让新任的皇帝住，然而她没有搬。熹宗仍旧住在慈庆宫。她而且叫太监，把群臣的奏疏先送给她看，再拿到慈庆宫给熹宗看。

大学士刘一燝、吏部尚书周嘉谟、兵科都给事中杨涟与御史左光斗，在九月初二日向皇长子（熹宗）上奏：请选侍（西李）移宫。左光斗在奏中说："选侍既非嫡母，又非生母，俨然尊居正宫，而殿下乃退处慈庆，不得守几筵，行大礼，名分谓何？选侍事先皇，无脱簪戒旦之德，于殿下无拊摩养育之恩，此其人岂可以托圣躬者？且殿下春秋十六龄矣，内辅以忠直老成，外辅以公孤卿贰，何虑乏人？尚须乳哺而襁负之哉？况睿哲初开，正宜不见可欲。何必托于妇人女子之手？及今不早断决，将借抚养之名，行专制之实。武氏之祸，再见于今，将来有不忍言者！"

西李看到了这本奏疏，派宦官叫左光斗进宫，准备当面予以重罚。左光斗抗命，说："我是天子的官，只有天子能召见我。你们是干什么的？"西李又派宦官叫熹宗来乾清宫，商量处罚左光斗的事。熹宗这小孩子此时精灵得很，不肯去；却也叫宦官把左光斗的奏疏拿来看，看罢，很欣赏，居然把奏疏批交内阁。到了初五，内阁"具揭"再催，熹宗便批令西李移宫。西李只得遵办，搬到仁寿殿去。

初六，熹宗正式登基，受群臣朝拜以后，摆驾回宫，所回的便是乾清宫，而不是慈庆宫了。

熹宗而且下旨，叫西李搬出仁寿殿，到宫女养老的哕鸾宫里去住。随即特下一敕，痛数西李的罪：①初一日光宗去世，群臣哭临，请求朝见他，西李把他留在暖阁，不许出来；司礼太监（王安）固请，才许。出来不远，西李又叫"李进忠"等再三喊他回去。最后，出来了，西李仍叫人吩咐他，不可到文华殿。②他自己的生母（王才人）是西李打死的（死在万历四十三年七月）。谁料到，四年以后，这熹宗变了一个人，竟然听从李进忠（魏忠贤）的玩弄，封西李为康妃！次年，天启五年，他又把杨涟、左光斗等逮捕下狱，死得不明不白。不久，他让李进忠（魏忠贤）颁布《三朝要典》，颠倒三大案的是非。

九四 三大案

九五　光熹二宗

光熹二宗之昏，与仁宣二宗之明，成为黑与白的对比。光宗与仁宗在位极短（光宗一个月，仁宗十个月）；熹宗与宣宗也均不甚长（熹宗六年十一个月二十六天，宣宗九年六个月）。

光宗朱常洛，经若干忠臣冒了生命危险予以拥护，才获得立为太子，免于被福王朱常洵夺去太子的地位。这些忠臣不曾料到，此人之不慧不贤，与朱常洵没有什么两样。熹宗朱由校之得以"皇长子"的资格，于光宗去世的一天，受群臣朝拜，又于五天以后受群臣拥立为君，安然回驾至乾清宫，以免于郑贵妃及李选侍两代太后之垂帘听政，而结果他的表现也十分令群臣失望。明朝大局之坏，由于熹宗之一任魏忠贤摆布，坏到不可收拾，注定了亡国的命运。

魏忠贤本是河间府肃宁县的一个无赖，赌输了钱，被债主逼得无路可走，而自己动手术，进宫当了宦官。他原姓魏，改姓了李，取名进忠，叫作"李进忠"。

他进宫不久，便荣任了熹宗母亲王才人的厨子；又渐渐地和熹宗的乳母客氏发生暧昧，可见他实际上并不是一个完全残废的人。另一个假太监魏朝，被他挤得失了客氏的宠。熹宗幼年丧母，由客氏抚养长大，即位不到一个月，就封了客氏为"奉圣夫人"。连带地，这"李进忠"也很快地由"惜薪司太监"而升为"司礼秉笔太监"。熹宗准他恢复原姓，又赐了"忠贤"二字作为他的新名。

他目不识丁，怎么能够秉笔？却有两个识得字的宦官，听他使唤，一个叫作王体乾，另一个叫作李永贞。司礼监的掌印太监，熹宗本意要叫王安充任。王安是个好人，虽和熹宗的关系颇深（当过熹宗的伴读），却在名利上很不积极，不愿意居此高位。于是，王体乾做了掌印。掌印的地位在秉笔之上，然而王体乾对魏忠贤奉命惟谨。

魏忠贤兼了"提督宝和三店"的官职，也兼了"提督东厂"。不但如此，他而且获得熹宗准许，在宫内练兵，号称"内操"，足有一万多人，所用的是火器，等于是第二个"神机营"。这一万多内操兵，在名义上都是施过手术的。这样，他的声势已经够叫人害怕的了。他又勾结得内阁大学士之中的一个不肖分子沈㴶，和沈㴶狼狈为奸，窃取政权。

熹宗读书甚少，喜欢做木工。每逢熹宗锯木头、刨木头，或是漆木头的时候，魏忠贤和王体乾等人就拿了很多件公文请熹宗批，故意惹得熹宗嫌烦。熹宗总是说："我知道啦。你们拿下去，好好地处理吧。"

虽则是叶向高在泰昌元年（1620年）八月被召，次年（天启元年）十月到达京师，回任了首席大学士；虽则方从哲终于在十二月被准告老，去职；朝廷中的一切实权，已经操在魏忠贤的手中，非叶向高所能匡救。

光宗召回叶向高之时，同时也发表了六个别的大学士：史继偕、沈㴶、何宗彦、刘一燝、韩爌、朱国祚。泰昌元年十月，熹宗又加进了一个孙如游。除了沈㴶勾结魏忠贤以外，其他六个人都可算是正人，然而皆没有多大的作为。到了天启四年年底，叶向高与这六人没一个尚在内阁，都已经是走的走、死的死了。（沈㴶先在天启二年七月告老。）

替代他们的是一群小人，而首席顾秉谦更是小人之尤。他是昆山人，由进士改庶吉士，历官礼部右侍郎、教习庶吉士、礼部尚书兼掌詹事府，出身未尝不好而自甘下流。魏忠贤在天启四年七月提拔他入阁，他越发感恩图报，唯魏忠贤之命是从。杨涟称他为魏忠贤的"门生宰相"，一点儿也不冤枉。魏忠贤的罪恶，杨涟在天启四年六月的一疏之中，列举了二十四项。其中最重要的几项，是：

九五 光熹二宗

（甲）侵夺内阁"票拟"圣旨的权，常常用所谓"内批"或"传奉"来代替。

（乙）破坏大学士及其他大臣的"廷推"制度。

（丙）挤走大学士刘一燝、吏部尚书周嘉谟、礼部尚书孙慎行、刑部尚书王纪、工部尚书钟羽正、左都御史邹元标、太仆少卿满朝荐、翰林院修撰文震孟、御史江秉谦、吏科给事中侯震旸、刑科给事中毛士龙、吏部验封员外郎徐大相与（官职现已难考的）熊德阳。

（丁）害死司礼秉笔太监王安、（熹宗所最宠爱的）冯贵人、有孕在身的张裕妃、张皇后所生的皇子、（光宗的）选侍赵氏。

（戊）滥袭恩荫，使得乳臭未干的侄儿魏良卿、魏良弼，外甥傅应星都做了大官。

（己）容许奸细韩宗功混进京师，住在他的官舍。

（庚）创立"内操"。

（辛）出入警跸，走马御前。

杨涟是应山人，官居左副都御史；在上了这一本奏疏几天以后便被"切责"，四个月以后被"削籍"，次年（天启五年）七月被逮捕下狱。和他同时被逮捕的，有削籍左佥都御史、桐城人左光斗，吏科都给事中魏大中，御史袁化中，太仆少卿周朝瑞，陕西按察副使顾大章。

六人的共同罪名，是受过熊廷弼的贿赂。魏忠贤的锦衣卫"北镇抚司"许显纯，写好一张赃单，将六人屈打成招；招了以后，又五日一"比"，连续地打，叫作"追赃"。打到七月二十六日的夜里，杨涟、左光斗、魏大中三人被打死。又打了一个多月，袁化中与周朝瑞也被打死。顾大章最后被移到"法司"去审，审了以后，于即将移回"北镇抚司"之时，自杀。

熊廷弼是江夏人，万历二十六年进士，历任推官、御史、大理寺丞，于万历四十七年六月做兵部侍郎兼右佥都御史，经略辽东。他在辽东十六个月，把局面稳住，功劳很大，却被给事中姚宗文、兵部主事刘国缙与御史冯三元等人造谣中伤，说他一味地守，不敢进攻，因此而下了台，由袁应泰替代。袁应泰在军事上是一个外行，到任没有多久，便在天启元年三月失掉沈阳与辽阳，自杀。

天启元年四月，明廷以薛国用为经略，王化贞为巡抚。六月，再度以熊廷弼为经略，王化贞仍为巡抚。十几万的大兵，不由熊廷弼统率，而掌握在王化贞的手中。王化贞驻节广宁，在天启二年正月失掉广宁，全军瓦解，逃回到山海关，全靠熊廷弼以自己新练的五千人交给他殿后。

明廷把熊王二人，不分功罪，均判了死刑。熊廷弼托了内阁中书汪文言，答应魏忠贤四万两银子，其后却筹不出，于是魏忠贤就决定将熊廷弼的死刑尽快执行，顺便把所恨的杨涟、左光斗等六人栽诬，一网打尽。

事实上，杨涟等人是所谓"东林党"，而熊廷弼一向与"东林党"是对头。

东林党并不是一个有形的组织。万历二十二年，吏部因"廷推"大学士，而列上王家屏的姓名，不合神宗的意。神宗责备吏部，尚书陈有年据"故事"（成例）抗争，辞职，照准。神宗派孙丕扬继任尚书，另以特旨而不用廷推，发表沈一贯与陈于陛为大学士。吏部的文选郎中顾宪成，连带地也被"调"。有两位给事中上疏替顾宪成讲情，神宗更气，索性把顾宪成削籍。顾宪成回到无锡，在"东林书院"聚徒讲学。参加他的书院、帮他讲学的，有高攀龙等人。这便是所谓"东林党"的由来。

顾宪成以为学术和政治与伦理是分不开的。他说："官辇毂，志不在君父；官封疆，志不在民生；居水边林下，志不在世道：君子无取焉。"他讲学之余，喜欢议论朝政、臧否人物，因此也就得罪了不少权臣，也连累了不少朋友。

党争的根源，是内阁与六部的权力问题。张居正当国之时，把六部的实权归入内阁。张居正一死，六部便颇想从内阁手中，取回原有的实权。而六部之中，对内阁首当其冲的，便是吏部。摩擦得最厉害的一次，是万历二十一年的"京察"：吏部尚书孙铁及其考功郎中赵南星"尽黜"大学士王锡爵、赵志皋与张位的私人，而"宪成实左右之"。宪成那时候是"文选员外郎"。

党争的另一根源，是神宗不看公事。任凭言官怎样地发牢骚，弹劾甲、弹劾乙，神宗一概不理。于是，行政官每每于受不了言官的攻讦之时，自动辞职，神宗也很少加以挽留。言官之抬头，本不是一个坏现象，可惜言官本身也每每由于对于某一行政官持反对与赞成的两种不同态度，或是由于籍贯的同与不同，以及平日交往的亲与疏，而自分门户。

因此，便有了所谓齐党、楚党、浙党。三党所争的，属于制度方面的少，属于人事方面的多。是非与利害总难免纠缠在一起。倘若是在一个民主的国家，这是很无足怪、应有的现象，可以由选举与表决种种方式不断地获得调整。然而万历及其以后的明朝不仅不是民主的国家，而且不是一个正常的君主专制的国家。皇帝昏庸，太监弄权，于是好斗的言官与行政官就卷在党祸的漩涡之中了。

自从顾宪成在东林讲学论政以后，制度之争及人事之争渐渐地变成了意气之争、邪正之争。所谓东林党人，根本不曾结党，却也不免有互通声气，甚至互相标榜的行为。叶向高于天启初年东山再起之时，所引用的也大都是一些气味相投的朋友，或朋友的朋友。顾宪成已于万历四十年去世，而邹元标、赵南星等犹在。

邹元标是江西吉水人，万历五年进士，因上疏反对张居正"夺情"被廷杖八十，谪戍都匀卫，于张居正死后被召回京，当了吏科给事中；又因弹劾掉礼部尚书徐学谟，而得罪了大学士申时行，被贬到南京当南京刑部照磨，转任南京兵部主事，南京吏部员外郎、验封。在南京住了三年，称病回家，在家乡讲学三十年，名高中外，到了天启元年才应召回到京师，充任刑部右侍郎。

邹元标在天启元年四月到达京师，向熹宗上疏荐贤，第一疏荐了涂宗浚等十八人，第二疏荐了叶茂才、赵南星、高攀龙、刘宗周等十五人，均蒙熹宗接受。他在这一年的十二月，被调升吏部左侍郎；未及到任，又被升为左都御史。次年七月，礼部尚书孙慎行因上疏追论红丸、移宫二案，被魏忠贤叫人挤走。十月，邹元标也由于在京师创办了"首善书院"，被三个给事中（朱童蒙、郭允厚、郭兴治）连疏攻讦，辞职回乡，在天启四年病故。

孙慎行是武进人，万历二十三年的探花，历任翰林院编修、左庶子、少詹事，常常请假回乡读书，在顾宪成的东林书院讲过学。万历四十一年，升为礼部右侍郎，署部事（代理部务）；泰昌元年十二月，实授礼部尚书，于天启元年四月到任。到任以后，他上疏追论红丸、移宫二案，直指进红丸为"弑"，说李可灼该斩，方从哲应该"引剑自裁"；又说西李移宫之前，已有垂帘听政之事（从光宗之死，到熹宗在九月初六正式即位），"若非九卿台谏力请移宫，选侍一日得志，陛下几无驻足所。闻尔时从哲濡滞不进，科臣趣之，则云迟数日无害，任妇寺之纵横，忍君父之阢陧，为大臣者宜尔乎？臣在礼言礼，其罪恶滔天，万无可生之路"。

方从哲在泰昌元年十二月已经告老去职，孙慎行向他算旧账，的确过分。熹宗说："旧辅素忠慎。可灼进药本先帝意。卿言虽忠爱，事属传闻。并进封（太后）移宫事，当日九卿台谏官亲见者，当据实会奏，用释群疑。"于是，有了一番"廷议"。廷议的结果，是李可灼戍边，方从哲不问。天启二年七月，孙慎行称病辞职，照准。

赵南星是高邑人，万历二年进士。万历十年，张居正生病，他以户部主事的身份，与同官顾宪成、姜士昌不肯参加群臣为张居正所做的祈祷。万历二十一年，他以吏部考功郎中的身份，主办"京察"，"尽黜执政私人",被"斥为民"。光宗即位,召他回京担任太常少卿;熹宗于他未曾到达以前,连升他为右通政、太常卿、工部右侍郎。他做了工部右侍郎几个月,又在天启二年十一月被熹宗升为左都御史,继邹元标之任。次年,京察,他力主降黜前任给事中元诗教、赵兴邦、官应震、吴亮嗣,因此而和吏科都给事中魏应嘉发生意见。他写了一篇《四凶论》,称这四人为"四凶"。吏部的考功郎程正己赞成他的看法,把这四人列为"不谨"的一类。天启三年十月,他被调升吏部尚书,干了十个月,很是提拔了一些人,包括高攀龙、杨涟、左光斗、魏大中、袁化中、王之寀、夏嘉遇。魏忠贤想笼络他,被他拒绝。他的朋友魏允贞的儿子魏广微,为魏忠贤所用,当了大学士,来见他三次,他皆不见。

天启四年十月,赵南星奏请以太常卿谢应祥补河南巡抚。魏广微叫御史陈九畴参上一本,说谢应祥做过浙江嘉善县的知事,吏科都给事中魏大中是谢的门生。魏大中替谢向吏部文选郎夏嘉遇运动,因此谢才被赵南星奏荐为河南巡抚,可见魏夏二人"徇私","当斥"。二人上疏答辩,陈九畴再疏攻讦,案子被交下吏部与都察院核议。赵南星与高攀龙均说,魏夏二人并未徇私运动,陈九畴"妄言"。"魏忠贤大怒,矫旨黜大中嘉遇,并黜九畴,而责南星等朋谋结党。南星遽引罪求去,忠贤复矫旨切责,放归。""明日,攀龙亦引去。"其后,魏忠贤的御史张讷,劾赵南星十大罪,连带地劾了赵南星所用的人邹维涟、程国祥与夏嘉遇。魏忠贤传旨,将他们"削籍"。再其后,汪文言的案子发生,卷进赵南星,坐赃一万五千两。幸亏有亲戚朋友帮忙凑款子,缴了上去,这才逃了一死,而充军到代州。

高攀龙是无锡人,与顾宪成同乡,中了万历十七年的进士,官居"行人"。他在万历二十一年十月上疏,抗议大学士王锡爵排斥异己,被贬到广东揭阳,当"添注典史"。在揭阳住了七个月,因事回乡,便不再出来,家居了三十年左右,帮过顾宪成在东林书院讲学。熹宗即位以后,他来到京师历官光禄寺丞、光禄少卿、太常少卿、大理少卿、太仆卿、刑部右侍郎，在天启四年八月受拜为左都御史（补孙玮之缺。孙玮是在天启三年赵南星调任吏部以后就职的）。他在光禄少卿任内，于天启二年四月上疏追论梃击一案，认为郑贵妃的弟弟郑国泰是主凶，郑国泰虽则已经病死而郑国泰的儿子郑养性仍逗留在京师，"人言籍籍（啧啧），咸疑养性交关奸宄，别怀异谋"。得旨：高攀龙不应多言，郑养性勒令回籍。他也主张杀对光宗妄下泻药的崔文昇，与勾结李永芳的李如柏（李永芳是抚顺守将，降了努尔哈齐。李如柏是李成梁的儿子，娶了努尔啥齐的女儿为妾），都没有下文。

他做都御史，做了两个月，便由于"河南巡抚"谢应祥的事而跟着赵南星去职。在魏忠贤面前说他的坏话的，是他下面的一个御史崔呈秀。这时候，崔呈秀出按淮扬回来，高攀龙举发崔在淮扬受贿的劣迹，赵南星奏请将崔充军。诏下：崔革职听勘。崔赶快去看魏忠贤，拜魏忠贤为义父，于是赵与高二人被逼走，崔不但免了充军，而且从此得意，于次年正月复官，不久又先后兼了"督三殿工"，再兼工部右侍郎，本职亦由御史升为佥都御史。到了天启六年七月便当起工部尚书来，"仍督大工"。十月，加太子太保，兼左都御史，仍督大工。

天启七年五月，袁崇焕在宁远与锦州战胜皇太极。袁崇焕本人叙不到功。这功劳却被魏忠贤与崔呈秀冒了去，魏忠贤获得以一个侄孙魏鹏翼封为安平伯，崔呈秀获得加官为太子太傅。不久，崔呈秀又因三殿告成，再加了少傅。八月，转任兵部尚书，仍兼左都御史，"出入烜赫，势倾朝野"。几天以后，熹宗去世，思宗（崇祯皇帝）即位。十月，崔呈秀告老回乡。十一月初一，思宗下旨，安置魏忠贤于凤阳。初六，魏忠贤因行至中途，有诏逮捕，自杀。崔呈秀在听到了这个消息以后，也上了吊。

崇祯元年正月二十四日，思宗下诏，将魏忠贤与崔呈秀二人"戮尸"。

崔呈秀是苏州人，万历四十一年的进士，其自甘下流，与顾秉谦如出一辙。魏忠贤在他未来投奔以前,还不敢太放肆。有了他做干儿子,就为所欲为了。他作了两本名册,献给魏忠贤做参考。一本是所谓东林党人,称为"同志诸录"。一本称为"天鉴录",是反对东林党的人。魏忠贤有了这两本名册,便逐渐地使得朝廷中"善类为之一空"。凡是无耻的小人,想升官发财的,都来向崔呈秀"暮夜乞怜",于是"蝇集蚁附,其门如市",纷纷送来"奇异珍宝"。

此外,工部尚书吴淳夫、"兵部尚书"田吉、太常卿倪文焕、副都御史李夔龙,也是魏忠贤的得力鹰犬,与崔呈秀合称为"五虎"。五虎之下,有都督田尔耕、都督许显纯等"五彪"。五彪之下,又有"十狗"、"十孩儿"、"四十孙"。

其他的两个阉党进士,是顾秉谦与魏广微。这两人都当了大学士。顾秉谦替魏忠贤编《三朝要典》,颠倒三大案的是非;魏广微替魏忠贤准备了一部《缙绅便览》,把正人列为"邪党",把邪党列为"正人"。

思宗在办了魏忠贤与崔呈秀以后,在崇祯二年颁布"逆案"的名单,分别定罪。名单上,分为:

(甲)首逆凌迟者二人——魏忠贤、客氏。

(乙)首逆同谋,决不待时者六人——崔呈秀、魏良卿等。

(丙)交结近侍,秋后处决者十九人——刘志选、梁梦环、倪文焕、田吉……吴淳夫等。

(丁)交结近侍,次等充军者十一人——魏广微等。

(戊)交结近侍,又次等论徒三年,输赎为民者——顾秉谦、冯铨等一百二十九人。

(己)交结近侍,减等革职常住者四十四人——黄立极等。

(庚)魏逆亲属及内官党附者五十余人——处罚轻重与姓名不详。

九六　补叙朝鲜战役

日本在明神宗万历十三年（日本正亲町天皇天正十三年）全国被丰臣秀吉统一，所谓"战国时代"亦即群雄割据时代因而结束。丰臣秀吉自为"关白"（摄政），挟天子以令诸侯。当时的世袭征夷大将军源义昭局促于"备后"地方，实权尽失。

丰臣秀吉出身微贱，原名木下猿之助，是爱知县的一个村民之子。父亲早死，母亲再嫁给筑阿弥。他在筑阿弥的家里长大，做了一代英雄织田信长的侍卫，屡立战功，先后升至长滨的城主、小谷的大名，领有封地二十二万石之多。织田信长在万历十年为叛将明智光秀所袭，自杀而死。丰臣秀吉战胜明智光秀，依次削平群雄，革新庶政，终于在万历二十年（日本后阳成天皇文禄元年，朝鲜李宣祖二十五年，公元1592年）进兵朝鲜，企图一举而并吞朝鲜，席卷中国。

他派出的兵，共有十五万八千七百人，分作九军，以宇喜多秀家为元帅，以小西行长、加藤清正、黑田长政、岛津义弘等人分统各军，另有水军一支，交由九鬼嘉隆带领。他把"关白"的位置传给儿子丰臣秀次，留守后方；自己进驻于名护屋（名古屋），以"太阁"（太上关白）的名义指挥一切。

朝鲜的国王（宣祖）李昖匆忙应战，八道尽失。所谓八道，是东南角的庆尚道，西南角的全罗道，庆全两道之北的忠清道（因忠州与清州而得名），汉城所在的京畿道，京畿道东北的江原道，西北的黄海道，以及江黄两道之北的咸镜道与平安道。

李昖一逃再逃，逃到了义州，等候明廷派兵来援助。当时朝鲜的陆军,全非日军敌手。只有在水军方面,由于名将李舜臣发明了"龟甲战船"(船上用铁板盖了,装上很多铁钉,留了若干小洞,从里面射出火箭),在闲山岛打了胜仗。

明廷此时的大学士是赵志皋与张位,兵部尚书是石星。这三人对于朝鲜及日本的情形,都不甚明了。他们以为派一个"游击"(营长之类)便可以把问题解决。所派的游击姓史名儒,到了平壤,便一战而亡。他们再派了一个副总兵,姓祖名承训,带三千人(另一说为五千人)前来,刚刚渡了鸭绿江便全军覆没,祖承训本人仅以身免。他们这才着急,派宋应昌为经略,李成梁的儿子李如松为东征提督,率领精兵四万三千,在万历二十年十二月渡鸭绿江,于万历二十一年正月攻克平壤,乘胜收复汉城。日军大部分退却到朝鲜东南角的庆尚道。其后,纷纷渡海归国,只留下少数兵力在釜山。

中日双方在万历二十一年五月谈和。中国的代表沈惟敬、徐一贯、谢用梓三人到了名护屋,与丰臣秀吉会面,传说谈妥了和平条件:其中以割让朝鲜的南四道为主要条件,和亲与通商为次要条件,附带地也要朝鲜国王向日本"永不背叛",派遣王子一人与大臣一人住在日本作为人质。如此的条件当然不是明廷所能接受。而且,沈惟敬等人敢不敢把这些条件向明廷报告,也是问题。

明廷既未实行割地,亦未实行和亲,而仅仅在万历二十四年派了杨方亨做册封使,由沈惟敬与朝鲜的使臣黄慎陪同,于九月间到了日本,封丰臣秀吉为"日本国王"。传说,丰臣秀吉大怒,立刻把册封诏书撕得粉碎。事实上,丰臣秀吉并不是于事前不知道他会被封为日本国王,而且斋戒了三天,恭迎册封使于郊外。在宣读册封诏书之时,他和几十位文臣武臣都穿戴了明朝的衣冠,行了五拜三叩头三呼万岁之礼。这诏书不仅不曾被他撕掉,而且直到今日仍在人间,存于伊势的石川子爵之家。

丰臣秀吉对明廷失望,也是事实。他所要求的通商与割地两事,不曾获得明廷的圆满答复。他尤其痛恨朝鲜君臣，认为朝鲜君臣倚仗明廷的支援，对他本人不够礼貌。

于是，次年（万历二十五年，1597年），他再度进攻朝鲜，以小早川秀秋为元帅、小西行长与加藤清正为先锋，兵力也在十五万人左右。明廷以邢玠为蓟辽总督、麻贵为"备倭大将军"、杨镐为经略，率领杨元、刘綎、吴稚忠、解生、牛伯英、杨登山等人的部队，渡鸭绿江南下。

朝鲜的统制元均忌刻水军名将李舜臣，使得李舜臣愤而以身委敌，在闲山岛阵亡。明军也失掉了南原与全州，却在素山坪获得一次大胜。可恨的是：杨镐围了尉山城十天十夜，于日军援兵到来之时不战而逃，逃回汉城，损了两万将士。

万历二十六年，邢玠调来江南的水兵，与广东、四川、浙江的陆军，分四路对日军采取攻势，先胜后败。败时，在十月间，地点是尉山与泗州之南新寨。所好，丰臣秀吉已经在七月间去世，遗命撤兵回国，小西行长等人无意恋战，逐渐地把部队都带回了日本。

《明史·朝鲜传》说，明廷在这两次朝鲜战役之中，"丧师数十万，糜饷数百万"。朝鲜，总算是救下来了，明军的精锐却为之一空，明廷的财政也因此而受了一大亏累。努尔哈齐这时候已经崛起，于万历十一年取图伦城，十六年取完颜部，十七年取鸭绿江部，二十一年取长白山部，二十七年取哈达部，三十五年取辉发部，四十年取乌拉部，四十四年建国称汗，四十六年取抚顺，四十七年大胜杨镐、灭叶赫，天启元年取沈阳辽阳，天启七年征朝鲜、订城下之盟。明朝这一次，便没有力量再去援救了。

九六　补叙朝鲜战役

九七　内乱重重

明朝在神宗万历十年张居正去世以后,一直不曾好过。外患严重,内乱重重。这些内乱,总而言之,是昏君奸臣与贪官污吏所逼出来的。其中规模较大的,有如下表:

万历	十一年四月	广东罗定兵变。
	十三年正月	四川建武兵变。
	六月	四川松茂少数民族民变。
	十四年七月	河南淇县民王安反。
	十五年十一月	湖北郧阳"兵噪"。
	十七年四月	广东始兴僧李圆朗反。
	十九年五月	四川四哨少数民族民变。
	二十年三月	宁夏致仕副总兵哱拜反。
	二十一年	四川播州(贵州遵义)宣慰使杨应龙反;二十七年六月,陷綦江;二十八年六月,败,自杀。
	二十七年四月	山东临清民变,焚税监马堂之署,杀其参随三十四人。
	二十八年十月	贵州皮林苗族民变。
	二十九年三月	湖广武昌民变,杀税监陈奉及其参随六人。
	五月	苏州民变,杀织造中官孙隆及其参随数人。
	三十一年十月	河南睢州民杨思敬反。
	三十二年闰九月	湖广武昌宗人朱蕴钤反,杀巡抚赵可怀。
	三十四年三月	云南民变,杀税监杨荣。
	十二月	南京民刘天绪反。
	三十五年十二月	金沙江少数民族阿克反。
	三十七年十二月	徐州民杀如皋知县张藩。

续表

	四十年	四川建昌彝民反。
	四十四年四月	河南盗起。
天启	元年	贵州苗民反。
	九月	四川永宁宣抚使奢崇明反，杀巡抚徐可求，据重庆，陷合江、泸州等州县；二年七月，陷遵义；三年十月，走龙场，与安邦彦合。
	二年二月	贵州水西土同知安邦彦反，陷毕节、安顺、平坝、沾益、龙里，围贵阳。
	五月	山东白莲教首徐鸿儒反，陷郓城；六月陷邹县、滕县；十月，平。
	四年正月	浙江长兴民变，杀知县石有恒、主簿徐可行。
	三月	杭州兵变。
	五月	福建福宁兵变。
	六年八月	陕西流民起，由保宁攻广元。

　　陕西流民的最初首领，姓名不传。次年，崇祯元年，驻在甘肃固原的兵闹饷，抢劫本州的银库，于是白水的王二，府谷的王嘉胤，允宜的王左挂、飞山虎、大红狼，以及安塞的高迎祥，纷纷响应。

九七　内乱重重

九八　思宗

熹宗在天启七年（1627年）八月去世，享年二十三岁；生过三个儿子，都已早死。

思宗朱由检，以异母弟的资格继位，改明年的年号为崇祯。可怜他，这时候年纪仅有十六岁，学识很浅，经验毫无，却不得不担起抵御外患和削平内乱的重担子，一心想做好而不知道怎样去做好。

刚刚即位之时，他颇表现出一种魄力，把魏忠贤及其党羽一网打尽。其后，面对着后金与农民军，他就一错再错，错到不可收拾，把江山断送了。

他不该在崇祯二年（1629年）冬天皇太极入关，兵临京城，袁崇焕尾追皇太极而来之时，相信宦官杨某的话，以为袁崇焕与皇太极通谋，而把袁崇焕逮捕，于次年八月凌迟处死。

袁崇焕一死，思宗失掉了东北方面的长城。袁是广东东莞人，万历四十七年进士，历官邵武知县、兵部职方司主事、宁前（宁远与前屯卫）兵备佥事、辽东兵备副使、右参政。他在孙承宗的支持之下于天启三年筑了极坚固的宁远城，又在天启五年分遣部队，占领宁远之外的锦州、松山、右屯、大凌河镇、小凌河镇，一一筑城固守。这些外围城堡，均在冬天被新任经略高第下令放弃。高第又叫他放弃宁远与前屯卫，他自称守土有责，抗令不从。明廷升他为按察使。次年正月，努尔哈齐来打，打不下宁远城，却中了他的炮弹，负伤而死。明廷升他为"右佥都御史"，不久，兼"巡抚辽东"，再升为兵部右侍郎。

他重新经营外围的锦州等地，大兴屯田，渐渐把高第所放弃的土地一一收复。天启七年五月,皇太极空国而来,和他与他的部将赵率教、尤世禄、祖大寿,战于锦州和宁远两城,大败而回。他有本事对付努尔哈齐与皇太极,却没有办法敷衍魏忠贤。结果,被逼辞职。思宗即位以后,在天启七年十一月任命他做"右都御史,视兵部添注左侍郎事"。次年,崇祯元年,四月,叫他"以兵部尚书兼右副都御史督师蓟辽,兼督登莱天津军务"。他受任以后,把东北的防务大加整顿,在崇祯二年六月用思宗赐给他的尚方剑,斩杀虚报兵额、中饱饷银的皮岛守将毛文龙,却不曾料到自己会在七个月以后被思宗逮捕,在一年又三个月以后惨遭凌迟。

思宗杀袁崇焕,等于是"自坏长城"。虽则有忠心耿耿的孙承宗,替他追回那愤而出走的袁崇焕部将祖大寿;虽则祖大寿能够在其后替他死守锦州直到崇祯十五年三月,然而祖大寿究竟非袁崇焕可比,而且袁崇焕之死,足令沿边的将帅寒心,士无斗志。皇太极尽管不能从锦州这一条路来,却颇能一而再、再而三、三而四、四而五地,在崇祯五年、九年、十一年、十五年又陆续从长城的其他口子,冲了进来(详见《细说清朝》第二十节,"五入长城,称帝,改国号为'大清'")。

思宗年纪轻,性急、轻信、多疑、好杀。倘若他性情稍能忍耐,对事稍加考虑,对人稍存信任与宽容,则不仅不致误信杨太监的话而捕袁杀袁(实际上,杨是中了皇太极的反间计,详见《细说清朝》),而且也绝不会打不了农民军,亡于农民军之手。

农民军在开始的时候只不过是星星之火而已。在陕西中部,有白水县人王二,纠合了一批饥民在夜间涂黑了脸,抢劫蒲城县孝童镇的大户。在陕西东北角,有府谷县人王嘉胤,揭竿而起。在延安的东南宜川县,有若干游民王左挂、飞山虎、大红狼,乘机扩大他们的活动。不久,在延安的西北安塞县,有高迎祥聚众造反,自称"闯王"。他下面,有一个外甥,籍贯属于米脂县,姓李名自成,当过驿站的伕子,自称"闯将"。

九八 思宗

在延安，有当过兵、当过布贩子的张献忠，占了十八个寨子，自称"八大王"。此外，如紫金梁、老回回、曹操（罗汝才）、过天星（惠登相）、闯塌天（刘国能）、射塌天（李万庆）等等，先后蜂起，不胜枚举。

这些人之所以能够一呼百应，对政府形成空前的威胁，无非是由于当时的陕西巡抚乔应申、延绥巡抚朱童蒙，均是极贪污、极残忍的坏官，又遇到天时不正、大旱连年。

次年，陕西布政使司的一个参政刘应遇，击斩王二。但是思宗听了给事中刘懋的话，为了节省每年若干万两银子的经费，把驿站的制度废了，弄得成千成万的伕子失了业，等于是火上加油，给各地未死未败的农民军增加伙伴。冬天，皇太极的军队第一次冲进长城，思宗命令各地的"镇巡官"勤王。于是，在崇祯三年的春天，又有了山西巡抚耿如杞的勤王兵，延绥总兵吴自勉的勤王兵，甘肃巡抚梅之焕的勤王兵，相继在中途哗变的事。这些变兵都跑到陕西，找农民军入伙。他们多少有点儿作战或操练的经验，打起仗来，自然比饥民厉害得多。

思宗在崇祯二年选了一位操守颇佳而完全不懂军事的杨鹤，当"三边总督"。他本可倚仗老将杜文焕与后起之秀的陕西布政使司参议洪承畴，把农民军一一打败，却稍胜而即主抚，广开招安之门，而不懂得如何约束已降的人，与辨别真降与假降的人。截至崇祯四年七月，杨鹤被免职下狱之时为止，被农民军攻破的县城与堡寨，计有十一个之多：黄甫、清水、木瓜、府谷、新安、宁塞、柳树涧、保安、合水、金锁关、中部。

继杨鹤而任三边总督的，是洪承畴。洪承畴此时已经一升再升，由参议而参政，由参政而升至延绥巡抚了。接他的延绥巡抚之任的，是张福臻。张福臻干到崇祯五年，为陈奇瑜所替代。

洪承畴在升任总督以前，打垮了王左挂；升任总督以后，击斩了神一魁、不沾泥、可天飞、李都司。

在洪承畴的指挥之下，有一个极为得力的人：曹文诏。曹是大同人，应募从军，在辽东先后跟随熊廷弼、孙承宗、袁崇焕、马世龙，对努尔哈齐与皇太极的兵作战，由行伍而积功至"都督佥事"，于崇祯四年七月调任"延绥东路副总兵"。截至五年十月为止，他战无不胜，克复了河曲、中部、镇原、长宁驿、铁角城、清水、铜川桥、虎儿凹，消灭了农民军首领王嘉胤、点灯子、李老柴、一条龙、扫地王、杜三、杨老柴、红军友、独行狼、郝临庵，斩杀了农民军部众三万六千六百人以上。陕甘两省，这时候在大体上可说是已被曹文诏"平定"。

有七支农民军，以紫金梁（王自用）的一支为首，其余的六支分属于混世王、姬关钻、八大王（张献忠）、曹操（罗汝才）、闯塌天（刘国能）与加哈利，逃去了山西。他们进攻汾州、太原、平阳（临汾），攻破了大宁、泽州、寿阳。

山西的巡抚戴君恩毫无办法。御史张宸极向思宗请求，调曹文诏进山西，获准；思宗加给曹文诏以"节制山西陕西诸将"的头衔。曹文诏从崇祯六年正月打到六月，连败农民军于汾河、孟县、寿阳、碧霞村、五台、孟县、定襄、太谷、范村、榆社、泽州、芹地、刘村、平顺、润城、武乡、高泽山、黎城、沁水、辽县；斩了混世王，捉了"大虎"。他花了仅仅半年工夫，把山西全部"肃清"。

一部分农民军流入河南的北部，曹文诏奉旨越境"追剿"，在五六月间打胜他们于林县，在七月间打胜他们于济源和怀庆。但是，巡按河南的御史刘令誉却由于和他有睚眦之怨，暗中参他一本，使得思宗突然把他调走，派到大同去当总兵。

他在大同，遭逢到皇太极军的第二次进入长城，失掉得胜堡、灵邱等地，被削职充军。新任的山西巡抚吴甡，上疏保荐他，请思宗派他回山西，收拾一些在山西死灰复燃的农民军。思宗答应，就任命他做"山西援剿总兵官"。命令发下了以后，思宗又因兵部尚书张凤翼的建议而改派他"驰剿"河南农民军。

曹文诏在崇祯八年三月，到达河南信阳，向洪承畴报到。洪承畴此时已经从七年十一月起，以三边总督的原职兼摄陈奇瑜所留下的"河南山陕川湖五省总督"。

陈奇瑜在担任延绥巡抚之时，位置在洪承畴之下、曹文诏之上。他是山西保德州人，在万历四十四年中了进士，历官洛阳知县、礼科给事中、户科左给事中、陕西副使、右参政、按察使、右布政使、左布政使。在延绥巡抚任上，他分遣将校，斩杀了一百七十七名农民军首领，其中最著名的是：

截山虎	柳盗跖	金翅鹏	薛仁贵	一条龙	金刚钻	开山鹞
黑煞神	人中虎	五阎王	马上飞	王登槐	马红狼	满天飞
满鹅禽	黄参耀	隔沟飞	张 聪	樊登科	樊计荣	一块铁
青背狼	穿山甲	老将军	二将军	满天星	上山虎	扫地虎
爬地虎	括天飞	跳山虎	新来将	就地滚	小黄莺	房白兔
贾总管	逼上天	小红旗	草上飞	一只虎	一翅飞	云里手
四天王	薛红旗	独尾狼	钻天哨	开山斧	金翅鹏	一座城

在这四十九人之中，有两个都叫作"金翅鹏"。至于"一只虎"，也显然与李自成的侄儿李过不是一人，虽则李过的绰号也叫"一只虎"。"满天星"其后又出现了一个。或许，陈奇瑜的战报可能有传闻失实之处：第一次所报的金翅鹏已死，可能是误传；而"一只虎"与"满天星"可能始终并未曾被陈的部队杀死。普通的农民军部众，被他斩杀的，共有三千人左右。重要的寨子，被他打下的也不少；最重要的是榆林东边的镇宁关。

由于若干农民军由陕西转移到山西，又转移到河南、湖北、四川，思宗感觉到要特设一个大员，负追剿与防堵的全责，于是就在崇祯七年正月任命陈奇瑜总督河南、山西、陕西、湖广、四川五省。

为什么这些农民军在济源、怀庆被曹文诏打败以后，能够渡过黄河而深入河南，甚至渗进湖北与四川呢？原因很简单，思宗已在崇祯六年七月把曹文诏调走！

老回回、过天星、"满天星"、闯塌天、混世王这五人的农民军，在曹文诏走了以后，乘着冬天黄河结了冰，在渑池县境走过黄河，攻破渑池、伊阳、卢氏；经由内乡，进入湖北郧阳，分攻南阳、汝宁、枣阳、当阳、归州（秭归）、巴东；由巴东进了四川，攻破夔州府城（奉节）。在夔州，分三路退出：两路回湖北，分别由均州与郧阳重新去河南；一路经金漆坪，进攻陕西南部的商南。

八大王（张献忠）原已在南阳和他们分道扬镳，经由信阳，打到湖北应山，又由应山而折回内乡，西向商南，与其他各股分而复合。

陈奇瑜的对策是大"围剿"。他命令四个巡抚驻在四个据点：西北，由陕西巡抚练国事驻商南；正西，由卢象昇驻房县与竹山；东北，由河南巡抚元默驻卢氏；东南，由湖广巡抚唐晖驻南漳（襄阳东南）。

他自己率领大军，从卢象昇的据点开始行动，偕同卢象昇节节追剿，连胜于乌林关、乜家沟、蚋溪、狮子山，到了兴安（安康）之西的紫阳县境。于是，他又派遣游击唐通守住汉中府城（南郑），派遣参将贺人龙、刘迁、夏镐守住略阳与沔县；派遣副将杨正芳、余世任守住褒城；自己率领副将杨化麟、柳国镇守住洋县。

用了这样的安排，他渐渐地把各支农民军都挤进了兴安的车箱峡（今陕西安康境），堵住峡口，堵了两个多月，饿死了他们一半以上。因此，他们就向陈奇瑜投降。陈奇瑜慨然接受，派了五十多名"安抚官"统带尚未饿死的三万六千多人，包括张献忠与李自成在内，一一遣送回籍。

三万六千多人一出栈道，便暴动起来，把五十几名"安抚官"杀光，烧村攻城。这是崇祯七年六月间的事。陈奇瑜着了慌，向思宗报告，说凤翔的乡官孙鹏等人不应该鼓动当地人民关了城门，不让已降的农民军进城，又杀了爬城而上的三十六人，因此而激怒了他们，弄得他们再反。陈奇瑜又说，宝鸡知事李嘉彦，不该对进来的农民军作战，把事情闹大。最后，他把最大的责任归之于陕西巡抚练国事，说他防堵不力。

思宗接到陈奇瑜的报告，不分青红皂白，便下旨捉拿孙鹏、李嘉彦及"共犯"五十几个，也把练国事削职逮捕，充军广西。有一位给事中顾国宝，与一位御史傅永淳，心中不服，先后均参了陈奇瑜一本，于是思宗也把陈奇瑜削职逮捕，充军边地。陈奇瑜的五省总督职务，这才落到洪承畴的肩上。

从崇祯七年七月，到八年五月，在这十个月之间，洪承畴是镇压行动的最高负责人，握有全权。

洪承畴颇有办法，打到年底，便把陕西全省差不多又"肃清"了。农民军纷纷向东边跑，跑到河南荥阳集合，在崇祯八年正月开了一次大会。参加这次大会的，竟有十三"家"、七十二营之多，人数共有十万左右。十三家的首领是：老回回、曹操（罗汝才）、革里眼、左金王、改世王、射塌天（李万庆）、横天王、混十万、过天星（惠登相）、九条龙、顺天王、闯王（高迎祥）、八大王（张献忠）。

李自成那时候还不够资格与老回回及张献忠等人立于同等地位，却也已经由于在车箱峡出来以后，和张献忠共破澄城，转而向西，进攻平凉邠州，又转而向东，冲出潼关，威胁嵩县汝州，算得上是一个相当重要的角色了。虽则在名义上，他仍是舅舅高迎祥下面的一个"闯将"而已。

他大胆向十三家首领建议，与其在荥阳静候洪承畴追击、围攻，不如化整为零：（甲）以横天王、混十万、射塌天和改世王挡住西边的山西兵；（乙）以曹操、过天星扼守黄河，挡住山西的兵；（丙）以革里眼、左金王南下，挡住四川与湖广的兵；（丁）高迎祥、张献忠和他自己，向东发展；（戊）以老回回与九条龙往来策应。（算来，十三家之中的十二家都有了任务，顺天王不曾被李自成提及，可能是《明史·李自成传》的撰稿人抄漏了。）

李自成附带地又建议："打下来的城池村庄，劫来的男女财物，一概由十三家均分。"这一项建议，连同他的大战略，均被到会的农民军首领接受。

接受是接受了，实行起来，却没有那么容易。高迎祥与张献忠两军果真东下，一口气攻破固始、霍邱、寿州、颍州（阜阳）、凤阳，烧了明太祖祖先的陵墓。高迎祥得意之余，打起"古元真龙皇帝"的旗号，此人是否具有蒙古血统，待考。他可能只是一时高兴，替失败了的元朝出出气。李自成根据"男女财物十三家均分"的原则，向张献忠要分守陵的小宦官，因为这些小宦官会吹打，吹吹打打，挺有意思。张献忠不肯给，李自成即刻鼓动高迎祥"散伙"，各奔前程。高、李去了归德（商丘）与曹操（罗汝才）合伙，共回陕西；张献忠南下庐州（合肥），攻破潜山、罗田、太湖（县）、新蔡。

思宗接到凤阳陵墓被烧的报告，一怒而捕杀远在淮阴的漕运总督杨人鹏。

洪承畴由固原东下，到了河南，把左良玉、汤九州、尤世威、徐来朝、陈永福、邓玘、张应昌等等将领，布置在各个关隘，等候曹文诏来，以曹文诏作为中军主将，四面征讨，花了几个月的工夫，又把若干支农民军，包括高迎祥、李自成与张献忠在内（但不包括老回回的一支），都赶回了陕西。

这时候宁夏发生了兵变，洪承畴不得不离开河南，西去料理（宁夏、甘肃、延绥，是"三边总督"的辖区）。

曹文诏留在陕西，只有步兵六千，要对付农民军的骑兵二十万人之多。他向明廷告急,得不到反应。结果,他在崇祯八年六月阵亡在甘肃真宁(正宁)的湫头镇。农民军由于有饥民可以不断作为补充,因此而能够越战越多;又因为到处抢劫财主,既不愁粮,亦不愁饷。官军呢,能打仗、肯打仗的根本极少,死了若干便少了若干,要补充还得静候上峰甚至朝廷的批准。饷,拖欠是常事,不欠是例外。粮,更加困难,地方闹灾荒,有钱尚且难买,何况没有钱?马匹呢,也是花钱的东西。农民军,尤其是高迎祥李自成的一支,可以一人数马。

曹文诏之死,是明廷无可补救的损失。当时的将领,谁也比不上他。

思宗在崇祯八年八月,加派卢象昇为"总理直隶、河南、山东、湖广、四川军务",与洪承畴分工合作,卢以"总理"的名义专办"关外"(潼关以东)的农民军,洪以"总督"的名义专办"关内"的农民军。卢此时的本职,已经升为湖广巡抚。卢是宜兴人,天启二年进士,为人正直,在巡抚与总理任上均有建树。他担任总理到九年八月北上抵抗清兵之时为止。

在崇祯八年八月至次年七月,洪承畴、卢象昇二人分任潼关内外的镇压行动一个年头之中,农民军的势力已经很大,但明军仍占优势。

洪在潼关以西对付高迎祥与李自成,使得高、李虽能攻破咸阳而攻不下西安,并且收降了高、李的部下高杰。曹文诏虽已阵亡,而他的侄儿曹变蛟颇能作战,成为洪的一大助手。曹变蛟在崇祯八年九月大胜高、李于关山镇,解了陇州之围,随即追击高、李,使得高、李不得不逃出陕西,到河南找张献忠。

在卢的麾下,也有两个好助手:祖宽与左良玉。祖是刚从宁远调来的,出身为祖大寿的家人,由行伍而升至"援剿总兵官",带了三千"关外兵"南下。左是山东临清人,长身赤面,由辽东"车右营"都司升至副将,在崇祯五年奉调南下,在豫晋两省屡立战功,于六年某月被升为"援剿总兵官",七年十二月大胜从陕西来的十三家农民军于磁山;八年八月，胜张献忠一支队伍于鄢陵；十月，会同祖宽，再胜张献忠于灵宝的焦村。张在十一月得到高、李来合伙，攻占陕州，由陕州进攻洛阳，左良玉和祖宽追来，高、李、张望风分途而走。左、祖二人也就分途而追。高、李向东边偃师巩县的方向走，左良玉去追。张献忠向南边嵩县汝州的方向走，祖宽去追。

卢象昇这时候也亲自带兵从湖北赶来前线，会同祖宽的一军，连胜张献忠于万家庄、九皋山及汝州西边的圪料镇。张献忠转而向北，迎接被左良玉击败于登封郕城镇的高、李一支队伍，会合在一起，大战卢象昇与祖宽在伊川县的白沙镇，却又败在卢象昇与祖宽之手。

败了以后，张献忠的队伍躲藏嵩山深处，高、李领军撤向东南。卢象昇留下左良玉对付张献忠，自己和祖宽追高、李，在十二月追及高、李于确山，胜了一仗；高、李向东边退，进入今日的安徽，围攻了庐州（合肥）七天七夜，祖宽赶到，高、李立刻解围，又转攻滁州。这时候，已经是崇祯九年的正月了。

守滁州的，是南京太仆寺卿李觉斯和知州刘大巩。这两人没有多少兵，却也死守了几天，等候卢、祖大军赶来，解了围。这一役，十分重要。倘若滁州失了，南京是很难保得住的。

高、李由滁州回军河南，卢象昇也移驻南阳，叫祖宽扼守邓州，不料，高、李到了伊川嵩县一带，又与张献忠会合。守洛阳的汤九州在二月间约好左良玉入山夹攻，左良玉中途撤退，汤九州孤军深入了四十里，陷入绝地，遇伏阵亡。

崇祯九年三月，高迎祥、李自成，加上过天星（惠登相）等人的队伍，由豫西南回陕；卢象昇派祖宽跟追，把祖宽划给洪承畴节制。祖宽一走，邓州一带防务空虚，张献忠的队伍突进湖北。

高、李、惠等人冲到安定、榆林，在五月间败于陕西巡抚孙传庭麾下、延绥副总兵贺人龙之手，两个月以后又在鳌窟黑水峪几乎全部被贺人龙消灭；高迎祥本人被俘，押送京师，凌迟处死；李自成率同惠登相突围而出，屯在宝鸡，被公推为继任的"闯王"。

这时候，清兵第三度进入长城，祖宽与卢象昇先后应诏北上。祖被调回宁远，卢改任宣（府）大（同）山西总督。

"总理"的官职，由胆小如鼠的王家桢继任，到了十年闰四月，改派言大而夸的熊文灿来接充。洪承畴仍旧留在他的"三边总督""兼摄五省军务"的原任，负责潼关以西的"围剿"工作。

杨鹤的儿子杨嗣昌在崇祯十年三月被任命为兵部尚书。他向思宗建议：(1)以陕西、河南、湖广、江北（皖北）为四正，叫四正的巡抚"分剿而专防"；(2)以延绥、山西、山东、江南、江西、四川为"六隅"，叫六隅的巡抚"分防"而协剿。这两项合起来，称为"十面之网"。(3)叫总督洪承畴与总理熊文灿二人，"随贼所向，专征讨"。(4)增加兵员十二万；增收老百姓的田赋二百三十多万，把裁省邮驿所留下的经费，抽出二十万，再加上其他的收入，凑二百八十万，作为"剿饷"。

这四项建议，都被思宗接受。实际上，前二项建议，说了等于不说。所谓四正与所谓六隅，原本守土有责，而且分不出什么正和隅来。在字面上，"分剿"与"协剿"之间，还勉强说得上前者是"分剿"，后者是"协剿"。然而农民军是跑来跑去的，各省如何分得了彼此？杨嗣昌以八股文起家，只会掉文字枪花，却把思宗的眼睛与脑筋掉糊涂了，以为他真是不世奇才。

第三项，更是废话。洪承畴与熊文灿二人，当然应该"随贼所向，专征讨"。第四项，在原则上无可批评。既有的老兵，能打仗的不多，确是需要新兵；款项，也需要另筹，可惜，其后新兵并未招募训练，而"剿饷"却被熊文灿用去，作为贿买张献忠、罗汝才等人的"抚饷"了。

杨嗣昌于崇祯十年三月就任兵部尚书，十四年三月在荆州绝食自杀。在这整整四个年头的期间，思宗对他言听计从，不仅是镇压农民军的工作全由他主持，全国的军事、财政、外交，也都是大半取决于他。思宗对任何人都怀疑，却始终对他信任。可叹，在当时的人物之中，他正是若干最不值得信任的人之一。

这四个年头，可以分作两个阶段。在崇祯十二年九月，他出京督师以前，是第一阶段，自己坐镇兵部，"围剿"工作由熊文灿与洪承畴负责。他出京督师以后，是第二阶段。

在第一阶段的两年又五个月之中，李自成于十年十月由宁羌县七盘关入川，连陷昭化、剑州、梓潼，分掠潼川（三台）、江油、绵州（绵阳）、彰明、盐亭，在十一年正月被洪承畴率领曹变蛟、贺人龙等军击败。李自成回军陕西、甘肃，在三月间由洮州进入四川松潘少数民族地区，又被曹变蛟与贺人龙追杀了六千七百多人，残部逃到西和与礼县的山中。半年以后，李自成企图冲出潼关，被洪承畴围攻，全军覆没，李只带了十八名骑兵突围而走。

熊文灿这一边，所倚靠的大将是左良玉。左良玉在十年九月击溃张献忠于（安徽）虹县，次年正月，收降刘国能（闯塌天）于随州。三个月以后，张献忠也在谷城向熊文灿投降。（张、刘等人，在此以前，曾经在九年三月进入湖北，九年十月进攻襄阳，十年正月进攻安庆，二月进攻潜山，为安庆巡抚史可法所败。）

其他的几个农民军首领，如罗汝才（曹操）、马进忠（混十万）、李万庆（射塌天）、马士秀、杜应金、许可变（改世王）、胡可受（安世王），也都在这期间纷纷"就抚"。

熊文灿不曾料到，张献忠到十二年五月，又在谷城杀了知县，重新造起反来。

张献忠之所以降而复反，熊文灿该负其咎。熊不曾解除张的武装，也不曾把张的部队改编。张要求朝廷以总兵官职，熊答应替他请一个副总兵；张要求拨以十万人的饷，熊答应拨以两万人的饷。张所得不偿所欲，而熊毫不思患预防。于是张一旦再反，而熊束手无策。罗汝才（曹操）等八人，一齐响应张献忠。不反的仅有刘国能（闯塌天）与李万庆（射塌天）而已。

左良玉去打张献忠、罗汝才等人，于七月间在房县西面的罗猴山吃了一个大败仗，只剩下几百名兵丁，狼狈逃回房县。

李自成此时潜伏在河南淅川深山之中，依附着老回回。张献忠的反讯传来，李自成向老回回借了几百人，走出深山，重操故业。

张献忠、罗汝才等人之再反，与李自成之再起，送了熊文灿的命，送了杨嗣昌的命，也送了明朝的命。思宗在崇祯十二年七月下旨将熊削职逮问，九月派杨以尚书兼大学士的地位出京督师（杨在十一年六月由兵部尚书改任"礼部尚书，兼东阁大学士，仍掌兵部"）。

熊在九月底杨嗣昌到达襄阳之时交出兵符，受捕，押解京师；于次年十月被明正典刑。

杨于十二年十月初一，在襄阳誓师。他的"围剿"工作，进入第二阶段。他把自己的原定战略，所谓"十面之网"，修改为"网开一面"。所开的一面，是四川的一面。换句话说，把农民军尽量地赶到四川去，以四川为壑。他之所以如此，完全是由于对地理茫无所知，不知四川之大与四川之肥沃，而幼稚到以为四川多山，像一座墙壁，可以让他把农民军推进去，碰壁，无路可走，然后予以格杀。

杨嗣昌而且故意把四川的好兵一万多名调走，唯恐四川有力量挡得住农民军，影响他的以川为壑的"妙计"。

左良玉奉杨嗣昌之命，集中力量，对张献忠、罗汝才、惠登相（过天星）三支队伍挤，挤到年底，把他们都赶进了四川。张献忠一股到太平县（万源），罗惠二股到大宁（巫溪）与大昌（巫山县北）。

左良玉跟踪追击张献忠，追进了四川的境界。杨嗣昌命令左良玉停止前进，左良玉向他表示异议，认为张献忠在四川站住了脚便有粮可吃，难以"剿办",现在去追他,追得疲于奔命,即使他回军湖北,也不能再有多大力量了。杨嗣昌奈何不了左良玉,只得准左去继续追击张献忠。

左良玉在崇祯十三年二月到达了太平县之北的鱼溪渡,三边总督郑崇俭也带了贺人龙与李国奇两支兵来,与左军会合。

张献忠从太平县大竹河转到九滚坪,又由九滚坪抢先占了玛瑙山高地。左良玉和郑崇俭商定,分兵三路,自率两路,由贺人龙另率一路,同时对张献忠仰攻。这一战,把张献忠杀得惨败,追奔了四十里,俘虏了张献忠的妻与妾,斩杀了十六名首领(包括扫地王、邓天王、白马、曹威)。张献忠只剩下一千多人,逃到湖北归州与兴山县一带的山中躲藏。

左良玉不再继续追击,放了张献忠走,回军驻在陕南的兴安与平利一带,连营百里,对张献忠远远监视,不攻。为什么呢?因为贺人龙告诉了左,杨嗣昌答应过贺,把左的"平贼将军"名号,于适当时机转颁给贺。贺为什么要将这件事告诉左呢?因为,在玛瑙山一役以后,杨嗣昌顾虑到左已立了大功,一时不肯对贺践言。

从此,左、贺两人均对杨不理睬。

过了几个月,张献忠慢慢地向西移动,又进了四川,占据巫山;部众也陆续增加,重新成为一个大集团。罗汝才(曹操)走来,与他合伙。罗与惠登相(过天星)原在鄂西的南漳、远安、房县、兴山一带活动,于十三年正月间进入川东,五月间试攻夔州府,被秦良玉击败;六月间与贺人龙战于大宁,战败;七月间与左良玉及陕将孙应元先后战于兴山,又败。惠登相脱离罗,向左投降。混世王与小秦王也脱离罗,向孙应元投降,罗这才来到巫山,投奔张献忠。

张、罗重新合伙以后,不到半年工夫,势力扩张到四川全省。四川巡抚邵捷春仅有两万左右的兵,如何抵挡得了;秦良玉虽则善战,也只能退保自己的石砫一个宣抚使司而已。张、罗二军纵横驰突,如入无人之境,连胜于土地岭、上马渡、净壁,攻破大昌、开县、达州、剑州(剑门)、广元、梓潼、绵州,向成都进逼。

杨嗣昌在崇祯十三年十一月,由襄阳移驻重庆,把四川巡抚邵捷春捕送京师,斩首。

张、罗由成都附近转向东南,于十二月间攻破泸州;次年(十四年)正月战胜陕将猛如虎于开县黄陵城,二月,杀襄王朱翊铭与贵阳王朱常法于襄阳城内。("猛如虎",原籍蒙古,家住榆林,是曹文诏的旧部。)

按照明朝的法律,亲王被杀,巡抚或其他负责军事的人就有死罪。杨嗣昌的官职比巡抚大得多,自然是不能免于一死。况且,在襄王贵王被杀的一个月以前,福王朱常洵也在洛阳被李自成杀了!于是,杨嗣昌在三月间到达荆州之时,绝食自杀而死。

思宗一面派丁启睿接任督师,一面命令廷臣追议杨嗣昌的罪。廷臣议了一个斩罪。思宗却又替杨嗣昌辩护,说杨"无城守专责……且临戎二载,屡著捷功,尽瘁殒身,勤劳难泯",下旨昭雪,赐祭,准予归葬武陵,追赠加官太子太傅。同时,又把一位立功于玛瑙山而和杨嗣昌不甚相得的前任三边总督郑崇俭抓了斩首,说郑不该在玛瑙山一役以后北回关中;其实郑当时北回是曾经奏请获准的。

丁启睿毫无能力。他做督师,做到崇祯十五年九月,开封失守,被思宗下旨逮捕,关了一个短时期,放出。攻陷开封的,是李自成。

明朝旱蝗连年,政府的苛捐杂税又突然加重了好几倍,杨嗣昌除了请准思宗增抽"剿饷"每年二百八十万两以外,又增抽所谓"练饷"七百三十万两(名为招练各地民兵,实际也是多数挪作别用,不曾练出多少民兵来)。神宗末年,本已巧立名目,增抽了所谓"辽饷"五百二十万两,杨嗣昌也请准思宗把这辽饷再加一百四十万两。合起来,老百姓的负担,比起神宗初年张居正当国之时,多了两倍以上,活不下去,想造反的就一天比一天多了。

李自成获得河南本地的农民军"一斗谷"来合伙,如虎添翼。各县各村的饥民，纷纷向他投奔。又有两个举人，杞县的李信（其后改名李岩）与卢氏县的牛金星入伙。李信向李自成建议，改变屠杀作风，以"不杀人"收买人心，李自成接受。李信又替李自成造了六个字的口号："迎闯王，不纳粮！"于是，不到一年，李自成竟然有了部众几十万之多，如火燎原，势不可挡。

在崇祯十三年十二月，张献忠攻陷泸州之时，李自成也攻陷了永宁、宜阳、偃师。次年正月，张在开县战胜猛如虎，李攻陷洛阳，杀了福王朱常洵。这朱常洵确也该死。

崇祯十四年二月，李自成攻打开封，不曾攻下。六月，与杨文岳及虎大威二将战于邓州，小败。九月，会同罗汝才（曹操）杀三边总督傅宗龙于项城城下，占了项城，又攻破叶县，杀了为明效忠的刘国能（闯塌天）。

十一月，攻破南阳，杀了猛如虎与唐王朱聿镆。十二月，连陷洧川、许州、长葛、鄢陵，第二度进攻开封，李自成被射中了一只眼睛。十五年二月，攻破襄城，杀了傅宗龙的继任者、三边总督汪乔年与对明效忠的李万庆（射塌天）。三月，连陷陈州、睢州、太康、宁陵、考城、归德。四月，第三度围攻开封。丁启睿征调杨文岳、左良玉、虎大威、杨德政、方国安诸将，在七月大会于朱仙镇。

丁启睿命令左良玉速战，左良玉不肯，在某一天夜里率众不告而去，虎大威等人看见情势不好，也纷纷各奔前程，散得干干净净。左良玉一军向南奔了八十里，前边已有李自成事先挖了的大壕沟，一丈四尺宽、一丈四尺深、一百里长，挡住去路。李自成的队伍从后赶来，把左军杀得溃不成军，丢了一万多匹马骡，左良玉只能带了极少数人，逃到湖北襄阳。

虎大威，与猛如虎一样，是蒙古人，一向作战有名，此时已积功升至山西总兵，为左良玉的胆怯行动所牵累，一时心慌，奔到汝宁府城，站定了以后，便进攻汝宁的农民军，中炮而亡。杨德政也是一个总兵，事后被思宗下旨逮捕，斩首。方国安是来自四川的总兵，跟着左良玉逃到了襄阳。杨文岳是所谓"保定总督"，亦即"总督保定山东河北军务"，地位颇高，他和丁启睿及虎大威一齐奔到汝宁。闰十一月，李自成来攻汝宁，杨文岳守了些时，城破被杀。

丁启睿在朱仙镇军溃之时，被思宗下旨"褫职候勘"。开封陷后，被捕；过了一些时候，释放。

左在襄阳喘息既定，把襄阳一府的壮丁都编练成军，又大开招降之门，使得自己的部队扩充到二十万人左右。朝廷除了给养他的额兵两万五千人以外，当然没有那么多的钱与粮给他，而且也不曾授权给他扩编。他用自己的权力筹钱筹粮，在事实上变成了一个目无朝廷、拥兵自雄的军阀。

李自成在崇祯十五年十二月，朝着襄阳的方向移动，左良玉摆在樊城的战舰被老百姓烧了，老百姓而且烧香摆酒迎接李自成的驻军。左良玉抵抗了一两天，弃了襄阳，拔营而走。沿着汉水，左步兵，右骑兵，中舟师，奔到武昌，向楚王朱华奎要求二十万兵的粮饷，朱华奎不给。左良玉叫部队自由烧抢，火光一直照到江心。

崇祯十六年正月，左良玉放弃武昌，顺长江之流而下，退驻贵池的池口。安庆巡抚拨了存在九江库里的银子十六万两给他，"补六月粮"，军纪稍好，南京的人心稍定。这时候，他的"前锋"已经破了建德（至德），抢了池阳（贵池），他的先遣船只也已经泊在离开芜湖仅有四十里的三山港了。

他的二十万人，不像是国家的部队，倒很像武装难民，也差不多是专替农民军开路的向导了。李自成跟在他的后面，捡得了襄阳，也捡得了承天府（钟祥）、荆州。

张献忠这时在占领了安徽西南部之余，袭占蕲州（蕲春），左良玉视若无睹。两个月以后（十六年三月）张献忠西陷蕲水（浠水），左良玉这才慢吞吞地由池口西上；到了安庆，停住。张献忠由蕲水而黄州（黄冈），而罗田，于十六年五月攻破汉阳、武昌，左良玉仍旧按兵不动。

崇祯十六年六月，思宗颁了一件诏书给左良玉，仍称他为"平贼将军"，叫他负"专剿"张献忠之责，"毋老师糜饷"。

思宗以为左良玉打不了李自成，应该打得了张献忠。因为，三年又四个月以前，崇祯十三年二月，他曾经大胜张献忠于四川太平县北的玛瑙山；一年又九个月以前，崇祯十四年八月，他又曾击溃张献忠于信阳，收降了张的部众数万，几乎杀死了张献忠本人，弄得张狼狈不堪。

左良玉在接到思宗的旨令以后，派两万兵，交方国安西上。方国安在七月小胜于大冶，八月大胜于黄州，乘胜进抵阳逻。张献忠开了武昌西门，不战而走，南下湖南、江西。于是，方国安替左良玉收复了武昌、汉阳。

张在八、九两月，连破湖南的岳州、长沙、衡州、宝庆、永州；十月至十二月，连破江西的吉安、建昌、抚州。崇祯十七年一月，他又进入了四川。

李自成在掌握了河南极大部分与湖北的襄阳、荆州以后，改襄阳为"襄京"，自称"新顺王"、"奉天倡义文武大元帅"，设官分职，大封部下为公侯伯子男五等，命令牛金星每天对他讲经一章、讲史一段，颇有割据自雄的气象，一变当年"流寇"作风。张献忠拿下汉阳武昌，李自成很不高兴，竟然悬赏征求张献忠的首级，又写信给张，加以恐吓。张之所以放弃汉阳、武昌而转向湖南、江西，固然是由于左良玉在十六年七月以后西上进逼，也未尝不是避免李自成的火并。

李自成的一个谋臣顾君恩，劝李自成西取家乡关中，作为根本，然后出山西，取京师，称帝。李自成听他的话，准备自率大军离开襄阳，经由河南入陕。恰好在这个时候，明廷的新任督师孙传庭已从陕西出了潼关。于是，李为了抵御孙传庭，也不得不离开襄阳而来到河南，与孙传庭作一决战了。

孙传庭是代州振武卫人，万历四十七年进士，历官永城知县、商丘知县、吏部主事、郎中、顺王府丞，于崇祯九年受任陕西巡抚，在任三年，前后斩杀了农民军首领整齐王、蝎子块（拓养坤）、圣世王、互背、一翅飞，俘虏了老闯王（高迎祥）、黄龙、刘哲，击败了过天星（惠登相）、马进忠、闯塌天（刘国能）、马光裕、曹操（罗汝才）、贺一龙、左金王，收降了张耀文、一条龙、镇天王、上山虎、大天王、混天星。崇祯十一年十月，被思宗征调北上，以"兵部右侍郎兼右佥都御史"代替卢象昇总督诸镇援军，抵抗清兵；次年，受任"总督保定山东河南军务"，被杨嗣昌挤下了台，关在牢里三年。

杨嗣昌死后，思宗一时找不到继任"督师"的人，到了崇祯十五年正月，才把孙传庭从牢里放出来，复任兵部右侍郎，带领"禁旅"（京营的兵），南下援救开封；不久，升任陕西总督（接汪乔年的遗缺）。他一就任，便大会诸将，当场捆杀了那一再跋扈违令的援剿总兵贺人龙，全军的军纪为之一振。他日夜勤劳，筹饷买马造兵器，很迅速地把他的兵练成一支劲旅，有"火车"三万辆之多。所谓火车，是装有火器的战车，"战则驱之拒马，止则环以自卫"。开封失守以后，他一胜李自成于南阳，不幸败于郏县，却能守住潼关。

崇祯十六年五月，思宗叫他兼督河南四川，又叫他以"兵部尚书""督师"，"加督山西湖广贵州及江南北军务"，赐尚方剑，命令他速出潼关讨农民军。八月十日，他进驻阌乡。九月八日，进驻汝州（临汝），受李自成的"四天王"（李养纯）之降。

孙传庭在崇祯十六年九月十二日攻下宝丰，乘胜又攻下唐县，与李自成会战于郏县境内，活捉了李自成的果毅将军谢君友，也几乎活捉了李自成本人。李自成逃到襄城。

但是，天不作美，一连下雨下了七天七夜，孙传庭的粮车不能行动，官兵吃不到东西，不仅无法续攻李自成于襄城，而且后方的一支部队（李养纯部？）在汝州哗变。孙传庭迫不得已，回军迎粮，留陈永福断后。不料，大军一动，兵心大乱，陈永福压不住阵，李自成追来，杀得孙传庭全军大败狂奔，奔了四百里，直抵黄河边上的孟津，死了四万多人，剩下的也只有四万多人。

孙传庭由阌乡渡河，经垣曲而抵潼关。李自成的侄儿一只虎（李过）来攻潼关，于十月初六日攻陷。孙传庭退守渭南，在渭南阵亡。

李军长驱直入，于十一日进了西安，陕西巡抚冯师孔战败被俘而死。

其后，李在十一月破延安、榆林、宁夏、庆阳，在十二月破平阳、甘州；次年（崇祯十七年）正月，改称"大顺王"于西安，定年号为永昌；二月，破汾州、怀庆、太原、潞安、代州、固关、宁武关；三月，至大同，受总兵姜瓖降；至宣府，受总兵唐通降，破昌平，入居庸关。三月十七日，到达京师城下，京营不战而溃；十八日，进入京师外城；十九日，进入京师宫城。思宗上吊自杀于宫后的煤山。

事前，于崇祯十七年正月受任"督师"的东阁大学士李建泰，曾经劝思宗离开京师，迁都南京。思宗不肯，说："国君死社稷，朕将焉往？"这是思宗的一大失策。天子有责任保卫国家，却并无死在京城的义务，尽可以迁都别处，继续奋斗。况且，成祖把南京定为"留都"，设了具体而微的中央政府机构以备非常，已是为了像崇祯十七年三月的情况而准备好了的一个退步。无知的思宗，却偏要滞留在孤城，一死了事，为匹夫匹妇自经于沟壑之烈，对不起他自己，更对不起他的列祖列宗。

此人十六岁即位，三十三岁自杀，不曾享福一天，而天天在内忧外患之中过苦日子；有心做好事而无一事做得好，有心去坏人、用好人，而认不出谁是坏人，谁是好人；他没有治国救国的真本领，以致局面一年不如一年，一天不如一天，终至于身死国亡，值得后世同情，而不值得后世效法。

九九　尾声

李自成进入京师（北京）以后，在四月二十一日与多尔衮战于山海关之东的"一片石"；次日，大战吴三桂与多尔衮的联军于山海关之西的北山与海岸之间，大败。他退回北京，在四月二十九日匆匆即皇帝位。次日，开了齐化门，逃走。吴三桂追他，追到真定；他逃回山西，在山西杀了李信（李岩）。多尔衮派了清将叶臣与马国柱进山西，李自成退入陕西。多尔衮派多铎领兵打下潼关，同时又叫阿济格、吴三桂、尚可喜等人由大同攻进陕北。李自成放弃西安，出武关，退至襄阳。这时候（顺治二年的夏天）左良玉离开武昌东航，找福王朱由崧（弘光帝）的朝廷算账，李自成乘虚占了武昌，停留五十多天，然后南下，到了通城，在九月间被打死在通城的九宫山（另一说法，是死在辰州的罗公山）。他的部众，有很多被何腾蛟收编。

张献忠于崇祯十七年正月入川以后，在八月间打下成都，称帝，国号"大西"，年号"大顺"。他在四川屠杀了极多的人，包括自己的兵。顺治三年七月，多尔衮派来的豪格，到达汉中。张献忠的一个四川军官刘进忠叛变，到汉中向豪格投降，替豪格做向导，杀张献忠于盐亭西充之间的凤凰坡。张献忠所遗下的部众，以孙可望、李定国、白文选为首，归附桂王朱由榔（永历帝）。其后，李定国忠心耿耿，与桂王相终始。孙可望与白文选先后投降了清朝。

南明除了福王朱由崧、唐王朱聿键、桂王朱由榔以外，另有在浙江监国的鲁王朱以海与在广东称帝的朱聿鐭，这五人的事迹各有千秋，而鲁王尤其可佩。

永历十六年（康熙元年）四月，桂王（永历帝）被吴三桂勒死，郑经与郑克塽以大明延平郡王的身份，固守台湾，把永历的正朔延长了二十二年。

明朝从洪武元年算到崇祯十七年（1368-1644年），共有二百七十七年的历史；倘若加上弘光、隆武与永历三帝，及郑氏二王，算到永历三十七年（康熙二十二年，1683年），就超过了三百年，而有三百一十五年的历史了。

明朝的文化成就，在工艺与文学两方面十分灿烂，读者不妨参阅柳诒徵先生的《中国文化史》第二十六章与中华书局所印售的《中国文学发达史》第二十四至第二十七章。在输入西学方面，徐光启的功绩最大，已有徐氏后人徐懋禧先生复印的《徐文定公集》及《徐文定公家书》可资印证。

九九　尾声

图书在版编目（CIP）数据

细说明朝 / 黎东方著. — 北京：商务印书馆,2015
（2019.1重印）
（黎东方作品）
ISBN 978 – 7 – 100 – 11211 – 6

Ⅰ.①细⋯ Ⅱ.①黎⋯ Ⅲ.①中国历史 — 明代 — 通俗读物 Ⅳ.①K248.09

中国版本图书馆 CIP 数据核字（2015）第072041号

权利保留，侵权必究。

细 说 明 朝

黎东方 著

商 务 印 书 馆 出 版
（北京王府井大街36号 邮政编码 100710）
商 务 印 书 馆 发 行
山 东 临 沂 新 华 印 刷 物 流
集 团 有 限 责 任 公 司 印 刷
ISBN 978 – 7 – 100 – 11211 – 6

2015年6月第1版	开本 787×1092 1/16
2019年1月第3次印刷	印张 22½

定价：64.00元